本书为国家社会科学基金一般项目“国际机制复合体与人类生命健康共同体构建研究”（项目批准号：20BGJ009）的阶段性成果，并得到上海外国语大学校级专项课题资助。

国际机制复合体视野下的

全球卫生治理

汤蓓◎著

天津出版传媒集团
天津人民出版社

图书在版编目(CIP)数据

国际机制复合体视野下的全球卫生治理 / 汤蓓著.
天津 : 天津人民出版社, 2025. 8. -- ISBN 978-7-201
-21277-7

Ⅰ. R199.1

中国国家版本馆CIP数据核字第2025PR9656号

国际机制复合体视野下的全球卫生治理

GUOJI JIZHI FUHE TI SHIYE XIA DE QUANQIU WEISHENG ZHILI

出　　版　天津人民出版社
出 版 人　刘锦泉
地　　址　天津市和平区西康路35号康岳大厦
邮政编码　300051
邮购电话　(022)23332469
电子信箱　reader@tjrmcbs.com

策划编辑　王　琤
责任编辑　曹忠鑫
装帧设计　汤　磊

印　　刷　天津新华印务有限公司
经　　销　新华书店
开　　本　710毫米×1000毫米　1/16
印　　张　16
插　　页　2
字　　数　230千字
版次印次　2025年8月第1版　　2025年8月第1次印刷
定　　价　84.00元

目　录

导 论

一、问题的提出

21世纪以来，全球卫生治理的重要性日益凸显。随着全球化进程的推进，特别是人口流动、国际贸易、旅游业的蓬勃发展，传染性疾病及其他健康威胁以前所未有的速度跨越国界，对各国人民的健康与社会经济的平稳运行构成严峻挑战。与此同时，人口增长、快速城市化、气候变化、环境污染、滥用抗生素等问题破坏了微生物世界的平衡，使得新发传染性疾病以前所未有的速度出现；生物技术的进步与被滥用的可能性则让健康与卫生问题进一步复杂化。

全球化也改变了卫生政策制订的政治、经济和体制环境。在很长时间内，国家主导着国内公共卫生政策的制订，并在国际上通过双边与多边条约来管理跨国卫生事务。但是，今天全球卫生治理的结构已经变得非常复杂，国家、国际组织、非政府行为体在许多不同的层次和类型的制度安排下进行互动。例如，宣布“国际公共卫生紧急事件”（Public Health Emergency of International Concern, PHEIC）本是世界卫生组织的职权，但2022年7月，非洲国家领导人授予非洲疾病控制中心宣布“大陆公共卫生紧急事件”（Public Health Emergency of Continental Security, PHECS）的权力。2024年8月14日，非洲疾病控制中心首次行使权力，将猴痘确定为“大陆公共卫生紧急事件”。之后，世界卫生组织也根据相应程序将其宣布为国际公共卫生紧急事件，并立刻与非洲疾控中心、联合国儿童基金会等机构合作应对疫情。[1]这是一种多国际机制协作开展治理的情况，但在这一领域内，也存在不同国际行为体追求不同政策议程的现象。

有研究者提出，可持续发展议程中与健康相关的目标可以被归纳为三个方面：全民健康覆盖、应对突发公共卫生事件、健康促进。但是，一些全球卫生行为体只侧重其中某个特定议程，或者在宣言和声明中采纳宽泛的目标定义，但在实际执行中却片面强调某几项狭隘的议程。不同的国际机制与行为体之间常常存在着紧张关系，使得地方、国家与全球层面的治理效率低下，并在公共卫生危机中错失挽救生命和提高生活质量的机会。[2]

这种同一治理领域中存在多项并立的国际制度安排的现象，并非全球卫生治理领域所独有，而是日益受到国际关系学者关注的普遍现象。在全球范围内的气候治理、粮食安全、安全治理、金融稳定、知识产权保护等许多领域，都存在相互联系的国际机制。有研究者指出，这种被称为“国际机制复合体”的现象是21世纪国际合作最显著的特征。这种现象挑战了传统的国际合作理论，因为合作问题不再能够通过单一的协调机制解决。国际机制之间的互动，以及不同国家有意识地在不同机构间选择国际协议的谈判与执行场所的现实，加剧了国际政策的复杂性与不确定性。

鉴于上述问题在政策与理论上的重要性，本书以全球卫生治理领域中的国际机制复合体现象为研究对象。重点关注以下问题：全球卫生治理领域中有哪些重要的国际机制？这些国际机制的互动模式有哪些？它们对全球卫生治理的政策结果产生了什么影响？哪些因素决定了机制复合体的发展方向？对这些问题的讨论，有助于我们加深对中国在全球卫生机制复合体中位置的理解，并探讨加强全球卫生合作、构建人类卫生健康共同体的可行路径与需要警惕的问题。

---

① UN News, “WHO Declears Mpox Virus a Public Health Emergency of International Concern”, https://news.un.org/en/story/2024/08/1153176.

② Gorik Ooms et.al., “Addressing the Fragmentation of Global Health: The Lancet Commission on Synergies Between Universal Health Coverage, Health Seucirty, and Health Promotion”, *The Lancet*, Vol. 392, No. 10153, pp. 1098–1099.

二、文献综述

机制复合体（Regime Complex），指的是功能上相互重叠的多个制度之间存在持续互动，从而构成一个系统的情况。有的研究者也使用全球治理综合体（Global Governance Complexity）、制度复合体（Institution Complex）、机制复杂性（Regime Complexity）或治理网络（Governance Networks）、多中心主义（Polycentrism）等概念来描述这一现象。需要指出的是，本书在讨论国际机制复合体时，既关注国际规则与规则体系，也关注作为规则实体化表达的国际组织。因为机制复合体的模式既取决于规则之间的关系，也与国际组织之间的具体互动过程有着密切的关联。

机制复合体有两个关键特征：其一是存在多个功能有所重叠或密切相关的国际制度。与传统观点认为某个治理领域中一般只存在一个占据主导地位的国际组织或一项国际制度不同，机制复合体概念强调多重制度“共治”的特点。功能上的重叠是机制复合体产生的重要前提。处理完全不同的治理问题的国际机制之间是不太可能构成这种关系的。而且，虽然国内制度中有时也存在多种制度共存的现象，但是在国际环境里，国际制度之间往往缺乏等级关系。这也意味着，各机构对于治理权威性的主张可能是相互重叠甚至是冲突的。其二是系统性。换言之，这些制度并非彼此间孤立的“平行制度”，而是存在有形资源（如人员、财政、物资）与无形资源（如知识、治理规范与规则）之间的交流互动。机制复合体不是多个组织、多项制度的简单叠加。相反，其内部具有复杂的系统效应。事实上，2004年卡尔·劳斯迪亚拉与大卫·G. 维克托在《国际组织》杂志刊文提出国际机制复合体的概念，就是为了提醒全球治理的研究者，在国际制度环境变得日益拥挤时，国际规则之间可能会发生冲突并产生预期之外的政策效果。①

国际机制复合体的概念自提出以来，受到了国内外国际制度与国际组织研究者的广泛关注，已经成为非常重要的一项研究议程。现有文献对国

---

① Kal Raustiala, David G. Victor, “The Regime Complex for Plant Genetic Resources”, *International Organization*, Vol. 58, No. 2, pp. 277-309.

际机制复合体的研究围绕着以下核心问题展开：国际机制复合体现象是如何产生的？国际机制复合体对国家行为产生了何种影响？国际机制复合体中新出现的国际制度对原有制度环境产生了何种影响？国际机制复合体对特定领域的国际公共政策制订产生了什么样的影响？下面将围绕这些主要问题对已有研究进行初步梳理。

国际机制复合体研究的第一个主题是国际机制复合体产生的原因。功能主义认为，国家建立国际制度是为了解决国际公共问题。国际制度通过保证执行、汇聚资源、提供信息等方式促进国际合作。从交易成本的角度来看，在同一个议题领域中建立或维持多个具有类似功能的组织或制度似乎是不理性的。那么，应该如何解释这种情况的出现呢？

第一种解释认为，原有的制度不能满足国家变化了的偏好或权力需要是新制度产生的主要理由。简单说来，机制复合体是国家有意为之的结果。强大的行为体具有“论坛选择”（Forum-Shopping）和“机制转移”（Regime-Shifting）的能力，这往往带来新机构的成立或使得原本处于规则制订边缘地位的制度获得新角色与新地位，进而在不同制度之间进行分工或者展开竞争。例如，当世界知识产权组织在工业产品知识产权问题上的规则制订陷入僵局时，发达国家就将规则制订的主要平台转移到世界贸易组织，而发展中国家只能接受一揽子的贸易规则。而为了挑战与贸易相关的知识产权协定，一些发展中国家又选择了世界卫生组织作为发起挑战的场所。如此，知识产权问题上的规则制订权力变得分散了。①

第二种解释认为，国家有时并非不满意现有国际制度的功能发挥，但是为了寻求提高自身在特定议题领域中的影响力，往往也会带来新制度的诞生。不过，在这种情况下，新制度与原制度之间往往表现出模仿与复制的关系。也许新制度和原有制度之间存在一定的差异，例如关注不同的优先事项或者在资源上存在竞争关系，但总体而言，它们之间的治理特征是相互兼容的，最大的区别在于不同国际制度中的主导国家或国家集团存在

① Thomas Gehring, Benjamin Faude, “A Theory of Emerging Order within Institutional Complexes: How Competition among Regulatory International Institutions Leads to Institutional Adaptation and Division of Labor”, *The Review of International Organizations,* Vol. 9, No .4, pp. 471–498.

差异。

三种因果机制可以解释新旧国际制度之间的兼容关系。第一是路径依赖。为追求更大影响力而建立新制度的行为体已经适应了原有的制度，而且，原有的制度已经被证明是行之有效的。因而，新制度的参与者希望复制原有制度，继续从中获得更大的收益。第二是专业知识。设计与运作国际制度是需要专门知识的。在创设新制度时，国家往往向与原有制度合作的国际官僚寻求智力支持，甚至要求他们直接加入新的国际制度。第三是先发效应。在一个议题领域内，新出现的制度往往会向先行者学习，这也能带来新制度与原有制度之间的一致性。在诸多多边开发银行构成的发展融资制度复合体中，新建立的制度常常遵循布雷顿森林会议所走的道路，以世界银行为蓝本，学习最佳做法和机构设计。中国倡议设立的亚洲基础设施投资银行在很大程度上也模仿并复制了世界银行的治理特点，是这一类型制度复合体生成机制的很好说明。①

第三种解释认为，不同国际制度之间的功能重叠可能只是某一国际机构扩展自身监管领域或提升本组织治理效能时产生的副产品。例如，杨娜等人在解释世界银行非核心职能的扩展时，认为行动理念的变化及提升本组织治理效能以便更好地应对国际机制竞争是世界银行行为的主观动因。一方面，世界银行在发展领域受到其他机制的挑战和冲击，为了增强自身权威与合法性，它将活动扩展到新兴领域中以实现差异化的发展。另一方面，世界银行在长期的发展实践中也逐步认识到，就业、教育、医疗、环境等领域的问题解决直接关系到可持续发展的实现程度。换言之，世界银行在这些领域中的参与并非要挑战特定的治理结构，而是出于维护自身组织发展的目的。②事实上，今天的全球治理环境中的“制度密度”非常高，

① Eugenia C. Heldt, Henning Schmidtke, “Explaining Coherence in International Regime Complexes: How the World Bank Shapes the Field of Multilateral Development Finance”, *Review of international Political Economy*, Vol. 26, No. 6, pp. 1160–1186.

② 杨娜、程弘毅:《国际组织的非核心职能拓展——以世界银行参与全球治理为例》,《世界经济与政治》2021年第10期。

后来者很容易就会踏入其他国际制度的“领地”。[①]

第四种解释将问题归结于现代性带来的治理问题的复杂性。国家设立国际制度的目的是通过合作的方式来解决全球治理难题。但是，现代性的发展使得治理难题越来越复杂，彼此交叠且涉及越来越多的领域。当国际法扩展到以前不受管制的领域时，就容易出现碎片化与“不成体系”的国际安排。因为，“特别制度和新的机构是超越政治现状的努力的一部分”[②]。既然是新生事物，就不可能从一开始就以统合的方式活动，新旧并立往往是更为普遍的现象。而且，网络安全问题、非传统安全挑战、气候变化等都不是单一的议题领域，客观上需要不同的国际制度共同参与问题的解决。

第五种是全球治理过程中区域特殊性的解释。当国际制度在全球范围内进行谈判与协商时，往往为了获取最大公约数而忽略区域性的特殊需求。为了弥补这一不足，国家往往偏好于建立区域性组织以反映地区性的特殊需求。例如，在《世界人权宣言》通过后，中东信仰伊斯兰教的国家又通过了区域性的《开罗宣言》，以反映地区国家对涉及宗教问题的独特理解。类似地，在国际刑事法院成立后，非洲国家也认为有必要成立非洲人权与群体权利法庭，以体现地区国家在国际人权保护中的态度和利益。

除了研究国际机制复合体现象的产生，现有文献还关注国际机制复合体对全球治理格局产生的影响。国际机制复合体打破了一个议题领域中只有一项国际制度或一个国际组织发挥主要作用的传统看法。那么，当新的行为体或者新制度出现时，对原有的国际组织有何影响呢？

新的制度可能提出与原有制度相抵触的原则，或是绕过原有制度。例如，亚历山大·贝茨对联合国难民署在全球难民保护中的角色分析表明，20世纪80年代以来，发达国家通过双边、区域及区域间的合作就签证管制、机场国际区、生物鉴别数据、域外边界管理等问题达成合作，防止非正常迁徙的发生。由于国家对难民的主要义务只有在个人到达庇护国领土

---

① Karen J. Alter, Kal Raustiala, “The Rise of International Regime Complexity”, *Annual Review of Law and Social Science*, Vol. 14, p. 337.

② Frank Biermann et. al., “The Fragmentation of Global Governance Architectures: A Framework for Analysis”, *Global Environmental Politics*, Vol. 9, No. 4, p. 17.

以后才能生效，这些新的合作机制使得很多国家能够有效地绕过国际难民制度的核心原则。[1]关于欧盟财政治理框架的分析也发现，层叠的制度使得成员国更倾向于遵从财政规则的文字而非精神，而且，治理权力分散在多个层面时，技术官僚的执法能力也被削弱了。[2]

在某些情况下，国际制度的成员也会策略性地在不同制度之间开展协调，特别是主动接受另一个组织行使权力，以避免不同机构采取相互冲突的规则，从而促进分工、提升治理效率。在反恐、知识产权和选举监督问题上，制度性顺从的动机主要有二：其一是在不同组织之间集中资源解决治理问题，其二是成员方比较弱小的国际制度“屈服”于成员方强大的国际制度。[3]类似地，对民航治理机制的历史性回顾也发现，国际机制复合体通过自上而下的“重组”与自下而上的“适应”两种路径应对由外部冲击带来的规则体系混乱局面，重新达到平衡与协作的状态。[4]

从国际组织自主性的视角看，国际制度复合体的出现也可能改变国际组织的工作方式。换言之，原有的国际组织并非被动地接受自己的治理领域被“侵占”这一事实，而是会改变策略积极地回应外部环境发生的改变。例如，为了防止对难民问题的讨论从难民署中转移出去，难民署也必须超越议题的边界，越来越积极地参与发展、人道主义、安全、人权、劳工迁徙等问题的讨论，并持续地代表难民群体发声。[5]此外，国际组织为了在竞争性的制度环境里争取国家对自己的支持，可以影响国家偏好、改变组织

---

① Alexander Betts, “Regime Complexity and International Organizations: UNHCR as a Challenged Institution”, *Global Governance*, Vol. 19, No. 1, p. 74.

② Tobias Tesche, “Keep It Complex! Prodi’s Curse and the EU Fiscal Governance Regime Complex”, *New Political Economy*, Vol. 8, No. 1, p. 29.

③ Tyler Pratt, “Deference and Hierarchy in International Regime Complexes”, *International Organization*, Vol. 72, No. 3, pp. 561–590.

④ Mette Eilstrup-Sangiovanni, “Ordering Global Governance Complexes: The Evolution of the Governance Complex for International Civil Aviation”, *The Review of International Organizations*, Vol. 17, No. 2, pp. 293–322.

⑤ Alexander Betts, “Regime Complexity and International Organizations: UNHCR as a Challenged Institution”, *Global Governance*, Vol. 19, No. 1, p. 77.

提供服务的范围及提升组织提供服务的效率。[①]换言之，在制度复杂性的背景下，国际组织的活动除了受到成员国事先授权与事后监督的影响，还会受到自身所处环境的影响。国际制度复合体的出现客观上营造了国际组织相互竞争的局面，也加大了国际组织自我革新的压力。关于世界银行政策创新与联合国难民署治理行为的研究都证明了这一点。[②]

第三类与国际机制复合体研究主题密切相关的问题是探讨国家在国际机制复合体中的战略选择，特别是如何利用国际机制复合体推进国际制度变革。第一种理论理解是将变革国际制度的策略选择作为解释变量，而把国际制度复合体看作国家间互动的结果。具体说来，在发展中国家推进国际制度变革的过程中，"机制转换"被看作一种有效的谈判策略。当发展中国家不满意某一项国际制度的利益分配模式时，可以选择在当前的制度之外建立一个新制度并威胁要改变谈判发生的主要场所。此时，原有制度中较强的一方可能愿意重新开启谈判，为国际制度的挑战方提供更多利益以确保原制度的重要性。典型的一个例子是，1964年，发展中国家在联合国框架下成立了贸发会议以抗衡关贸总协定，尽管贸发会议的决议并不具有法律约束力，但仍然促使发达国家在关贸总协定最惠国待遇条款的谈判中让利于发展中国家。丹尼尔·韦尔迪埃特别提出，这种策略只适用于在国际力量对比中较弱的一方。[③]

第二种理论理解将发展中国家变革国际制度的结果作为被解释变量，而将机制复合体的类型作为解释变量。例如，尤斯图斯·德雷林认为，发展中国家变革国际制度的结果与制度性背景有着密切关联。通过对放松知识产权规定、保障视障人士获取知识的权利及发展中国家争取对人工育种的植物基因获取权利这些案例的分析，他认为国际机制复合体的两个特征

---

① Alexander Betts, "Regime Complexity and International Organizations: UNHCR as a Challenged Institution", *Global Governance*, Vol. 19, No. 1, pp. 78-79.

② 余博闻:《治理竞争与国际组织变革——理解世界银行的政策创新》,《世界经济与政治》2018年第6期;吴昊昙:《国家压力、同行竞争与国际组织行为——以联合国难民署不同难民遣返行为模式为例》,《国际观察》2021年第5期。

③ Daniel Verdier, "Bargaining Strategies for Governance Complex Games", *The Review of International Organization*, Vol. 17, No. 2, pp. 349-371.

至关重要：一是国际机制复合体中不同国际制度所订立的规则是协调性的还是竞争性的。如果是协调性的，那么国际制度的挑战者很难寻找到推动变革的国际平台，改革难度加大。如果是竞争性的，挑战者就比较容易寻找到变革发生的制度平台。二是机制复合体中国际制度的密度。在一个领域中，如果相关的国际机制数量比较少，改革者就比较容易协调集体行动，在一个国际机制中合作推进变革。相反，如果国际机制数量众多，那么虽然改革者可以策略性地挑选发起挑战的论坛，但也不容易就侧重在哪个平台行动达成一致。①

随着中国国际影响力的上升并积极推进全球治理体系改革，已经有文献注意到，中国与国际制度的关系正在发生转变。中国不仅在现有的国际组织中活动，争取更大的话语权；而且开始主动地倡议或支持在全球安全与发展领域中创建国际组织或制度平台，包括亚洲基础设施投资银行、金砖国家新开发银行、博鳌亚洲论坛、亚洲相互协作与信任措施会议、南南人权论坛、亚太空间合作组织等。换言之，中国已经成为国际机制复合体的重要塑造力量。马修·D. 斯蒂芬用两个标准来评估这些新制度：它是否与原有国际组织竞争成员和资金？它是否体现与原有国际机构不同的目标与原则？他认为，这些新制度对现有全球治理体系主要是巩固与补充性的，或是寻求弥补现有制度未涉及的目标，或是在认同治理总体原则的基础上要求与自身实力相匹配的决策权、话语权。但是在全球互联网治理、国际人权问题上，中国对新制度的追求也表现出了与现有制度竞争的一面。在这种情况下，中国多采取设立非正式制度或松散的制度平台的办法。②

虽然国际机制复合体已经成为国际关系学科中重要的研究议程，但依然存在一些可进一步讨论的重要问题：

① Justus Dreyling, "Institutional Complexity and Opportunity Structure: Weaker Actor Influence in International Intellectual Property Regulation", *Global Policy*, Vol. 12, No. Suppl.4, pp. 37-46.

② Matthew D. Stephen, "China's New Multilateral Institutions: A Framework and Research Agenda", *International Studies Review*, Vol. 23, No. 3, pp. 807-834.

第一，关于国际机制复合体产生的条件分析仍不充分。现有对国际机制复合体产生原因的解释大多建立在对现实中的国际机制复合体进行实证研究的基础上，对新机制、新组织出现的原因进行了归纳。但是，这种研究设计也在一定程度上存在“幸存者偏差”，即主要观察国际机制复合体“出现”了的情形。从逻辑上看，我们还必须考虑，是否存在这样的情形，即国家存在建立国际机制复合体的动机，或者国际组织存在扩展自身功能的利益，但最终却未能实现的情况呢？换言之，考察国际机制复合体的出现，不仅要探讨它的推动因素，也需要研究它的限制性条件。

第二，对国际机制复合体现象对全球治理绩效的影响仍然缺少系统性的评估。虽然国际机制复合体通过引入“国际组织的竞争与合作”丰富了国际组织研究的视角，但是，组织间关系与作为整体的国际机制复合体的治理绩效之间的关系究竟是什么？在冷战结束后，特别是21世纪以来，以美国为首的西方国家常常批评联合国系统的官僚化与效率低下，并宣称可以通过成立新机构的方式来改善治理效率。那么，这种策略真的奏效吗？真的可以将全球治理的领域简单类比为理想条件下的自由市场，认为竞争性环境能够带来治理效能的最大化吗？如何判断全球治理的制度环境已经变得“过度拥挤”？

第三，现有的研究大多采用“静态”的视角分析国际机制复合体问题，以某一领域中特定时段的国际机制与国际组织为考察对象。对于国际机制复合体自身发展与演化的动力，依然缺少较长时段的比较研究。虽然有的研究者通过对全球教育治理中的机制复合体形态的分析，提出议题领域的网络效应和进入壁垒将决定国际机制复合体的形态，并提出网络效应低、进入壁垒低的问题领域特征将对应着非等级性的权威关系。[①]但是，这一判断对于全球卫生治理领域的适用性却值得进一步考察，因为通过实证研究可以发现，在同一个议题领域内，国际机制之间的关系模式会随着时间不同而发生变化，因而，议题特征并不能完全解释这一问题。

---

① Rie Kijima, Phillip Y. Lipscy, “Competition and Regime Complex Architecture: Authority Relations and Differentiation in International Education”, *Review of International Political Economy*, Vol. 30, No. 6, p. 2150.

另外，从国际机制复合体的视角讨论全球卫生治理问题，对于中国的国际参与也具有重要的现实意义。在今后相当长的时期内，全球卫生治理领域内多重制度并存是无法改变的现实。对于中国而言，不仅需要考虑在特定国际组织内的政策，还需要从整体上考虑全球卫生治理领域内的国际制度排列与组合，从而加强对整个领域的国际制度顶层设计，实现国家利益与全球利益的协调发展。

三、研究思路与结构安排

本书试图从国际机制复合体的角度探讨全球卫生治理领域中的国际政策制订与执行，并通过具体议题领域内国际机制复合体发展演变的过程分析对国际机制复合体理论进行发展与补充。本书的结构安排如下：

第一章从比较宏观的历史角度回顾全球卫生治理中国际组织与国际机制的发展历史，展示全球卫生治理领域内普遍存在的多重制度并存、多个国际组织共治现象，并指出国际机制复合体的发展存在从联合国体系内向联合国体系外，从单一政府间国际组织到公私伙伴关系蓬勃发展的趋势。

第二章结合全球卫生治理领域的特点与国际机制复合体的一般性特点，提出了描述该领域国际机制复合体类型的框架。这一框架从治理理念的融合性与国际组织间关系的角度，将全球卫生治理领域的国际机制复合体分为四种类型，并结合国际政治理论与组织生态学理论对国际机制复合体在不同形态之间的发展演变给出了一个解释性框架。

第三章到第六章是实证分析部分。每一章都聚焦全球卫生治理中的一个具体领域，并采取过程追踪的方式，分阶段地探讨特定国际机制复合体的演变及其带来的国际政策后果。这四个领域分别是国际突发公共卫生事件的预警与应对、全球疫苗与免疫问题、全球艾滋病防控与全球生物技术治理。这四个领域也是当前全球卫生治理中与各国国家安全与社会发展关联最为密切的重要问题。实证分析章节试图达到两个目的：一是梳理具体议题领域中的国际规则与制度发展；二是通过对案例的详细描述来展示第二章中提出的相关因素如何影响了不同领域内国际机制复合体的生成与演变。

最后是对全书的总结，这一部分将进行理论与政策的反思。首先总结本书的研究对全球卫生治理以及国际机制复合体理论有何贡献，之后从中国参与全球公共卫生治理的全局出发，评估国际机制复合体现象，并对国家的政策选项进行分析。

第一章

全球卫生治理中的国际机制复合体现象

在国际贸易、环境治理、发展融资、粮食安全、难民问题等诸多治理领域中，国际机制复合体已经成为一种普遍存在并对全球治理的路径和结果产生重要影响的制度现象。[①]全球卫生治理也是一个多制度并存、彼此交叠的现象尤为突出的典型领域。有研究者认为，今天的世界卫生组织虽然是联合国框架下主管公共卫生与健康促进的主要机构，但其中心地位已经由于大国间的政治博弈受到挑战。[②]以历史性眼光来看，全球卫生治理领域中机制复合体现象的产生并不是一个新近的现象，可以追溯到世界卫生组织诞生之前。这段国际制度的发展历程从两个方面塑造了今天全球卫生治理的政策环境：第一，如何处理不同国际制度安排之间的关系始终是全球卫生治理的中心议题之一；第二，卫生政策并非国家的专属领域，非政府组织从一开始就是重要行为体，其参与全球卫生治理的历史深刻影响了今天国际制度的设计与选择。

本章可以被看作对全球卫生治理中国际机制复合体发展历程的一个简要回顾。首先，本章介绍了从19世纪中期到第二次世界大战结束之前的时段内国际合作机制的发展过程。之后，以第二次世界大战后该领域建立的专门性机构——世界卫生组织的工作为主线，分析了该领域国际机制复合体现象产生的必然性。最后，本章对当今全球卫生治理领域中有代表性的国际性行为体进行了梳理。

---

① Karen J. Alter, Sophie Meunier, “The Politics of International Regime Complexity”, *Perspectives on Politics*, Vol. 7, No. 1, pp. 13-24.

② 刘铁娃:《世界卫生组织在全球卫生治理中的中心地位及其面临的挑战分析》,《太平洋学报》2021年第2期。

第一节 第二次世界大战以前的国际卫生组织

在卫生合作领域，机制复合体并不是新现象，在国际卫生合作发端之时就存在。自19世纪中期开始，政府间合作的蹒跚起步、非政府组织的广泛活动，以及崛起中的美国对非政府力量的有意识运用，使得国际层面上的卫生合作从起步阶段开始就同时存在多重治理框架和多元行为体的共同参与。

一、早期国际卫生合作中的多元行为体

公共卫生成为国家间合作的重要领域，与全球化的发展密不可分。随着国际贸易的规模与旅行范围的扩大，此前局限于一国范围之内的传染性疾病暴发“溢出”到国际范围内，催生了国际合作与协调。19世纪上半期，一些政府倡议，通过协调各种形式的检疫措施来阻止传染病的跨国传播。1834年，为了应对起源自印度的霍乱流行，各国开始呼吁举行国际会议。[①]但是，直到1851年，第一次以跨国疾病防控为主题的政府间会议才得以正式举办。

从一开始，国际卫生政策的制订便被认为混合了政治与科学的要素：在国际卫生会议上，每个国家都派出了两名代表，分别来自外交部门与医学界，而每位代表都有独立的投票权。同时，这些会议也暴露出不同国家在对待隔离检疫措施上的巨大利益分歧。对于强调自由贸易的欧洲国家（特别是英国）而言，这不过是打着预防疾病的名义实施的贸易干扰措施；而当时作为国际贸易货物与人员中转地的意大利，却实实在在地希望通过公共卫生手段减少本地的疾病暴发。各国分成了两大阵营，经历数十年的努力和数轮多边谈判，才达成第一份多边协议。1903年，在巴黎举行的第十一届国际卫生会议上，包括英国在内的21个国家制订了第一份专门针对海上交通卫生防疫问题的《巴黎公约》，并于1912年、1926年和1938年进

① Alexandru Grigorescu, *The Ebb and Flow of Global Governance: Intergovernmentalism versus Nongovernmentalism in World Politics*, London: Cambridge University Press, 2020, p. 58.

行了修订与扩充。[①]

到了20世纪初期，防止跨国疾病传播的政府间合作开始机制化，两个重要的常设性国际卫生机构——国际卫生局与国际公共卫生办公室分别于1902年与1907年成立。但是，在这一时期，政府间合作的内容依然比较简单，主要集中在传染性疾病信息的通报上。而且各国关注的疾病也比较有限，集中于可能对国际贸易造成重要影响的霍乱、鼠疫等传染性疾病。因此，当时国际卫生合作的重点与其说是为了保护世界各国人民的健康，不如说是出于尽最大可能保障国际贸易不被病菌干扰的考虑。

在这样一个与普通民众福利息息相关的领域内，政府间合作关注目标有限、合作深度不足，在一定程度上为其他行为体，特别是慈善基金会的参与开辟了机会窗口。1913年，美国石油大亨约翰·洛克菲勒建立了洛克菲勒基金会，并开始进军公共卫生领域。在公司顾问的建议下，基金会最初的重点放在应对美国南方的钩虫病上。这种疾病虽然死亡率不高，但是能够造成患者严重贫血，导致劳动生产率下降，被认为是美国南方经济"落后"的重要原因。而且，更为重要的是，这一疾病很容易得到诊断和治疗，是进行公共卫生干预的理想对象。

20世纪初，资金雄厚的洛克菲勒基金会成立了消除钩虫病委员会，为疾病流行州配备医生、卫生检查员和实验室技术人员，通过公共卫生知识的宣传与钩虫病治疗开展干预措施。随着这一公共卫生活动在美国国内迅速获得成功，洛克菲勒基金会又迅速成立了国际卫生委员会，将活动开展的范围扩展到拉丁美洲乃至全球。与欧洲国家政府间专注于分享疾病暴发的信息不同，洛克菲勒基金会开创了在国际范围内实实在在地应对疾病暴发并开展治疗的先河。洛克菲勒基金会先后在巴黎、新德里、墨西哥城设立区域办事处，成为公共卫生领域中真正的"全球性"活动机构。到1951年时，洛克菲勒基金会在近100个国家和殖民地花费了数十亿美元的资金用于疾病防治计划，其应对范围包括钩虫病、黄热病、疟疾、雅司病、狂

① Marcos Cueto, *The Value of Health: A History of The Pan American Health Organization*, Washington D.C.: PAHO, 2006, p. 10.

犬病、营养不良等。

作为最早在国际范围内开展实地卫生项目的组织，洛克菲勒基金会的活动有一些突出的特点。洛克菲勒基金会开展的疾病防治项目大多数都是针对特定疾病的，活动开展具有可量化的项目目标（例如喷洒杀虫剂或分发药物），能够以商业化的投资—回报形式来衡量公共卫生项目取得的成效。这一点与洛克菲勒家族的商业化背景密不可分。

洛克菲勒基金会还开创了与政府合作出资的项目模式——在首次合作时基金会承担主要财政责任，而政府只需要负担少部分资金（通常最初的比例为20%），随后几年中逐步过渡到政府全额负担项目开支。[①]这种以私人投资“撬动”政府投入的方式使得非政府组织不仅是政府的合作伙伴，而且往往是其行动的背后推动者。

此外，洛克菲勒基金会还在世界各地建立了25所公共卫生学校，并通过提供奖学金的方式培养了大批公共卫生专家——其中绝大多数都是美国人。这些公共卫生专家组成了全球卫生治理领域的早期“认知共同体”。通过进入国际政府间机构任职，他们对公共卫生事务的理解直接影响了国际政策的制订与实施。例如，世界卫生组织“根除疟疾计划”的项目负责人弗莱德·索帕（Fred Soper），就曾在20世纪30年代效力于洛克菲勒基金会在巴西的疟疾防治项目。当时同一项目的参与者还包括第二任世界卫生组织总干事、巴西人坎道。他们这一段共同的经历促成了将洛克菲勒基金会应对疟疾的成功经验“复刻”到世界卫生组织之内。[②]

从上述简要的历史回顾不难看出，从国际卫生合作伊始，政府与非政府组织并立就是一个突出特点。洛克菲勒基金会在两次世界大战期间的活动仅仅是美国强大的非政府组织力量的一个典型例子。事实上，与这一时期大部分欧洲国家由政府在公共卫生事务上发挥主要作用不同，美国国内

① Anne-Emanuelle Brim, “Philanthrocapitalism, past and present: The Rockefeller Foundation, the Gates Foundation, and the Setting(s) of the International/Global Health Agenda”, *Hypothesis*, Vol. 12, No. 1, 2014, pp. 4-5.

② Malcolm Gladwell, “The Mosquito Killer”, *New Yorker*, July 2, 2001, https://www.newyorker.com/magazine/2001/07/02/the-mosquito-killer.

的非政府机构与私人部门更为活跃。直到1939年联邦安全局（Federal Security Agency）成立，美国联邦政府在卫生领域承担的角色都非常有限。这种国内结构也通过第一次世界大战以后美国的外交活动反映在对国际制度的设计与参与上。

二、国际联盟框架下的国际卫生合作

第一次世界大战结束后，国际卫生领域中发生的第一个重要事件，是美国主导下成立了国际非政府组织"红十字会联盟"（League of Red Cross Societies)。红十字国际委员会（International Committee of the Red Cross, ICRC）本是设立在瑞士的国际组织，成立于1863年，主要负责在战时协助政府开展人道主义救援活动。在第一次世界大战结束后，红十字国际委员会在各国的国家委员会普遍财政虚空，唯有美国红十字会的账户仍有盈余。本国红十字会组织能力的相对突出，使得美国萌生了建立新的非政府机构，来应对和平时期国际卫生问题的想法。这一倡议得到了美国总统威尔逊的直接支持，并成为《国际联盟盟约》的组成部分。《国际联盟盟约》第25条中明确规定："联盟成员同意，应鼓励并推进建立正式得到批准的国家红十字会志愿组织，促进彼此间合作以改善健康、预防疾病，减轻全世界的痛苦。"[①]由于美国红十字会提供了全部所需资金，新的红十字会联盟于1919年顺利成立。

与美国倡议并行，成立政府间机构处理国际卫生问题的想法得到了英法两国的强烈支持。其中，法国支持保留设立在巴黎的国际公共卫生办公室，而英国则建议在国联框架下设立一个新的国际联盟卫生组织（The League of Nations Health Organization)。最终，英国的国际政治影响力占据了上风。值得注意的是，设立在国联框架下的新的国际卫生合作机构，在制度设计上就已经考虑到了红十字会联盟这一非政府组织的存在。在新组织的常设委员会成员资格设计中，除了国际联盟的常任理事国之外，还特意加入了国际劳工组织与红十字会联盟的代表。这一设计非常重要，因为

① Alexandru Grigorescu, *The Ebb and Flow of Global Governance: Intergovernmentalism versus Nongovernmentalism in World Politics*, London: Cambridge University Press, 2020, p. 67.

虽然美国因国内孤立主义盛行最终未能成为国际联盟的成员国，但可以通过红十字会联盟这一非政府组织参与国际联盟下的卫生合作。

国际联盟卫生组织诞生后，立刻引发了关于它和当时存在的其他国际机制之间关系的担忧。它的职责显然与设立在巴黎的国际公共卫生办公室功能重叠；另外，它在职业卫生与难民卫生问题上实施管辖权还有可能引发与国际劳工组织之间的紧张关系。为了解决这一问题，国联联盟卫生组织在主要活动领域——包括在意大利应对疟疾流行、农村卫生、营养健康问题上，都采取了与其他相关组织合作的政策。例如，在1930年9月，国际联盟卫生组织牵头召开的欧洲农村卫生会议，除了成员国的代表外，还汇集了来自国际农业研究所①、国际劳工组织、国际红十字会的代表。这些交流与合作，缓解了国际组织之间的紧张关系，也使得国际联盟卫生组织采用更为广泛的视角来看待卫生与健康问题，将其与社会与经济因素联系起来。②

在国际联盟卫生组织成立后的实际运作过程中，洛克菲勒基金会也对它施加了重要影响。从1922年开始，基金会就对国际联盟卫生组织的流行病学情报交流计划进行赠款。在1929年资本主义世界爆发经济危机后，成员国对国际联盟卫生组织的预算贡献急剧减少，基金会的赠款更显关键。据估计，在国际联盟卫生组织的历史上，来自洛克菲勒基金会的贡献占据其全部预算的三分之一。③例如，国际联盟卫生组织1924年在新加坡设立了远东办公室（Far Eastern Bureau），负责搜集东亚与东南亚地区的卫生数据。这一办公室最初5年的运作资金都是由洛克菲勒基金会资助的。这种合作关系不仅涉及资金，也触及国际联盟卫生组织的业务活动。基金会常常帮助国际联盟卫生组织开展招聘，向其推荐合适的卫生专家，甚至帮助评估成员国向国联卫生组织提出的援助要求。

---

① 第二次世界大战后成立的国际粮农组织的前身。

② Randall M. Packard, *A History of Global Health: Interventions into the Lives of Other Peoples*, Maryland: Johns Hopkins University Press, 2016, pp. 43–46.

③ Alexandru Grigorescu, *The Ebb and Flow of Global Governance: Intergovernmentalism versus Nongovernmentalism in World Politics*, London: Cambridge University Press, 2020, p.76.

有趣的是，虽然基金会慷慨地贡献资金并输入知识与理念，但并不试图——至少是在形式上——建立一种制度间的从属性关系。洛克菲勒基金会坚持，它的供资额度不能超过国联卫生组织全部资金的一半。这并非因为基金会能力有限，而是“如果卫生组织被视为洛克菲勒基金会的附属机构，可能会带来负面反应”。洛克菲勒基金会作为当时在国际卫生领域积极活动的非政府组织，对自身的定位是有比较清晰的规划的，它刻意维护新建立的政府间国际组织的独立性与权威性，并尽可能地扮演支持者与辅助人的角色。

虽然有来自其他国际机构与私人基金会的支持，国际联盟及其附属的卫生组织的影响力依然存在很大的局限性。欧洲一些国家尚未做好准备接受国际组织对本国政策的指令。例如，1932年到1935年，国际联盟卫生组织在欧洲一些城市展开调查，揭示了饮食质量与人群健康状况不佳之间存在的联系，并据此就营养标准问题提出了一系列建议。但是，这些建议遭到了部分国家的反对。英国代表就认为，应当限制国际组织的角色，“国际联盟卫生组织在此类问题上的工作应仅限于提供经过深思熟虑的权威情报报告”。在非洲与亚洲的广大地区，国际联盟的影响力受到欧洲殖民者的抵制。他们拒绝国际机构对殖民地人民的健康与卫生问题开展审查。更为重要的是，以欧洲为中心展开的国际卫生合作，无论是早期的国际多边卫生会议，还是常设的国际卫生机构，其开展活动的范围主要还是欧洲国家及其势力范围，主要议题也是这些国家关注的特定疾病。这种局限性催生了拉丁美洲地区性的卫生组织——泛美卫生组织（Pan American Sanitary Organization, PASO）。

美国在泛美卫生组织的成立中扮演了核心角色，背后的推动力就是美国在该地区的商业利益。当时，美国已经决定接手巴拿马运河的修建，这就意味着必须采取措施保证劳动力的健康。1901年，美国代表团在第二次美洲国家会议上提出了一项公共卫生计划，呼吁包括海地、玻利维亚、智利、乌拉圭、哥伦比亚、墨西哥在内的15个拉丁美洲国家联合起来，改善检疫法规，并集中精力解决黄热病这一地区性公共卫生威胁。在会议讨论过程中，议题又进一步扩展，纳入其他健康问题。最终，该会议决定尽快召集各国卫生当局代表召开会议，建立一个将常设总部设置于华盛顿的新组织。[1]

1902年12月，泛美卫生局正式成立。这一组织的成立不仅仅是为国际制度拼图在西半球增加了一块新碎片。更为重要的是，它还建立在一种新的公共卫生观念之上，即美洲地区公共卫生技术的发展已经达到了这样一种水平，在城市内建立与完善公共卫生条件防止疾病传播是可能的，而且无论从公共卫生措施的效果，还是从经济影响来看，都要远远好于隔离手段。国际公共卫生的重点应当从隔离检疫转变为采取集体行动，从源头上应对疾病。[2]为了体现这一精神，泛美卫生局成立了世界上第一个国际性的公共卫生基金。虽然刚开始的资金规模十分有限，总额仅有5000美元，但其象征意义是巨大的。1924年，拉丁美洲地区的21个国家都加入了泛美卫生组织，并在当年通过了《泛美卫生条例》（Pan American Sanitary Code），再次扩大了对该地区性国际组织的授权。到1947年时，拉丁美洲国家正式将泛美卫生局升格为泛美卫生组织，当年的组织预算也达到了130万美元的水平。[3]

泛美卫生组织的诞生虽然强化了拉丁美洲地区的国际卫生合作，但它与国际联盟卫生组织之间存在竞争关系。一个典型的例子是，玻利维亚曾经请求国际联盟卫生组织为本国重建公共卫生系统提供帮助，但是这一进程受到了美国的极力阻挠，因为它认为玻利维亚应当向泛美卫生组织求助。[4]

综上所述，从19世纪中期开始到第二次世界大战结束之前约100年的时间内，国际层面的公共卫生合作发端，并随着国际交往的日益频繁和国内公共卫生治理手段的日趋成熟而方兴未艾。从国际制度设计的层面来看，

① Marcos Cueto, *The Value of Health: A History of The Pan American Health Organization*, Washington D.C.: PAHO, 2006, p. 32.

② Marcos Cueto, *The Value of Health: A History of The Pan American Health Organization*, Washington D.C.: PAHO, 2006, p. 32.

③ Myron E. Wegman, "A Salute to the Pan American Health Organization", *American Journal of Public Health*, Vol. 67, No. 12, 1977, p. 1199.

④ Randall M. Packard, *A History of Global Health: Interventions into the Lives of Other Peoples*, Maryland: Johns Hopkins University Press, p. 41.

这一时期的国际合作依然主要是区域性的，这与当时世界贸易联系的区域化存在密切关联。欧洲国家、美洲国家分别围绕自己感兴趣的卫生议题开展合作，而世界其他地区的卫生合作活动依然非常有限。地理意义上的“全球”卫生合作尚未出现。

另外，国际卫生合作领域在发展早期就呈现出多中心、政府间合作与非政府行为体活动并行、不同制度间互动协作、多种治理内容共存的特点。一方面，欧洲大国在卫生合作上的利益存在尖锐分歧且实力日衰，不足以维持统一的、以政府间合作为主要形式的国际制度；另一方面，美国的区域影响力上升，而且“轻政府、重社会”的独特卫生治理模式日益投射到国际关系层面。不难看出，在这一时期，不同国际机制之间的关系具有复杂性，彼此间既有合作的一面，也有争夺权威的一面。

第二节 从“统一运作”到全球卫生伙伴关系

在为第二次世界大战后的世界秩序进行筹谋的旧金山会议上，中国与巴西代表呼吁在联合国框架下成立一个世界性的卫生组织，这一倡议被迅速采纳。1946年3月18日到4月5日，在巴黎举行了技术筹备委员会（Technical Preparatory Committee, TPC）会议。委员会起草了后来成为《世界卫生组织组织法》（简称《组织法》）的章程性草案，阐释了新的国际卫生组织的宗旨与目标。其中一条原则性的精神是，世界卫生组织应当纳入并超越现有的国际卫生组织的职能，从而克服两次世界大战期间零散的国际卫生体制格局。[①]可以说，世界卫生组织不仅是联合国系统内负责公共卫生问题的专业性机构，而且被设计为“最主要”乃至“唯一”的机构。但是，在国际实践中，世界卫生组织没有能够达到设计之初的设想。总部与地区办公室的关系、美国的政策变化及全球化带来的非政府组织影响力的上升，共同推动了以全球卫生伙伴关系为特征的国际机制复合体现

① Tine Hanrieder, *International Organization in Time*, United Kingdom: Oxford University Press, 2015, p. 49.

象的兴起。

一、世界卫生组织的制度设计与实际发展

历史学的研究表明，《组织法》的起草者继承了国际联盟卫生组织代理秘书长雷蒙德·戈蒂埃（Raymond Gautier）在第二次世界大战末期对未来国际卫生组织的设想。戈蒂埃希望抓住战争结束的历史机遇，对相关国际制度进行革命性的创新——“未来的国际卫生机构应该有更高的目标，需要更大的权力，承担更重的责任。因为健康不仅仅是没有疾病，‘健康’这个词意味着某种积极的东西，即身体、精神和道德的健康”[①]。

根据《组织法》，健康“不仅为疾病或羸弱之消除，而系体格、精神与社会之完全健康状态”[②]。这一界定不仅使得新组织承担起疾病信息交流和通过生物医学手段干预发展中国家公共卫生活动的传统职能，也开拓了应对与健康问题有关的社会经济不利条件的新政策领域。因此，从功能设计的角度来看，世界卫生组织具有取代此前卫生领域各国际机构的潜力。根据《组织法》，世界卫生组织作为国际卫生工作的指导和协调机构，通过公约、建议、技术标准等政策工具向会员国提供指导，并协调国际卫生合作的开展。作为联合国系统下处理公共卫生问题的专门机构，世界卫生组织被赋予了该领域核心机构的地位。事实上，在世界卫生组织成立后，巴黎国际卫生局和国联卫生组织就停止了活动。

但是，这种“一体运作”的制度设计解体也在国际组织成立之初就埋下了伏笔。尽管英国、法国、中国、巴西等主要国家都支持它成为统一的、一体运作的组织，而且，转向国际主义的美国同样希望建立一个真正意义上的“世界性”组织。但是，鉴于泛美卫生组织的成功运作经验，许多拉丁美洲国家不愿意放弃它的独立地位，并且希望美国也能够采取类似的立场。

最终，在技术筹备委员会中，在区域组织究竟在世界卫生组织内部享有何种地位这一问题上，美国采取了模棱两可的含糊立场。一方面，美国提出区域办事处应当服从总部，以便新的国际组织能够从全球层面开展卫

---

① Lars Thorup Larsen, “Not Merely the Absence of Disease: A Genealogy of the WHO’s Positive Health Definition”, *History of the Human Sciences*, pp. 1–21.

② 世界卫生组织：《组织法》，https://www.who.int/zh/about/governance/constitution。

生规划；另一方面，它又主张现有的区域组织，即泛美卫生组织继续存在，并要求它与总部之间作出“合作性”安排。[①]加之拉丁美洲国家在商定建立世界卫生组织的51个代表团中占据了20席，形成了支持泛美卫生组织继续工作的强大国家集团，各国在这一原则事项上达成了妥协，确定了“逐步和最终合并”的方法。泛美卫生组织作为世界卫生组织的美洲区域办事处继续工作，但是并不直接从总部接受指示。相反，由这一地区国家代表组成的泛美卫生会议继续作为该办事处的决策机关，泛美卫生组织的基本结构也得以维持下来。

这种总部—区域办事处的双层管理结构一旦确定，就形成了一种特殊的制度初始形态，并通过路径依赖的机制在世界卫生组织中得到延续，甚至是强化。事实上，除了美洲区域办公室外，世界卫生组织还拥有非洲、东南亚、欧洲、东地中海、西太平洋五个区域办公室。从20世纪70年代开始，总干事马勒试图对这一内部结构进行改革，但是由于人、财、物都集中在区域层面上，总干事实施的改革策略不得不依赖区域办公室，最终结果是国际组织内部结构的进一步分散化，区域办公室进一步获得了业务上的自治权。[②]时至今日，区域性办公室在世界卫生组织内部依然享有相当程度的自主性，不仅可以独立选举区域办公室主任，而且在国家方案的编制、预算起草等涉及组织运行的核心业务上都拥有相当大的发言权。可以说，世界卫生组织虽然在形式上是统一的全球性组织，但其内部却存在分散化的基因。

分散化直接影响了世界卫生组织的治理效能。在许多问题上，总部确定的政策目标在落实过程中往往会发生扭曲和变形。例如，在推进初级卫生保健议程时，虽然总部规划的政策目标要求为落后国家提供更多资源，但确定各国获得多少世界卫生组织的援助，以及这些援助应当用于何种项目却是由地区办公室主任决定的。许多卫生系统表现良好的国家反而获得

---

① Tine Hanrieder, *International Organization in Time*, United Kingdom: Oxford University Press, 2015, p. 55.

② Tine Hanrieder, *International Organization in Time*, United Kingdom: Oxford University Press, 2015, p. 72.

了更多的资金，存在迫切需要的发展中国家却往往没有获得充分的支持。[①]一个更为新近的例子是，2014年西非三国暴发埃博拉疫情，在应对这一紧急公共卫生事件的过程中，时任总干事陈冯富珍表示，实地应对的责任不在总部而在非洲地区办公室。这一表态虽然反映了世界卫生组织内部资源的实际分布情况，却被普遍视为世界卫生组织缺乏领导力和行动力的表现。

除了内部的区域化与分散化趋势，世界卫生组织"一体运作"的地位还受到美国态度的挑战。美国作为第二次世界大战后国际秩序的主要塑造国之一，长期以来在国际组织中具有重要影响力，特别是掌控着国际组织的财政命脉。美国对世界卫生组织职权扩大的警惕使其始终无法真正实现《组织法》中的设计。

首先，美国对于世界卫生组织倡导的"人人享有"的健康理念一直持抵触态度。在20世纪40年代末期，这种观念被看作要求政府承担提供卫生保健的责任，进而要求强大的国家插手社会事务的方方面面，从而达到"推行社会主义"的目标。这种观点与20世纪40年代关于福利国家政策改革的争论交织在一起，并因为冷战格局而被进一步放大。在1946年美国的中期选举中，包括约瑟夫·麦卡锡（Joseph McCarthy）在内的右翼共和党人控制了美国参众两院。他们对国际政治持孤立主义态度，反对国际援助，对新成立的联合国持怀疑态度。持这一派观点者包括时任泛美卫生局局长休·康明（Hugh Cumming），他认为世界卫生组织是"共产主义进入美洲的楔子"，并警告时任美国总统杜鲁门，世界卫生组织可能成为"国家卫生活动的超级独裁者"[②]。

为了避免美国被排除在这一全球性组织之外，世界卫生组织最终进行了妥协，选择了采取相对狭隘的生物医学路径来开展活动。在杜鲁门及支持建立战后国际组织的美国国务院推动下，1948年，美国国会终于批准了

① Erin R. Graham, "International Organizations as Collective Agents: Fragmentation and the Limits of Principal Control at the World Health Organization", *European Journal of International Relations*, Vol. 20, No. 2, 2014, pp. 377–379.

② Lars Thorup Larsen, "Not Merely the Absence of Disease: A Genealogy of the WHO's Positive Health Definition", *History of the Human Sciences*, p. 13.

加入世界卫生组织的决定。但是，美国在世界卫生组织中的参与有以下附加条件：一是虽然世界卫生组织章程中没有明确规定成员国有退出组织的权利，但美国国会要求保留这项权利；二是国会为美国向世界卫生组织贡献的资金额度设置了上限；三是要求美国在世界卫生组织中的代表必须毕业于公认的医学院，并在国内有三到五年的执业经验，这一条件使得美国的公共卫生专业人员不可能成为国际组织中的官员与政策规划者。换言之，美国对于世界卫生组织的支持和参与不是无条件的，从一开始就要求限制国际卫生机构的职权范围。因而，在美国加入后相当长的时期内，世界卫生组织主要采取的是以具体疾病如黄热病、疟疾、天花为治理对象，采用生物技术手段对疾病开展预防和治疗，以此来规避干预社会经济因素可能在政治上带来的争议。

其次，美国虽然是世界卫生组织的缔造方之一，但是随着亚非拉民族解放运动的展开，发展中国家大量加入联合国及其专门性机构，在遵循“一国一票”原则进行决策的世界卫生大会中，国际政治权力的天平发生了变化。美国日益无法把控世界卫生组织内部的议程设置与决策制订。1981年，世界卫生组织推动制订了《国际母乳代用品销售守则》，要求规范跨国食品企业，特别是雀巢公司在发展中国家推销奶粉等婴儿食品的做法。美国为了维护国内制造商的利益，对这一规则投下反对票，但世界卫生大会依然通过了该决定。无独有偶，世界卫生组织制订的“基本药品目录”指导发展中国家储备价格低廉的基本药物，从而损害了以出售价格高昂的专利药物获取利润的美国制药业的利益。为了惩罚世界卫生组织，美国作为最大的会费缴纳国，在1993年推动“冻结”了世界卫生组织的常规预算。此后，虽然世界卫生组织的活动范围扩大，所需的资金也不断增加，但只能依赖于国家与其他非政府组织提供的自愿贡献资金维持项目运作。①

可见，尽管世界卫生组织在设立之初被赋予在国际卫生合作中“一体运作”的任务，但现实中却受到诸多因素的挑战。特别是，美国作为二战结束后国际体系中最重要的国家，对于国际组织的职权范围与权威性始终

① 汤蓓：《财政危机下的国际组织变革路径》，《世界经济与政治》2019年第9期。

持怀疑甚至反对的态度。这使得世界卫生组织无法完全实现指导国际卫生合作的目标，与国际社会对卫生保健需求之间的鸿沟不断扩大。

二、全球卫生伙伴关系的出现与兴起

世界卫生组织的能力不足为其他国际机构涉足卫生治理领域提供了空间，其中包括政府间组织、非政府组织及私人行为体。特别是随着跨国传染性疾病问题的凸显，人们认为提供全球性与跨国性的解决方案非常重要。既然世界卫生组织解决问题的能力令人失望，那就需要更多的行为体带来新的资源、技术与创造力。[①]在联合国系统内部，联合国儿童基金会从20世纪80年代开始通过发起名为“儿童生存革命”的项目，深入涉足儿童卫生保健，特别是免疫计划的开展。在全球艾滋病问题上，联合国教科文组织、联合国开发计划署、世界银行等机构纷纷创立了独立计划，并于1995年联合发起了联合国艾滋病规划署。对于世界卫生组织而言，这一事件是具有冲击性的。在一定程度上，这意味着世界卫生组织在应对这一“现代”疾病上的失败，它不再能够仅仅凭借自身在公共卫生问题上的“历史性地位”，就理所当然地认为自己应当处于中心地位或扮演领导性的角色。

除了政府间国际组织，全球卫生领域中本就存在大量非政府组织。有文献估计，在整个20世纪，在卫生领域中积极活动的非政府组织从1983个飞速增长到37000个。[②]但和数量增加相比，它们在国际公共政策的制订和执行方面的地位上升更加引人注目。

自20世纪80年代开始，非政府组织在全球卫生治理中的作用则变得日益突出。在政府能力存在空白的地区与议题上，民间组织或是作为公共服务的承包商，或是通过慈善工作发挥作用。例如，上述《国际母乳代用品销售守则》，就是在“国际婴儿食品行动网”这一国际非政府组织的推动与倡议下发起的。而且，由于只有少数政府在《国际母乳代用品销售守则》

---

① Neil Spicer, Irene Agyepong, Trygye Ottersen et al., “It's Far Too Complicated: Why Fragmentation Persists in Global Health”, *Globalization and Health*, p. 4, https://globalizationandhealth.biomedcentral.com/articles/10.1186/s12992-020-00592-1.

② Neil Spicer, Irene Agyepong, Trygye Ottersen et al., “It's Far Too Complicated: Why Fragmentation Persists in Global Health”, *Globalization and Health*, p. 4, https://globalizationandhealth.biomedcentral.com/articles/10.1186/s12992-020-00592-1.

通过后制订了相关法律法规加以落实，这项国际卫生规则监督执行的功能也在很大程度上落到了非政府组织身上。①

非政府组织在全球卫生治理中的作用上升，更为直观地表现在可支配资源的增加上。冷战结束后，西方国家向发展中国家提供发展援助的积极性整体上下降了。直接后果之一就是联合国各机构财政资源的枯竭与资源动员能力的下降。从1990年到2007年，在全球范围内的卫生发展援助（Development Assistance for Health，DAH）资金中，联合国机构动员的比例从32.3%下降到14.0%。而非政府来源的资金比例则迅速上升，从13.1%上升到24.9%。其中，最引人注目的就是2000年成立的比尔与梅琳达·盖茨基金会（The Bill & Melinda Gates Foundation, 以下简称盖茨基金会）。在短短7年时间内，其提供的资金就占到全球卫生发展援助的3.9%。②在很多发展中国家，政府日益依赖非政府组织或私营部门提供医疗保健服务。而且，与政府机构相比，它们往往表现出更多管理上的灵活性，以及在受援国因地制宜地拟订方案的适应力。③

世界卫生组织作为政府间国际组织，传统上重视与各国卫生部的正式关系，而与包括企业和非政府组织在内的非国家机构之间的交往有限。例如，在世界卫生组织最为成功的疾病控制计划“根除天花”项目中，缺乏来自企业与非政府组织的贡献被认为是一项突出特点。在整个南亚地区，除了印度的塔塔钢铁厂在一些地区负责开展项目外，几乎看不到政府以外的企业与社会组织的身影。④但是，在新的历史条件下，世界卫生组织也必须适应新的现实。1998年，新上任的总干事布伦特兰（Gro Harlem Brundt-

---

① Kelly Lee, “Civil Society Organizations and the Functions of Global Health Governance: What Role within Intergovernmental Organizations?”, *Global Health Governance*,Vol. 3, No. 2, p. 7.

② Nirmala Ravishankar et al., “Financing of Global Health: Tracking Development Assistance for Health from 1990 to 2007”, *The Lancet*, Vol. 373, No. 9681, p. 2217.

③ Chinua Akukwe, “The Growing Influence of Non–Governmental Organizations (NGOs) in International Health: Challenges and opportunities”, *Journal of the Royal Society of Health*, Vol. 118, No. 2, p. 109.

④ Daniel Tarantola, Stanley O. Foster, “From Smallpox Eradication to Contemporary Global Health Initiatives: Enhancing Human Capacity towards a Global Public Health Goal”, *Vaccines*, Vol. 29, No. S4, p. 139.

land）将与联合国其他机构、非政府组织及私营部门广泛接触作为改革世界卫生组织并重振其在全球卫生治理领域中领导地位的重要内容。她当选后首次向世界卫生大会发表的演讲中就提出了两个“必须”：非政府组织的影响力往往超出官方机构，在对抗麻风病、结核病、失明等卫生问题的过程中，非政府组织扮演的角色是不容忽视的，因此“必须与非政府组织接触”；私人部门在技术创新和提供卫生保健中发挥着重要作用，因此“必须与私人部门接触”。①

2001年，世界卫生组织发起了一项民间社会倡议（Civil Society Initiative），以“审查卫生组织与民间社会组织之间的官方和非正式关系；制订新的政策，以便与民间社会组织进行更有效的合作、开展信息交流和对话，并在改善会员国与非政府组织及民间社会组织合作方面向会员国提供支持”。在传染性疾病议题与非传染性疾病议题中，总干事布伦特兰分别选择了“击退疟疾计划”和谈判《烟草控制框架公约》作为通过发起卫生伙伴关系增强世界卫生组织治理有效性的重点项目。特别是《烟草控制框架公约》，虽然它是一份对成员国有法律约束力的文件，但是非政府组织深度参与到了公约的谈判与执行过程中。在公约谈判的过程中，来自90多个国家的250多个非政府组织组成了“框架公约联盟”，通过促进全球反烟草网络来推进公约的谈判进程。有些非政府组织还被允许在政府间谈判会议结束时提交发言，这被看作对世界卫生组织惯常程序的重大突破。在谈判过程中，非政府组织常常通过媒体公布反对控烟公约的政府立场，通过国际舆论的力量推动谈判。②

与《烟草控制框架公约》的谈判与执行情况类似，世界卫生组织的另一项主要的国际法工具——《国际卫生条例》在2005年的修订和后续执行过程中，也开始依赖于非政府组织提供全球卫生治理的公共产品。在过去，

① World Health Organization, “Dr Gro Harlem Brundtland’s Speech to the Fifty-first World Health Assembly”, 13 May 1998, https://apps.who.int/iris/bitstream/handle/10665/79896/eadiv6.pdf.

② Kelley Lee, “Civil Society Organizations and the Functions of Global Health Governance: What Role within Intergovernmental Organizations?”, *Global Health Governance*, Vol. 3, No. 2, pp. 10-11.

世界卫生组织作为政府间机构，在国际疾病暴发的信息搜集与公布时，只能依赖成员国政府提供的数据。当成员国政府出于各种原因不准确或不及时地提供数据时，国际合作的有效性往往大打折扣。而新修订的《国际卫生条例》则规定，世界卫生组织“可以考虑来自除通报或磋商以外其他来源的报告，应根据既定的流行病学原则评估这些报告，然后将事件信息通报据称在其领土内发生事件的缔约国”[①]。成立于2000年4月的全球疫情警报和响应网络（Global Outbreak Alert and Response Network, GOARN）在全球层面的合作网络已经扩展到300多个合作机构，包括政府机构、大学、实验室、非政府组织、国际组织等。[②]

世界卫生组织与其他政府间与非政府组织合作开展治理的方式被研究者称为全球卫生伙伴关系的兴起。从1998年开始，在全球范围内，全球卫生伙伴关系的数量出现了第一个峰值，在2010年之后更是快速增长。据估计，截至2020年12月，有275项卫生领域内的伙伴关系被登记在册。[③]

综上所述，在第二次世界大战结束之后，虽然国际社会试图在国际卫生合作这一领域内建立统一运作的一体化国际卫生机制，但总体而言并不成功。与国际社会，特别是发展中国家广泛的卫生需求相比，世界卫生组织能够提供的服务从数量和质量上来看都是有限的。内部结构的缺陷及美国的单边主义做法极大地削弱了世界卫生组织的治理有效性。面对全球卫生领域各类行为体大量涌现，世界卫生组织最终决定适应并利用这一现实以重塑自身的合法性。可以说，“国际机制复合体”在今天的全球卫生治理中已经成为一种常态，全球卫生政策制订的体制环境已经发生了极大的变化。

---

① 世界卫生组织：《国际卫生条例（2005）》（第三版），第九条，2016年，https://apps.who.int/iris/bitstream/handle/10665/246107/9789245580492-chi.pdf。

② Regional Office for the Eastern Mediterranean, “The Global Outbreak Alert and Response Network in the Eastern Mediterranean Region”, https://www.emro.who.int/pandemic-epidemic-diseases/goarn/index.html.

③ 丁梦丽、刘宏松：《关键节点、创业型领导与全球卫生伙伴关系的兴起》，《世界经济与政治》2022年第11期。

第三节　当前全球卫生治理中的主要国际机制

全球卫生治理中行为体数目众多，要对其进行完整的梳理是难以完成的任务。但是，在众多的国际机制中，仍有少数机制可以被认为是“主要的”。它们或是联合国系统下以公共卫生作为主要职责的机构，或是因其强大的动员能力而在治理过程中占据一席之地。2007年，全球卫生治理中的8个主要组织——世界卫生组织、联合国儿童基金会、联合国人口基金、联合国艾滋病规划署、世界银行、全球疫苗与免疫联盟、全球基金、盖茨基金会组成了一个非正式的全球卫生治理联盟“H8”。其目标是推动实现与健康相关的千年发展目标，并聚焦于为全球人民寻找更好的健康改进办法。[①]事实上，“H8”涵盖了当今全球卫生治理中最主要的国际机构。由于上一节已经对世界卫生组织的活动进行了简要的介绍，本节将对“H8”中的其他合作机制参与全球卫生治理的相关活动内容进行梳理，以帮助读者了解当前全球卫生治理主要国际机制的相关情况。

一、联合国儿童基金会

联合国儿童基金会成立于1946年。第二次世界大战后，欧洲与中国作为主要战区遗留下大量处于严酷生存状态下的儿童，联合国儿童基金会是为了解决他们的营养与生存问题而产生的临时性机构。在成立之初，联合国儿童基金会就高度关注儿童群体的健康问题。例如，当时欧洲三分之一的儿童患有缺乏维生素D导致的佝偻病，联合国儿童基金会就此成立了医疗顾问委员会，并开始向高危儿童提供奶粉。1948年，联合国儿童基金会又加入了丹麦政府发起的通过注射卡介苗对抗肺结核的运动。到1953年时，联合国大会通过决议，取消了儿童基金会的任务期限，它也正式成为大会下属的常设性基金会。“促进儿童权利保护，帮助实现其基本需求，并扩大他们充分发展的机会选择”是联合国儿童基金会的主要使命。关注儿

---

① UNAIDS, “Health 8 group meet to discuss maximizing health outcomes with available resources and getting ‘more health for the money’”, 23 February 2011, https://www.unaids.org/en/resources/presscentre/featurestories/2011/february/20110223bh8.

童健康问题也因此成为联合国儿童基金会的重要工作领域，在许多全球卫生治理的议题领域中，联合国儿童基金会也是世界卫生组织的重要合作伙伴。早在1948年第一次世界卫生大会上，世界卫生组织就建议成立联合委员会来协调两个组织之间的关系，儿童基金会强大的资金实力及实地开展项目的能力恰恰是世界卫生组织需要的。

强调社会经济因素对卫生服务获得的影响是联合国儿童基金会在全球卫生治理领域中进行政策倡议的重要内容。1978年，联合国儿童基金会与世界卫生组织共同组织召开了阿拉木图国际初级卫生保健会议。这次会议使得“初级卫生保健”成为全球卫生治理中的重要概念。会议通过的《阿拉木图宣言》强调健康是一项基本人权，并呼吁国家在提供初级卫生保健方面发挥重要作用。这次会议标志着发展中国家第一次试图寻找一条不同于发达国家的卫生保健发展道路，试图通过发展社区层面的基本卫生服务来改善卫生保健的获得情况，促进卫生公平。

20世纪80年代，许多发展中国家陷入债务危机。为了稳定全球宏观经济，以世界银行和国际货币基金组织为代表的布雷顿森林机构开始实施“结构调整”战略，要求发展中国家，特别是撒哈拉以南非洲国家与拉丁美洲国家缩减公共开支以应对财政赤字问题。但是，这一政策对贫困人口可能造成的影响最初并未进入政策讨论。20世纪80年代初期，联合国儿童基金会在非洲和拉丁美洲的办事处最早开始报告一些国家儿童生存状况恶化的迹象，特别是发现部分国家儿童影响不良的情况迅速增加。1982年，联合国儿童基金会决定开展一项关于“世界经济衰退对儿童影响”的研究项目，项目对4个低收入国家、6个中等收入国家与2个工业化国家的儿童与妇女状况进行了分析。分析表明，“结构调整”战略非但没有减轻经济衰退对最脆弱人群的影响，反而进一步将不利影响传递给贫困阶层和处于这一阶层的儿童。[①]在这一研究的基础上，联合国儿童基金会通过联合国系统内部的行政咨询委员会开始向世界银行与国际货币基金组织提出关切，并建

① Richard Jolly, “Adjustment with a Human Face: A UNICEF Record and Perspective on the 1980s”, *World Development*, Vol. 19. No. 12, pp. 1809–1810.

议采取措施。1985年，来自联合国儿童基金会的经济学家弗朗西丝·斯图尔特（Frances Stewart）撰写了著名报告《人性化的调整》（*Adjustment with a Human Face*），强调在“结构调整”的政策进程中发挥中观层面政策的作用，以保证经济政策促进而非损害脆弱群体。[①]

从参与全球卫生治理的角度来看，这段时期对于联合国儿童基金会是至关重要的。在此之前，它很少直接参与经济增长与包括卫生健康在内的人类福利间关系的政策讨论。更为重要的是，这一时期的联合国儿童基金会还从“说”转向了“做”。联合国儿童基金会认为，尽管世界经济下行，但仍然有可能利用较低的成本在一系列重点领域中改善儿童福利。它选择了与儿童健康密切相关的4项卫生干预措施作为其工作重点——成长监测（Growth Monitoring）、口服补液盐治疗腹泻性疾病（Oral Rehydration）、母乳喂养（Breast Feeding）和儿童免疫计划（Immunization）。根据英文首字母，这四项工作常被合称为“GOBI”。强大的实地运作能力使得联合国儿童基金会成为为发展中国家儿童提供卫生服务的重要行为体。

如今，联合国儿童基金会对全球卫生治理的观点日益清晰，即重视社会经济决定因素对作为一个群体的妇女儿童造成的影响。它认为，“实现可持续发展目标需要全球从治疗疾病转换为加强卫生系统，让所有儿童、青少年和育龄妇女都能获得可负担的优质卫生保健服务”。2020年，世界卫生组织、联合国儿童基金会和《柳叶刀》杂志联合组成的委员会发布了《世界儿童的未来？》（*A Future for the World's Children?*）的报告，更为全面地梳理了儿童健康权利面临的挑战。报告认为，“气候变化、生态退化、人口迁徙、冲突、普遍的不平等和掠夺性商业行为威胁着每个国家儿童的健康和未来”，因而需要政府与社会的各个部门采取协调一致的行动来确保儿童与青少年的生存与健康成长，包括“确保全民健康覆盖、人人享有良好的营养和粮食安全、深思熟虑的城市规划、安全和负担得起的住房和交通、人人享有清洁能源、公平的社会福利政策”等。这一委员会还特别倡议在

① Richard Jolly, “Adjustment with a Human Face: A UNICEF Record and Perspective on the 1980s”, *World Development*, Vol. 19. No. 12, p. 1813.

1989年通过的《儿童权利公约》基础上制订任择议定书，以规范针对儿童的商业营销行为。[①]由此可见，联合国儿童基金会对于儿童健康决定因素的理解是非常宽泛的。根据其网站公布的信息，目前联合国儿童基金会广泛地参与缓解全球艾滋病流行对青少年的影响、孕产妇与新生儿健康、加强卫生系统、紧急情况下提供卫生人道主义援助等和全球卫生治理密切相关的议题。

二、联合国人口基金

联合国人口基金是联合国经社理事会下属的机构。1969年，在第21届联合国大会通过2211号决议的基础上成立了“联合国人口活动基金”，1987年正式定名为联合国人口基金。如其名称所示，联合国人口基金的主要活动领域是人口与计划生育问题，它也是联合国系统内唯一为生殖健康和更广泛意义上的人口发展动态提供一揽子服务的机构，其任务“涵盖从受孕前到去世时刻的人类福利”。[②]在成立之初，联合国人口基金主要致力向有需要的发展中国家提供计划生育领域的援助，并推动计划生育与母婴健康项目的融合。它开展工作的重要方式之一是进行数据搜集与分析，并向发展中国家的政府官员和学术研究人员提供培训。与此同时，联合国人口基金还在国际层面上推进各国对人口问题的理解。在20世纪70年代，它已经提出，简单化的“人口控制”方案对于解决发展中国家的人口问题是不恰当的，人口问题与发展的其他领域之间存在密切关联。而且，人口问题不存在千篇一律的解决方式，必须将问题放置在特定国家的社会经济背景下，给出因地制宜的解决方案。[③]

将人口问题与发展议程挂钩是联合国人口基金的重要政策主张。1994年9月，联合国人口基金在埃及开罗召开了迄今为止规模最大的人口与发展国际会议。在这次会议上，各国将人口稳定作为人口规划的新目标，放

---

① Helen Clark, Awa Marie Coll-Seck, Anshu Banerjee, et al., “A Future for the World's Children? A WHO-UNICEF-*Lancet* Commission”, *The Lancet*, Vol. 395, No. 10224, pp. 605-658.

② Azza Karam, “The United Nations Population Fund's (UNFPA's) Legacy of Engaging Faith-Based Organizations as Culture Agents of Change”, *Crosscurrents*, Vol. 60, No. 3, p. 433.

③ Nafis Sadik eds., *An Agenda for People: The UNFPA Through Three Decades*, New York: New York University Press, 2002, p. xvii.

弃了以减少人口数量、避孕措施的普及程度和计划生育服务提供者数量作为衡量国际合作的指标，转而以更广泛的视角看待人口问题，试图探索经济政策、教育、性别议题对人口发展的影响。在和卫生服务相关的领域，这次会议提出，满足包括生殖卫生在内的健康与卫生需要是可持续发展的前提条件，并提出了一系列国际合作目标，包括：到2015年普遍获得生殖健康服务、到2015年将孕妇死亡率降低75%、降低婴儿死亡率、全球预期寿命增长、降低艾滋病流行率。在联合国可持续发展目标提出后，联合国人口基金也与时俱进地将更新后的生殖健康目标确定为本组织的工作目标。

表1.1　联合国可持续发展目标中与生殖健康相关的发展目标

目标	主要内容
3.1	到2030年，将全球孕产妇死亡率降低到每10万例活产70例以下
3.2	到2030年，消除新生儿和5岁以下儿童可预防的死亡，各国争取将新生儿每1000例活产的死亡率至少降至12例，5岁以下儿童每1000例活产的死亡率至少降至25例
3.3	到2030年，消除艾滋病、结核病、疟疾和被忽视的热带疾病等流行病，抗击肝炎、水传播疾病和其他传染病
3.7	到2030年，确保普及性健康和生殖健康保健服务，包括计划生育、信息获取和教育，将生殖健康纳入国家战略和方案
3.8	实现全民健康保障，包括提供金融风险保护，人人享有优质的基本保健服务，人人获得安全、有效、优质和负担得起的基本药品和疫苗
5.2	消除公共和私营部门针对妇女和女童一切形式的暴力行为，包括贩卖、性剥削及其他形式的剥削
5.3	消除童婚、早婚、逼婚及割礼等一切伤害行为
5.6	根据《国际人口与发展会议行动纲领》《北京行动纲领》及其历次审查会议的成果文件，确保普遍享有性和生殖健康及生殖权利

资料来源：UNFPA, “Sexual and Reproductive Health and Rights: An Essential Element of Universal Health Coverage”, November 2019, p. 7, https://www.unfpa.org/sites/default/files/pub-pdf/UF_SupplementAndUniversalAccess_30-online.pdf.

与联合国儿童基金会相似的一点是，联合国人口基金将妇女与青年人作为重点关注的群体。它在全球卫生治理中的参与和活动主要集中在母婴健康、防止艾滋病传播、反对基于性别的暴力及降低孕产妇死亡率等领域。联合国人口基金主要通过追踪世界人口趋势、倡导人权、强调文化对行为转变的影响来实现这一目的。①

首先，联合国人口基金支持了世界上最大的人口数据搜集项目。通过反映世界人口趋势和背后的驱动力量，联合国人口基金帮助各国确定和理解全球人口发展趋势，并为决策提供数据支持。联合国人口基金为发展中国家提供技术和财政方面的支持，以确保它们开展符合国际标准的高质量人口普查。

其次，作为联合国系统内的一员，联合国人口基金还致力以人权为基础的方案拟定办法。这主要是指在拟定国家合作方案的过程中，通过提供保障权利得以实现的机制来保证人民的自由、福祉与尊严。联合国人口基金还广泛地开展相关的人权教育，让重点人群了解自身在获取基本健康与卫生服务方面具有的权利。

最后，也是特别值得注意的一点是，由于生殖与性的问题在许多国家都带有社会与政治方面的敏感性，要改变长期存在的态度、行为与法律是一项长期而艰难的任务。从2002年开始，人口基金发起了一项倡议，要求系统性地将文化敏感（Culture Sensitivity）纳入方案拟定工作。这要求联合国人口基金更加广泛地接触所在的国家与社区，了解有助于和不利于人口生殖健康与性权利的文化内容。另外，这也促使联合国人口基金更广泛地接触包括宗教组织在内的地方性组织，与它们接触并结成伙伴关系，以倾听它们的意见并寻求意见和建议。在世界各个地区，这一战略都不乏成功的案例。例如，在卢旺达，联合国人口基金针对天主教、新教及伊斯兰教团体的成员进行宣传，以提高对性别、性和生殖健康的认识。在孟加拉国，联合国人口基金为穆斯林、印度教及佛教教徒提供培训，使他们成为安全孕产、生殖健康问题的倡导者。②可以说，在联合国系统内，在与宗教组织建立广泛联系和伙伴关系方面，联合国人口基金的工作方式是独树一帜的。

三、联合国艾滋病规划署

联合国艾滋病规划署是联合国系统内专门为应对艾滋病这一跨国传染

① UNFPA,“How We Work”, https://www.unfpa.org/how-we-work.

② Azza Karam, “The United Nations Population Fund’s (UNFPA’s) Legacy of Engaging Faith-Based Organizations as Culture Agents of Change”, pp. 442-444.

性疾病而成立的机构。1996年，为了应对全球范围内日益严峻的艾滋病流行状况，联合国难民署、联合国儿童基金会、世界粮食计划署、联合国开发计划署、联合国人口基金、世界卫生组织、世界银行等联合国机构共同发起了这一计划，旨在发挥各组织的比较优势，协同应对艾滋病流行这一人类健康的重大挑战。

联合国艾滋病规划署的工作由项目协调委员会（Programme Coordinating Board, PCB）负责领导。这一委员会包括根据地域原则分配的22个政府席位[①]、11个联合发起机构及5个非政府组织席位，而且，在非政府组织中必须包含由艾滋病患者组成的协会组织。虽然非政府组织在委员会中并无投票权，但是这种包容非政府组织制度化地参与联合国活动的方式依然可以被视作重要的创新。此外，联合国艾滋病规划署的共同发起组织委员会（Committee of Co-sponsor Organizations, CCO）负责召集相关国际机构的负责人，促进它们对联合方案的战略、政策和业务保持投入。该委员会还要求共同发起组织在内部讨论项目协调委员会作出的相关决定，并将联合国艾滋病规划署确立的工作目标融入各自的战略框架。[②]在国家一级，联合国艾滋病规划署与来自发起机构的工作人员联合开展工作，组成联合国艾滋病问题专题小组（UN Theme Groups on HIV/AIDS）。到2018年，联合国艾滋病规划署70%的工作人员都部署在实地工作。另外，需要注意的是，联合国艾滋病规划署自身的预算规模并不大，大约维持在每年1.4亿美元的水平上。

联合国艾滋病规划署是一个多部门方案，处理与艾滋病相关的一系列范围广泛的问题。在全球层面上，联合国艾滋病规划署试图协调不同机构开展的活动，通过宣传活动维持对终结艾滋病流行的政治承诺，并提供关于艾滋病流行情况的信息与数据。目前，“没有任何关于艾滋病流行的重要报告、演讲或政策倡议的发布与制订不参考联合国艾滋病规划署搜集与发

① 非洲地区5个席位，亚洲与太平洋地区5个席位，拉丁美洲与加勒比海地区3个席位，东欧地区2个席位，西欧与世界其他地区7个席位。

② UNAIDS, “UNAIDS Governance”, https://www.unaids.org/en/whoweare/governance.

布的数据”[①]。

在国家一级，联合国艾滋病规划署向成员国提供战略指导与技术支持，协助成员国制订国家应对方案。为了保证国家将应对艾滋病问题纳入政策的方方面面，联合国艾滋病规划署提出了“三个一”原则，并以此作为国家接受援助的先决条件。所谓“三个一”原则，是指各国应当具有“一个商定的艾滋病行动框架，为协调所有伙伴的工作提供基础；一个国家艾滋病协调机构，具有基础广泛的多部门任务；一个商定的国家一级监测和评价系统”。联合国艾滋病规划署倡导成员国成立国家行动委员会。这一委员会在理想状态下由总理领导，不仅要包括所有政府部委，而且应当包括民间社会组织等其他行为者。

简而言之，联合国艾滋病规划署并不是一个典型的政府间国际组织，它主要是一种在联合国内部及与非政府组织增强治理协调性的努力，其目的在于适应全球艾滋病治理领域中行为主体日益多元化这一新现实。当然，自诞生以来，它自身也成为艾滋病问题和全球卫生治理领域中重要的国际机构。

四、世界银行

世界银行成立于1944年。作为多边开发银行，它的主要任务是通过贷款与技术支持促进发展中国家的经济增长。世界银行包括5个机构：向中等收入国家和信用良好的低收入国家政府提供贷款的国际复兴开发银行；以优惠条件向最贫困国家政府提供融资的国际开发协会；提供贷款、担保、股权投资、咨询和项目开发服务，并从其他来源筹措资本，刺激发展中国家私营部门投资的国际金融公司；向投资者和贷款机构提供政治风险保险和信用增级，促进新兴经济体外国直接投资的多边投资担保机构；提供针对国际投资争端的调解和仲裁的国际投资争端解决中心。时至今日，世界银行已经成为全球重要的发展机构，也是全球卫生治理领域中最重要，同时也是角色最具争议性的国际机构之一。

---

① UNAIDS, “Saving Lives, Leaving No One Behind”, https://www.unaids.org/en/whoweare/about.

世界银行主要通过向卫生相关的项目提供贷款及作为“知识银行”（Knowledge Bank）提供咨询和培训来干预发展中国家的公共卫生政策。在1968年以前，公共卫生议题基本被世界银行所忽略。直到罗伯特·麦克纳马拉（Robert McNamara）担任行长后，世界银行才设立了与人口问题相关的部门，并于1970年向牙买加发放了第一笔200万美元的人口项目贷款。[①]但是，在1979年世界银行设立卫生、营养与人口部后，它在短短6年时间内就成为发展中国家卫生领域内规模最大的金融投资者，[②]并被认为凭借强大的财政杠杆“超过了世界卫生组织在制订全球卫生政策上的领导角色”[③]。

世界银行对全球卫生采取的政策与关注重点随着时间推移而发生变化。最初，世界银行主要关注通过卫生项目实现减贫目标，选择了计划生育与可能造成严重残疾的盘尾丝虫病（河盲症）作为重点干预领域。到20世纪80年代，世界银行在这一议题上主要关注基于市场的解决方案和私有化。通过“结构调整”贷款，世界银行要求许多发展中国家减少公共部门在卫生领域的投入，并通过向患者收取费用的方式来解决公共卫生领域的资金问题。这一时期世界银行的政策对撒哈拉以南非洲和拉丁美洲地区产生了深远的影响，也招致了其他联合国机构的批评。

1993年，世界银行发布了具有开创性的报告《投资于健康》（*Investing in Health*），重新审查了人类健康、卫生政策与经济发展之间的相互作用。报告认为，由于良好的健康可以提高个人的经济生产力和国家的经济增长率，加大对健康领域的投资就是加速发展的一种手段。除了以积极的态度看待卫生政策与经济发展之间的关系外，这一报告还开创了对全球疾病负担进行评估的新方法，并建议以这一指标来测算不同卫生干预措施的“成本效益”，以指导不同国家卫生支出的优先事项。[④]经济学对公共卫生的渗

---

① Devi Sridhar, Janelle Winters, Eleanor Strong, “World Bank’s Financing, Priorities, and Leading Structures for Global Health”, *BMJ*, Vol. 358, No. j3339, p. 2.

② Marlee Tichenor, et al., “Interrogating the World Bank’s Role in Global Gealth Knowledge Production, Governance, and Finance”, *Globalization and Health*, Vol. 17, No. 110, 2021, p. 2.

③ Robin Stott, “The World Bank: Friend or Foe to the Poor?”, *BMJ*, Vol. 318, No. 7187, p. 822.

④ World Bank, “World Development Report 1993: Investing in Health”, https://openknowledge.worldbank.org/handle/10986/5976.

透极大影响了此后这一领域内的政策话语与思维方式。世界银行也借由这一政策报告从全球卫生领域内的“破坏者”角色摇身一变成为积极的“投资者”。

在21世纪的头十年中，世界银行侧重于与其他利益攸关方合作实现千年发展目标。这一时期，应对艾滋病流行成为世界银行主要关注的领域。2000年，世界银行设立了非洲多国艾滋病方案，向相关国家提供了大约10亿美元以扩大预防、护理和支助，成为联合国系统内这一议题上规模最大的资金提供方。此外，从2010年至今，世界银行重新将加强卫生系统置于卫生工作的中心，并利用一系列创新融资工具实现全民健康覆盖的目标。这也标志着世界银行开始调整20世纪80年代强调利用市场机制改造发展中国家公共卫生领域的政策。①

成立专门的信托基金是世界银行在参与全球卫生治理过程中的一项工具创新。所谓信托基金，是指使用世界银行核心预算之外的自愿捐助资金来资助项目和活动。信托基金的优势之一是可以接受来自私营部门的资金，从而大幅扩大了在卫生领域的投资，而世界银行的核心预算只能来自政府。另外，信托基金在资金的使用上往往更为灵活，例如允许对发展中国家进行赠款，这对于一些没有意识到公共卫生风险，或者不情愿利用本国资金支持全球公益事业的国家来说具有吸引力。②

例如，在2017年的世界经济论坛上，世界银行建议设立全球融资机制（Global Financing Facility, GFF），作为投资于生殖、孕产妇、新生儿、儿童和青少年健康与营养问题的新机制。全球融资机制面向62个低收入与中低收入国家。世界银行从捐助国那里筹集资金用于向发展中国家的赠款，并为1美元的赠款配套大约4美元来自国际开发协会或国际复兴开发银行的贷款。世界银行工作人员与受援国政府一道起草行动计划，在经过全球融资

① Devi Sridhar, Janelle Winters, Eleanor Strong, “World Bank’s Financing, Priorities, and Leading Structures for Global Health”, p. 3.

② World Bank Independent Evaluation Group, “Responding to Global Public Bads: Learning from Evaluation of the World Bank Experience with Avian Influenza 2006-13”, p. 9, https://openknowledge.worldbank.org/bitstream/handle/10986/24131/Responding0to00an0influenza02006013.pdf?sequence=1&isAllowed=y.

机制信托基金委员会和世界银行董事会批准后启动项目。注重成果是全球融资机制的重要特点，也被看作这种治理方式的优势所在。全球融资机制将成员国在相关领域取得具体的指标数值的提升作为继续发放贷款的前提条件。[①]

当然，也有研究者指出，世界银行投资于全球卫生的这种模式也存在风险与弊端。首先，信托基金绕过了世界银行设定的优先事项，捐赠者可能更加偏爱于可以使用简单指标衡量的项目，如疫苗的采购数量，而不是更为广泛的社会服务基础设施，从而进一步加重一些国家本就极其薄弱的卫生保健系统的负担。其次，信托基金往往具有独立的批准和资金分配程序，这可能会加大世界银行与受援国行政管理上的负担，并损害世界银行监督其他卫生项目的能力。最后，这些信托基金在透明度和问责制方面仍有很大的改进空间。[②]

五、全球疫苗与免疫联盟

全球疫苗与免疫联盟成立于2000年，其制度设计被认为是之后成立的全球基金的模板。这一全球卫生治理机制最重要的特点就是聚焦于特定的干预手段，即主要通过扩大疫苗接种的范围来预防传染性疾病，改善发展中国家人口，特别是儿童的健康状况。全球疫苗与免疫联盟是由世界卫生组织、联合国儿童基金会、世界银行及当时刚刚成立的盖茨基金会联合发起的一项倡议。但是，它也拥有独立运作的秘书处，是一个独立的行为体而并非国际组织之间的协调平台。

国际社会特别是发达国家认为联合国框架下相关机制绩效不佳是全球疫苗与免疫联盟成立的重要背景。20世纪80年代，得益于联合国儿童基金会在发展中国家大力推动的“儿童生存革命”，全球范围内的免疫率大为提高。但是，随着冷战的结束，发达国家向发展中国家提供卫生发展援助的动力大为削弱，加之疫苗价格上升，传统联合国框架下的治理机制出现了

① Genevie Fernandes, Devi Sridhar, “World Bank and the Global Financing Facility”, *BMJ*, Vol. 358, No. j3395, pp. 1-3.

② Janelle Winters, Devi Sridhar, “Earmarking for Global Health: Benefits and Perils of the World Bank's Trust Fund Mode”, *BMJ*, Vol. 358, No. j3394, p. 1.

危机。20世纪90年代初时，80%的儿童获得了全面免疫接种，[①]到1998年时，这一数字下降到75%。此外，一些较新的疫苗，如乙肝疫苗、乙型流感嗜血杆菌疫苗虽然已经存在多年，但在许多发展中国家尚未被广泛纳入免疫规划。而且，无法获得充分免疫保护的儿童绝大多数都生活在人均国民生产总值低于1000美元的国家。[②]虽然联合国儿童基金会1990年发起“儿童疫苗倡议”，试图通过开发一种单剂接种、终身免疫且无需冷链保存的“完美疫苗”来解决问题，但科学研发进程的不确定性宣告这一倡议以失败告终。1998年开始，世界银行召集了一系列国际组织领导人与主要援助机构负责人会议。会议达成的共识是，与其依赖现有的低效安排，不如搭建一种全新的合作模式。

在新制度的倡导者看来，发展中国家儿童免疫治理的主要症结被归结为市场失灵：一方面，穷国无力担负购买疫苗的费用；另一方面，由于发达国家市场规模相对稳定且有限，制药企业从相关疫苗中获取的利润也并不丰厚，它们缺乏扩大生产，通过规模效应降低成本的动力。[③]全球疫苗与免疫联盟试图通过市场塑形（Market Shaping）来解决上述问题。首先，全球疫苗与免疫联盟与发展中国家联系，要求它们对提升疫苗覆盖率做出承诺，以此预估疫苗需求，并以巨大的市场规模为筹码和大型制药企业以较低的售价谈判疫苗采购协议。与政府往往考虑未来1年需要的集中采购相比，全球疫苗与免疫联盟的采购周期是5年，因而具有更大的谈判优势。对于最不发达国家，该机构将向发达国家与慈善机构募集资金，免费提供疫苗；而对于不满足低收入国家标准的需求方，则由政府出资购买或者政府与国际组织共同出资。[④]随着一国经济实力的提升，政府出资的比例将逐

① 指接种了世界卫生组织扩大免疫方案中的6种疫苗：麻疹、小儿麻痹症、结核病、白喉、百日咳、破伤风疫苗。

② GAVI, “Second GAVI Board Meeting”, January 2000, p. 12, http://fbaum.unc.edu/lobby/020_Compulsory_Licensing/Organizational_Statements/GAVI/GAVI_2nd_Board_Meeting_ExecSum_013100.pdf.

③ GAVI, “About our alliance”, https://www.gavi.org/our-alliance/about.

④ 全球疫苗与免疫联盟对最不发达国家的界定标准是人均国内生产总值低于1000美元，现在调整为1630美元。

步提升，直至完全实现自立。对于企业而言，由于存在巨大的市场前景，即便利润率降低，也可以获得合理的收入。

2006年，全球疫苗与免疫联盟还引入新的筹资机制——国际免疫金融工具。这一筹资机制是由英国、法国、意大利、西班牙、挪威和瑞典发起的，以满足长期工作对资源的需求和可预测性。有捐赠意愿的国家向其做出具有法律约束力的供资承诺，世界银行则扮演财富经理（Treasury Manager）的角色，将这些未来的资金承诺转化为债券形式出售给私人投资者。国际免疫金融工具通过这种“兑现”（Frontloading）机制加速了资金的到位速度，提升了国际机制运作的效率。这一金融工具的引入大大改善了全球疫苗与免疫联盟的财务状况。从2006年到2015年，全球疫苗与免疫联盟在全球资本市场上募集了26亿美元，使其可用资金翻了一番。[①]目前，全球疫苗与免疫联盟所有资金中有19%来源于这一筹资方式。

从提升发展中国家儿童免疫率的角度来看，全球疫苗与免疫联盟的治理模式是成功的。在20年的时间内，它为全球近半数的儿童提供疫苗，并极大降低了疫苗采购的价格：6种儿童基本疫苗在私人市场上的售价为1800美元，而全球疫苗与免疫联盟的采购价格仅为28美元。全球疫苗与免疫联盟还为发展中国家7.6亿名儿童提供了免疫接种，挽救了1300万名可能因为传染性疾病而死亡的儿童生命。[②]但是另一方面，是坚持专注于疫苗接种的单一任务，还是走向更为全面的卫生系统强化（Health System Strengthening, HSS），全球疫苗与免疫联盟内部也是存在争议的。曾经担任全球疫苗与免疫联盟首席执行官的朱利安·洛布-莱维特（Julian Lob-Levyt）认识到，将所有的努力集中于免疫运动是“荒谬”的，因为在发展中国家开展的疫苗接种项目每次前后需要花费4周时间，而且一年重复8

---

① John Clemens, Jan Holmgren, Stefan H E Kaufmann et al., “Ten years of the Global Alliance for Vaccines and Immunization: Challenges and Progress”, *Nature Immunology*, Vol. 11, No. 12, p. 1071.

② Seth Berkley, “The Power of Vaccines and How Gavi Has Helped Make the World Healthier”, *JAMA*, Vol. 322, Issue. 13, 2019, pp. 1251-1252.

次，“会使卫生系统完全瘫痪”[①]。2005年开始，全球疫苗与免疫联盟开始扩大对卫生和社会保障部门的支持，并将卫生系统强化作为其开展活动的“关键原则”和“战略目标”。[②]但事实上，全球疫苗与免疫联盟在强化卫生系统领域的参与是极具争议性的，其有效性也饱受质疑。

六、全球基金

全球基金的全称是“抗击艾滋病、结核病和疟疾全球基金”。从其名称上就可以看出，这是针对三种特定疾病的全球应对机制。2000年，八国集团在冲绳峰会上首次提出了建立全球基金的建议。八国集团领导人认为，由于未能控制艾滋病、疟疾和结核病，发展中国家劳动生产率下降，经济繁荣的机会大大减少，发展受阻。因而，有必要成立一个新机制来对抗这几种疾病。在2001年4月举行的非盟峰会及当年的联合国大会召开的“艾滋病问题特别会议”期间，这一倡议继续被讨论。时任联合国秘书长安南是这一基金的积极倡议者之一。

但是，在拟成立的基金的治理结构设置上，各国经历了激烈的讨价还价。美国最初建议由世界银行管理该基金，但其他八国集团成员认为这一安排“不够多部门”。其他联合国成员国建议将基金设置于联合国艾滋病规划署或者世界卫生组织的管理之下，但是被美国、欧盟和日本否决了。这些国家认为，联合国过于“政治化”，在管理资金方面“缺乏效率”。甚至，八国集团成员将联合国置身事外作为向基金供资的前提条件。全球基金成立的动力机制及过程将在第四章中进行具体分析。

2002年，基金正式启动。与上述包括世界银行的卫生信托基金在内的其他机制相比，全球基金最重要的机制创新在于不谋求实地执行项目，而是功能单一的筹资与资金发放机制。它根据过往的业绩向发展中国家内部的组织提供应对疾病的资金。而且，受款方不仅包括政府机构，还可以是

① Katerini T. Storeng, “The GAVI Alliance and the ‘Gates approach’ to Health System Strengthening”, *Global Public Health*, Vol. 9, No. 8, p. 868.

② Katerini T. Storeng, “The GAVI Alliance and the ‘Gates approach’ to Health System Strengthening”, *Global Public Health*, Vol. 9, No. 8, p. 866.

多边组织或社会组织的地方办事处，包括大学、研究机构和非政府组织。[①]自成立以来，全球基金发放的资金已经超过554亿美元，这也使得这个机构成为全球卫生领域规模最大的资助者之一。

全球基金的资金完全依赖于自愿捐款，到2017年，累计排名前8位的政府捐资者为：美国（31%）、英国（8%）、日本（6%）、意大利（3%）、荷兰（3%）、西班牙（2%）与挪威（2%）。事实上，这些政府捐资者与世界银行国际开发协会的主要供资方非常相似。[②]盖茨基金会则是最大的非政府捐助方，提供了约4%的资金。与世界银行不同，全球基金并不从私人资本市场上募集资金，并且也不接受实物类捐赠。

在资助周期（Funding Cycle）开启后，发展中国家的相关机构通过国家协调机制向全球基金申请资金。所谓国家协调机制，是为了强调发展中国家对疾病控制计划的“所有权”而成立的国家委员会，在一般情况下，由一国卫生部部长担任主席。它代表国家递交资金申请，并监督全球基金资助资金拨款的使用情况。这一机制的成员组成非常广泛，包括政府机构、学术机构、市民社会组织、基于信仰的组织（Faith-Based Organizations）、患者团体、私营部门等。全球基金的技术审查小组负责审查国家协调机制提交的申请，并向董事会[③]提出是否应提供资金的建议。如果董事会批准了赠款，全球基金的秘书处将根据国家协调机制提交的承诺起草合同协议，并由主要接受者签署。之后，全球基金会在当地通过竞标程序选择私人审计公司担任当地基金代理人，它们负责监测与评估项目进展，并决定未来是否继续拨付款项。在大部分受援国中，毕马威与普华永道常常被选中担任这一角色。

---

① Johanna Hanefeld, “The Global Fund to Fight AIDS, Tuberculosis and Malaria: 10 years on”, *Clinical Medicine*, Vol. 14, No. 1, p. 54.

② Chelsea Clinton, Devi Sridhar, “Who Pays for Cooperation in Global Health? A Comparative Analysis of WHO, the World Bank, the Global Fund to Fight HIV/AIDS, Tuberculosis and Malaria, and Gavi, the Vaccine Alliance”, *The Lancet*, Vol. 390, No. 10091, pp. 324-332.

③ 全球基金的董事会组成体现了“多部门参与”的原则，目前其成员包括：1个来自发展中国家的非政府组织、1个来自发达国家的非政府组织、1个患者群体代表、9个根据区域分配原则选举的国家、6个主要捐资国、1个私营部门席位及1个私人基金会席位。此外，董事会还包括4个无表决权的咨询席位，分别由世界卫生组织、世界银行、联合国艾滋病规划署和瑞士占据。

作为全球性的筹资机构，问责性，特别是打击腐败和对资金的滥用是全球基金工作的重要保障。2005年，全球基金为此专门成立了监察长办公室。2010年10月，监察长办公室主动发布了一份调查报告，指出全球基金在吉布提、马里、毛里塔尼亚、赞比亚的资金被滥用。虽然被滥用的资金仅占全部拨付款项的很小一部分，这一事件被美联社报道后，依然引起了一些援助国的不安。例如，德国就宣布暂时停止对全球基金的供资。[①]之后，全球基金进一步加强了资金监管，并对被滥用的资金进行追回，以强化供资方对全球基金工作的信心。此外，全球基金还将增加透明度作为组织运作的重要指导原则。其网站定期公布基金的相关政策及赠款信息，它还每两年举办一次伙伴关系论坛和一次在线论坛“我的全球基金”，以征询多部门伙伴对于全球基金工作的意见和建议。

七、盖茨基金会

2000年，微软公司创始人比尔·盖茨创办了盖茨基金会，这是迄今为止全球卫生领域最大的慈善组织，资金投入超过了美国以外的所有国家政府。而且，自2008年以来，盖茨基金会还成为世界卫生组织最大的私人捐助者。[②]虽然学术研究中有时将基金会也作为非政府组织的一种，但严格说来它们之间是有区别的。特别是，慈善基金会并不依赖于公众捐款，也很少依靠志愿者来实施项目。作为私人基金会的典型代表，盖茨基金会对全球卫生领域的影响不仅在于它雄厚的资金实力，也在于盖茨基金会，特别是盖茨本人的卫生干预理念。也许，把比尔·盖茨称作全球卫生领域最有权力的个人，并不是言过其实。

盖茨基金会参与全球卫生治理的目标是“利用科学和技术的进步来减少健康方面的不平等”。具体而言，盖茨基金会试图通过诊断工具和药物开发及更新疾病预防技术，特别是投资于疫苗，来实现疾病控制的目的。根据盖茨基金会公布的数据，2013—2021年，盖茨基金会每年用于全球卫生

① Dirk Niebel, “Supporting the Global Fund to fight fraud”, *The Lancet*, Vol. 377, No .9764, p. 440.

② Anne-Emanuelle Birn, “U.S. Philanthrocapitalism and the Global Health Agenda: The Rockefeller and Gates Foundations, Past and Present”, http://www.peah.it/2017/05/4019/.

的资金从10.88亿美元上升至17.57亿美元。其中，艾滋病、疟疾、肺结核、肺炎、被忽略的热带病及技术创新问题一直是盖茨基金会重点关注的领域。

表1.2 盖茨基金会对全球卫生领域的投资规模（2013—2021年）

年份	金额(单位:亿美元)
2013年	10.88
2014年	11.14
2015年	11.82
2016年	11.97
2017年	12.67
2018年	13.45
2019年	14.75
2020年	17.92
2021年	17.57

资料来源：Bill & Melinda Gates Foundation, “Annual Reports”, https://www.gates-foundation.org/about/financials/annual-reports.

盖茨基金会强调通过科学研究和技术创新来解决全球卫生问题。2003年，盖茨基金会成立了“全球卫生大挑战”（Grand Challenges in Global Health）项目，提供赠款以激励对被忽视的健康问题与疾病应对的科学研究。这些问题都是传统的援助国或私人企业关注甚少，看不到政治回报或盈利机会的领域。盖茨基金会规定，受助人应当确保研究领域未来有很大的机会改善发展中国家人民的健康与生活，并保证研发出的药物与技术干预手段都是这些国家可以负担得起的。这一倡议由一个国际科学委员会指导，提出了14项具体挑战，包括改善儿童疫苗、研制新疫苗、控制传播病原体的昆虫、改善营养、提高传染病的药物治疗、治疗潜伏和慢性感染及在发展中国家准确与经济地衡量疾病和健康状况。[①]盖茨基金会确定的解决方案都是高度技术性的，不考虑发展中国家各自的社会经济状况。例如，在解决营养问题上，盖茨基金会没有涉及解决发展中国家内部的贫富悬殊，

① Bill & Melinda Gates Foundation, “Fourteen Grand Challenges in Global Health Announced in $200 Million Initiative”, https://www.gatesfoundation.org/ideas/media-center/press-releases/2003/10/14-grand-challenges-in-global-health.

也没有考虑如何更好地让国际粮食安全体系运作，而是试图在单一的植物物种中创造全面且能够被人体充分利用的营养素。这种思考问题的方式可以说是盖茨基金会参与全球卫生治理最为典型的特征表现。

盖茨基金会和比尔·盖茨个人在全球卫生领域的议程设置上也扮演着无法忽略的角色。当盖茨基金会向特定的全球卫生议题（如根除脊髓灰质炎）投入大量资金时，这些议题就成为世界卫生组织优先考虑的议程。[①]盖茨基金会的议程设置能力不仅来自强大的资金实力，还在于通过为全球卫生治理提供知识资源，特别是进行指标设计干预政策制订过程。它投资了设于西雅图的卫生计量和评价研究所（Institute for Health Metrics and Evaluation），这一机构现在已经成为全球卫生规划的独立科学评估机构，包括判断哪些治疗有效及对各国的卫生体系进行排名，这些工作传统上属于世界卫生组织的职权范围。[②]2014年，西非埃博拉疫情暴发，世界卫生组织最初的反应迟缓，引发了国际社会的批评。2015年4月，比尔·盖茨在知名国际医学期刊《新英格兰医学杂志》上发表了一篇文章《下一次流行——来自埃博拉的教训》。盖茨批评了联合国体系的低效，并呼吁建立一个强大的并具有明确授权的“全球预警和反应系统”来应对未来可能发生的国际公共卫生事件。这一反应系统应当具有全球范围内的疾病监控能力，甚至有权“获取卫星照片和手机数据”，而且，当重大疫情发生时，需要设立特别程序，快速监测和使用新研发的疫苗与其他药物。特别引人注目的是，盖茨建议，这一组织必须“包含北约这样的军事组织”，因为“在一场严重的流行病中，许多国家或者说所有中等和高收入国家的军事力量可能不得不合作”。盖茨认为，世界银行、七国集团、北约及“一些基金会和技术公司的组合”是最适合实施其倡议的主体。[③]

盖茨基金会的行动赢得了一些赞誉，但是也引发了很多对其动机和方

---

① Sophie Harman, “The Bill and Melinda Gates Foundation and Legitimacy in Global Health Governance”, *Global Governance*, Vol. 22, No. 3, p. 355.

② Donald G. McNeil Jr, “Gates Foundation’s Influence Criticized”, https://www.nytimes.com/2008/02/16/science/16malaria.html.

③ Bill Gates, “The Next Epidemic–Lessons from Ebola”, *New England Journal of Medicine*, https://www.nejm.org/doi/full/10.1056/nejmp1502918.

法的批评。盖茨基金会活动的支持者认为，基金会增加了全球卫生议程的可用资源，有助于填补政府无法或不愿意解决的资金缺口。而且，基金会对原先被忽视的卫生议题的投入，在很大程度上“撬动”了政府的资金投入。很多人默认，盖茨出现的地方就意味着“发生好事或重要的事情”。例如，在盖茨基金会发起全球卫生大挑战项目后，美国国立卫生研究院就在其他研究项目资金保持不变的情况下向全球卫生研究项目追加了10亿美元。而盖茨基金会对全球艾滋病问题的关注，也“让许多援助国政府感到羞愧”，从而“追加捐款额度”。[①]此外，盖茨基金会对技术和卫生干预措施效率的强调，也为这一领域带来了新的工作方式。

但是另一方面，盖茨基金会也面临着批评与质疑。首先，盖茨基金会的卫生议程设置缺乏公开与负责任的讨论。盖茨基金会是私人基金会，无须接受公众监督。但是，它庞大的资金体量却确确实实地影响到了世界各地人民的生活。盖茨基金会在网站上常常发布盖茨撰写的信件，其中提及他投身疟疾防控的动机是偶然间阅读到的一篇报道。研究者质疑这种随意的、个人化的动机无法为基金会关注某些议题提供充足的理由，并事实上扭曲了一些发展中国家的卫生议程，让它们关注疟疾流行的单一议题。而且，盖茨基金会的资金投入甚至干扰了科学研究议程。世界卫生组织一份内部备忘录批评说，盖茨基金会对疟疾治疗的大量资金投入让世界各地的科学家进入了科学“卡特尔”，要对一项研究进行独立公正的评审变得越来越困难。因为利益纠葛，科学家们都被拖入了“小团体思维”。[②]

其次，盖茨基金会过于强调技术解决方案的做法也饱受质疑。集中于单一的解决方案、不关注国家差别化的当地条件、强调使用量化方法衡量项目进步，忽略了卫生健康问题的复杂性，只见“疾病”，不见“病人”。就改善全球卫生福祉而言，它的活动充其量是有限的，甚至在有的情况下是有害的。甚至有人认为，盖茨基金会是有意识地选择不推动政治和经济

① Jeremy Youda, “The Rockefeller and Gates Foundations in Global Health Governance”, pp. 149-150.

② Donald G. McNeil Jr, “Gates Foundation’s Influence Criticized”, https://www.nytimes.com/2008/02/16/science/16malaria.html.

体系的彻底变革，因为基金会和盖茨本人就是这种新自由主义体系的受益者和最大赢家。它的出现和主导地位事实上是一种“帝国主义”的胜利。①

最后，还有人质疑盖茨基金会在全球卫生领域活动的根本动机并不是“慈善”。盖茨基金会的信托基金大量投资于医药产业，并持有大量可口可乐公司与荷兰壳牌公司的股份，这让不少人质疑这种一面宣扬要解决健康问题，一面却又通过“制造”不健康的生活方式与生活环境来牟利的做法，在道德上是虚伪的，在真实效果上则是存疑的。无论如何，盖茨基金会事实上已经成为全球卫生治理中不可忽略的一支力量。要理解当今全球卫生治理领域的政策走向，就必须对盖茨基金会的理念与行动进行深入研究。

当然，“H8”仅是全球卫生领域具有重要影响力的国际机构的代表，尚不能涵盖所有国际组织与机制。还有一些国际组织同样发挥着举足轻重的作用。事实上，有的研究者罗列出200多个全球卫生行动者，并认为行为体众多是全球卫生治理区别于其他治理领域的最突出特征。在这些全球卫生行动者中，有些是专门从事卫生援助的国际机构，有些是具有一定卫生功能的一般性国际组织，还有越来越多的研究性机构如大学、咨询公司和智库等。②

本章小结

本章非常简要地回顾了全球卫生治理领域机制复合体的发展历程。虽然国际机制复合体常常被认为是一个当代现象，但事实上早在联合国体系建立之前，多个不同性质的国际机制并存且密切互动的情况就一直存在。而在世界卫生组织建立后，尽管在健康议题上拥有非常宽泛的授权，但由于冷战政治的影响，它在规则制订与指导各国公共卫生政策方面从未真正

① Jacob Levich, “The Gates Foundation, Ebola, and Global Health Imperialism”, *American Journal of Economics and Sociology*, Vol. 74, No. 4, p. 704.

② Neil Spicer, Irene Agyepong, Trygye Ottersen et al., “It's Far Too Complicated: Why Fragmentation Persists in Global Health”, *Globalization and Health*, p. 4, https://globalizationandhealth.biomedcentral.com/articles/10.1186/s12992-020-00592-1.

实现设计者的初衷。国际中心权威的缺位也为新机制进入国际政策制订开辟了空间。回顾国际卫生合作领域的制度发展过程，可以得出以下三个初步的结论：

第一，治理主体的多元化是机制复合体的重要特点。这不仅意味着制度的数量越来越多，也意味着行为体从以主权国家为主扩展为主权国家、私人基金会、非政府组织甚至私营企业共同参与。所谓“公私伙伴关系”已经成为很多全球卫生治理倡议采取的制度形式。这一趋势契合了冷战结束后“治理”这一术语产生的背景，即跨国性问题的出现凸显了以疆界划分的政府管理模式的不足。但也意味着，这一领域受到更为多元的利益与理念影响。

第二，从成员国角度来看，建立新机制的最重要动力是认为原有治理机制在具体议题上的功能或效率不足。例如，联合国体系内多个组织同时应对艾滋病流行的现实催生了联合国艾滋病规划署，儿童免疫覆盖率持续下降的事实促使了全球疫苗与免疫联盟的成立。这种“问题导向”的特点也使得虽然全球卫生领域内新机制层出不穷，但都是聚焦于某一个或少数几个具体议题的制度安排。由于世界卫生组织职权的相对广泛，还没有出现一个能够全面挑战其中心地位的国际制度。

第三，冷战后成立的主要国际卫生机制，从联合国艾滋病规划署到全球疫苗与免疫联盟、全球基金，一个重要的趋势是从联合国体系内向体系外扩展，而且，联合国机构在新机制中扮演的角色也变得有限了。这一点从根本上来说是发达国家“论坛选择”的结果。联合国机构在应对全球问题的过程中固然有其不足之处，但发达国家并不愿意在其内部进行改革与改进，而是选择为其贴上“官僚”“低效”的标签，并选择能够更容易行使权力的制度形式。这种“外部选择”广泛存在的事实，不仅导致联合国相关机构失去了从内部进行调整、改善治理方式的可能性，而且使得发展中国家在全球卫生治理中的发言权在这一过程中事实上被不断稀释。

| 第二章 |

治理理念与组织间关系：全球卫生国际机制复合体的类型划分

全球卫生治理领域的国际机制纷繁复杂，为了理解国际政策的制订与实施，建立分析框架的任务十分迫切。因而，有必要对国际机制复合体进行类型划分。现有文献中已有一些分类方式，例如，有的学者为了说明全球治理架构的分散化程度，将国际机制复合体区分为协调型碎片化（Synergistic Fragmentation）、合作型碎片化（Cooperative Fragmentation）与冲突型碎片化（Conflict Fragmentation）。[①]但是，基于理论框架服务于研究目的的原则，本书认为现有的分类方式不足以充分反映全球卫生治理的领域特点。为了让理论工具更加“称手”，在梳理了全球卫生治理领域中国际机制复合体的发展历程及今天发挥主要作用的国际机构后，本章试图结合全球卫生治理这一领域国际政策制订的特征，提出描述该领域内国际机制复合体类型的概念框架。这一框架主要有两个维度：一是考察国际机制建立所依赖的治理理念及不同理念基础之间的关系，二是国际组织之间是竞争性关系抑或合作性的关系。

第一节　全球卫生治理的理念构成

在全球卫生治理的很多问题上，特别是涉及疾病防控时，很多人都秉持一项基本看法，即这是一个“科学问题”，应当相信科学，将决策权交给科学家、公共卫生专家或者医生是最为妥帖的做法。他们认为，只要按照科学

① Frank Biermann, Philipp Pattberg, Harro van Asselt et.al., “The Fragmentation of Global Governance Architectures: A Framework for Analysis”, *Global Environmental Politics*, Vol. 9, No. 4, pp. 19–20.

原则行事，全球卫生治理就能够得到最优解。科学的合理性固然是达成治理共识的基础，但全球卫生治理作为一个学科，内部一直存在着理论取向与政策选择的激烈争论。不同的治理路径与政策框架赋予不同政策以优先性，决定决策方向和具体的手段选择。另外，“科学”也并非全知全能，在很多具体问题上也往往存在不同的因果解释。本书为了叙述上的方便，将这些为决策提供知识基础的观念、框架、科学观点等统称为“理念”。

一、“水平”还是“垂直”：全球卫生治理的路径之争

从世界卫生组织成立伊始，就存在如下的争论：为了实现人人得到最高水平的健康，究竟是应当专注于特定疾病、采取生物医学的方式（垂直路径）控制疾病传播及对患者进行治疗，还是立足于加强卫生系统、广泛关注影响健康的社会经济政治因素以实现全面综合的健康状态（水平路径）？这一问题可以说贯穿了全球卫生治理的发展历史，至今仍然是该领域最为重要的政策取向之争。

“垂直”路径的特点在于强调技术与效率对于全球疾病控制的重要性。这一派观点与病原学的进步密不可分。随着疟疾等疾病发病与传播的机理得到科学上的证实，全球卫生治理有了明确的“治理对象”，即那些导致疾病的病毒与微生物。而自20世纪以来，人类在抗生素、杀虫剂及疫苗研发领域取得的巨大科学进步为解决这些问题提供了前所未有的巨大机遇。而且，技术具有普遍的应用价值，可以在社会经济条件千差万别的国家与地区发挥作用。如此，所谓治理，就可以被理解为对这些疾病的应对工具的获取与使用。

这一对待全球健康的视角由来已久。在国际卫生发展早期，洛克菲勒基金会的活动就是这种治理路径的代表。洛克菲勒基金会1930年以来的活动记录表明，它有意识地回避那些可以被清楚地归因于社会经济条件的疾病，例如肺结核，而专注于通过虫媒防控降低黄热病、疟疾流行的项目，因为后者可以通过技术性手段富有效率地加以解决。有研究者认为，这种知识体系产生于殖民医学机构中，并通过泛美卫生组织、洛克菲勒基金会等组织的实践不断被强化。这种治理路径致力于寻求对“传统”“落后”“非西方”的文化进行现代化的改造，它罔顾不同国家与地区差异化的社会经济具体条件，采用一刀切式的预防和治疗技术。即便第二次世界大战后殖民体系瓦解、新的全球卫生机构成立，这种趋势却长期保留下来。[①]

如前所述，在世界卫生组织成立初期，最重要的活动就是对一系列特定疾病的"根除"计划。冷战的政治氛围客观上也促进了对垂直疾病控制计划的支持。美国和其他西方强国的政治领袖们意识到了组织并服务乡村群众的项目所具有的意识形态风险，因而更加偏爱在政治上显得"中立"的项目。[②]垂直路径最为成功的示例当属通过广泛的疫苗接种实现了天花根除。1958年，基于国内天花治理的成功经验，重返世界卫生组织的苏联成功促使世界卫生大会通过了根除天花的决议。但在相当长的时间内，美国对这一议程的兴趣有限。直到1965年，美国的林登·约翰逊总统决定以联合国成立20周年为契机强化对外援助项目，推动世界卫生组织通过"强化的天花根除项目"。经过十余年的努力，1977年世界卫生组织宣布成功根除了天花。天花的症状容易识别，病毒除人类外没有其他宿主，且一次疫苗接种可以实现终生免疫的效果，加之来自苏联与美国两大强国的政治与资金支持，使得这场运动取得了成功。

但是垂直路径失败的案例更多。1955年，基于杀虫剂DDT在杀灭蚊虫方面已经显示出的巨大威力，加之洛克菲勒基金会有通过喷洒杀虫剂DDT在巴西迅速控制疟疾流行的成功经验，世界卫生组织宣布在世界范围内消灭疟疾的疾病控制计划。但这一计划最终表明，科学技术手段的应用事实上无法脱离特定的社会背景。在马来西亚，由于被喷洒杀虫剂DDT的棕榈叶屋顶会快速腐败，而且破坏生态平衡、导致臭虫成灾，当地民众对疾病控制项目采取了敌视态度，甚至通过贿赂的方式来避免自家的房屋被杀虫剂污染；在许多发展中国家，由于管理疏漏，用于疟疾控制计划的杀虫剂DDT被运往黑市交易；劳动力的迁徙也使得已经实现疟疾消除的地区重新暴发疾病。更为严重的是，到20世纪60年代中期，世界许多地区的按蚊已

① [美]保罗·法默、金墉、凯博文、马修·巴西利科编著：《重新想象全球健康：导论》，常姝译，上海译文出版社，2020年，第64~65页。

② [美]保罗·法默、金墉、凯博文、马修·巴西利科编著：《重新想象全球健康：导论》，常姝译，上海译文出版社，2020年，第71页。

经表现出对杀虫剂DDT的耐药性。过去在小范围内成功实现的目标，在全球范围内却遭遇了巨大的阻碍。最终，在来自美国的资金支持枯竭后，世界卫生组织不得不放弃根除疟疾的目标。

到20世纪70年代，随着对垂直路径质疑的增加，世界范围内通过替代性的水平路径加强发展中国家卫生系统的讨论开始出现。与强调技术进步与应对工具的先进性相比，这种治理方式更为强调通过构建平等的支持性社会体制来促进健康目标的达成。早在1948年，英国就通过并颁布了《国家卫生服务法》，通过实施全民医疗服务的方式来为人口健康提供保证，可以说是“水平路径”的早期典范。除了建立普遍覆盖的卫生保障体系外，水平路径还强调要干预可能造成不利健康影响的社会经济因素。

初级卫生保健运动的理念与水平路径一脉相承。关于它的讨论首先源自学术界。曼谷拉马蒂博迪医院的访问学者约翰·布莱恩特（John Bryant）在《健康与发展中世界》（*Health and the Developing World*）一书中提出，将发达国家以医院为中心的健康系统移植到发展中国家的做法可能是不现实的，发展中国家大量人口几乎得不到任何医疗保健。世界卫生组织工作人员肯尼斯·纽厄尔（Kenneth Newell）也认为，仅仅通过卫生部门改善发展中国家健康水平的做法是无效的。他赞扬印度乡村医生将当地的传统医学和生物医学做法整合起来，并让社区参与卫生服务提供的做法。与此同时，中国通过半农半医的“赤脚医生”改善农村医疗卫生体系、防控疾病、显著提升人均预期寿命的做法也开始受到国际关注。

此外，这一时期随着民族解放运动的兴起，非洲出现大量新生的主权国家，新的国际政治环境也朝着有利于初级卫生保健运动的方向转变。一些工业化国家在发展问题上提出了新主张，特别是“建立新的国际经济秩序”，不再将美国与西方的现代化道路视作欠发达国家唯一值得仿效的对象。[①]在此背景下，世界卫生组织内部与发展“基本保健服务”相关的项目开始增加，并成立了加强卫生服务司。1975年，世界卫生组织联合联合国

① Marcos Cueto, “The Origins of Primary Health Care and Selective Primary Health Care”, *American Journal of Public Health*, Vol. 94, No. 11, p. 1865.

儿童基金会发布了一份重要的联合报告《满足发展中国家基本卫生需求的替代办法》，再一次批评了依靠模仿西方发达国家医疗卫生现代化道路改善发展中国家卫生状况的方式，提出发展中国家健康状况不佳的主要原因要归结为贫穷和健康教育的匮乏。报告提出，从根本上说，这些问题需要依靠深刻的社会经济变革才能得到解决。

这份报告的出台标志着以初级卫生保健运动为主要内容的全球卫生治理新议程的成型。在1976年的世界卫生大会上，时任世界卫生组织总干事哈夫丹·马勒（Halfdan Mahler）提出了“到2000年人人享有健康”（Health for All by 2000）的目标。这一目标不仅包括通过医疗服务的可用性来解决疾病的诊疗问题，而且包括消除实现健康的障碍，如营养不良、不安全的饮水、不卫生的住房、健康知识的匮乏等。这一概念回应了世界卫生组织《组织法》中关于“健康”的宽泛定义，对各国政府提出了更高的要求，敦促他们在农业、工业、教育、住房、基础设施等方面作出努力，改善人民的健康福利。1976年到1978年，世界卫生组织与联合国儿童基金会围绕这一概念组织了一系列研讨会以宣传新的治理理念。

当时的社会主义国家阵营是初级卫生保健运动最积极的支持者。最初，中国驻世界卫生组织代表团提出以初级卫生保健为主题召开一次专门的国际会议。而苏联出于对华竞争的目的，提出以提供会议资金换取在苏联境内召开这一会议的主张。最终，阿拉木图成为1978年初级卫生保健会议的举办地，而中国代表则未能出席这次会议。阿拉木图会议聚集了来自134个国家和67个国际组织的3000名代表，并以鼓掌通过的方式宣布了《阿拉木图宣言》的诞生。这份宣言提出了实现“人人享有健康”的三大基础：一是“适当的技术”。这些技术应当反映人民的真实健康需要，科学上合理、财政上可行。在发展中国家，建设卫生站而不是耗资不菲的医院是改善农村地区卫生状况的可行道路。二是“社区参与”。宣言反对发展中国家卫生人员的过度专业化，强调培训非专业保健人员。三是“健康作为发展的工具”。卫生工作应当被视为改善生活条件进程的一部分，而不是孤立和短暂的“运动”。这意味着需要采取跨部门的方法，使得教育、住房、基本卫生设施等手段多管齐下，让卫生成为促进发展的工具与抓手。[①]

尽管阿拉木图会议提出了“人人享有健康”这一广受支持的全球卫生愿景，但初级卫生保健议程的缺点也很快暴露出来。《阿拉木图宣言》既没有明确由谁来资助这一宏大计划，也没有制订执行计划。很多人质疑这一目标是否可行，认为发达国家不可能支持这样一个看上去是“无底洞”的援助计划。为了让《阿拉木图宣言》目标更加具有可行性，卫生专家茱莉亚·沃尔什（Julia Walsh）与肯尼斯·沃伦（Kenneth Warren）发表了《选择性初级卫生保健：发展中国家疾病控制的临时战略》一文，共同提出了“选择性初级卫生保健”的概念，建议根据疾病的流行率、患病率、死亡率及干预可行性，针对特定疾病进行预防与治疗上的国际介入。[②]这一概念提出了走向“人人享有健康”的切入点，希望通过引入低成本的技术干预措施以解决发展中国家最主要的疾病困扰。

这一概念在不同的国际组织内部产生了不同的反响。世界卫生组织反对这一概念及其带来的政策建议，认为这是走了垂直路径的回头路。而联合国儿童基金会则做出了积极回应，认为选择性初级卫生保健的概念与联合国儿童基金会的发展战略不谋而合，即将为数不多的资源集中于少数重要议题以寻求重大变革。由此，联合国儿童基金会成为该议题上最为积极的旗手与践行者。

从本书第一章对全球卫生治理主要机制的梳理中就不难发现，垂直路径因其明确可量化的目标、清晰的手段、可控的干预范围，对于许多捐助者而言依然具有强大的吸引力。基于这一治理理念建立的全球卫生项目，具有目标具体、活动范围有限的特点。这一治理理念客观上也推动了全球卫生治理领域行动者众多这一现象的形成。据统计，在各类全球卫生治理计划中，有100多项属于垂直项目。在单个问题上容易达成国际共识，却增加了全球卫生治理领域总体上的复杂性。与之相对，水平路径，特别是对加强卫生系统的强调，在政策内涵与政策实施上则要复杂得多。而且，

---

① Marcos Cueto, “The Origins of Primary Health Care and Selective Primary Health Care”, *American Journal of Public Health*, Vol. 94, No. 11, pp. 1867–1868.

② Kelley Lee, *The World Health Organization*, New York: Routhledge, 2009, pp. 80–81.

这一类型的治理，往往也更为强调政府在资源分配和政策设计中的地位。因而，当强调水平路径时，联合国系统中的国际组织将得益于其成员资格的普遍性与政府间性，从而占据更加有利的地位。

此外，值得注意的是，在许多全球卫生治理项目的运作过程中，也有一些专家提出，“垂直路径”与“水平路径”两者之间并不是非黑即白的对立关系，可以划出一条“对角线”：一些垂直的疾病控制项目可以同时提供水平的初级卫生保健服务并强化卫生系统。例如，要应对一些复杂的慢性疾病，如艾滋病流行，就需要在发展中国家部署大量的工作人员、现代化的设施、训练有素的社区卫生工作者，这些投入可以对其他的健康事项产生溢出效应。[①]但总体而言，垂直路径与水平路径的争论仍在继续，是评判全球卫生治理政策的重要标准之一。

二、商品、人权还是安全：全球卫生治理的政策框架之争

如果说垂直路径与水平路径之争是关于如何实现“健康”这一给定目标的道路之争，那么关于全球卫生治理理念的第二个层面则更为深入，也更为复杂，那就是追问实现“健康”这一目标到底是为了什么，由此发展出对“健康”的不同理解，也对应着不同的政策框架与政策处方。在当代全球卫生治理的政策话语中，作为人权的健康、作为商品的健康及作为安全政策维护对象的健康是三种主要的框架。

首先来看作为人权的健康。这一理念首先体现在联合国的一系列国际文书中，与第二次世界大战结束以后发展中国家对社会发展的迫切需要紧密联系。《世界人权宣言》第二十五条第一款规定：“人人有权享受为维持他本人和家属的健康和福利所需的生活水准，包括食物、衣着、住房、医疗和必要的社会服务。”世界卫生组织的《组织法》承认：“享受最高而能获致之健康标准，为人人基本权利之一。不因种族、宗教、政治信仰、经济或社会情景各异，而分轩轾。”而且，《组织法》还明确地指出，个人、民族及整个人类社会的健康都是紧密相连的，个人与国家之间、国家与国

① [美]保罗·法默、金墉、凯博文、马修·巴西利科编著：《重新想象全球健康：导论》，常姝译，上海译文出版社，2020年，第157页。

家之间，在促进健康这项事业上，必须通力合作。①

之后，在1976年1月通过的联合国《经济、社会及文化权利国际公约》第十二条中，这一权利再次得到重申。除了再次确认健康权利“人人享有”，该条约还要求国家在国内政策上承担一定的责任，包括设法降低死亡率及婴儿死亡率，并促进儿童之健康发育；改善环境及工业卫生之所有方面；预防、治疗及扑灭各种传染病、地方病、职业病及其他疾病；创造环境、确保人人患病时均能享受医药服务与医疗护理。此外，《消除一切形式种族歧视国际公约》《消除对妇女一切形式歧视公约》《儿童权利公约》也都在相应的条目中承认了健康权利。②

所谓保障健康权，主要是指国家有责任提供非歧视性的、必要的、高质量的、经济上负担得起且在文化上可接受的健康设施与健康服务，帮助个人与群体实现健康目标。在阐释国家为实现健康权应当采取何种措施的问题上，经济、社会、文化权利委员会参考了《阿拉木图宣言》的十二条。③虽然在相关国际文书中对健康权的阐释十分简短，但为国家设定的任务却十分宏大，至少包括三个方面：一是提升医疗与公共卫生系统的能力水平；二是建立覆盖全民的医保体系；三是要将健康的考虑纳入工业与环境政策，而且将这一价值置于优先地位。即便对于经济发展水平较高的国家而言，这也是一个长期任务，更不用说对于发展中国家而言了。但无论如何，这为各国卫生事业的发展提供了一个愿景。

虽然健康作为人权的国际法律框架存在，但实施是一个难题。如前所述，《阿拉木图宣言》并没有就实施问题订立细则，而且涉及面太广，在政策落实上难度较大。因而，在推进这一国际卫生的议程方面，世界卫生组织在较长的时间内都处于无所作为的状态。直到20世纪80年代中期设立全球艾滋病计划（Global AIDS Program），才有了一个明确建立在人权理念基

① 世界卫生组织：《组织法》，https://www.who.int/zh/about/governance/constitution。

② 经济、社会、文化权利委员会通过的一般性意见：《第14号一般性意见：享有能达到的最高健康标准的权利（第十二条）》，https://www.humanrights.cn/html/2014/1_1009/1878.html。

③ 经济、社会、文化权利委员会通过的一般性意见：《第14号一般性意见：享有能达到的最高健康标准的权利（第十二条）》，https://www.humanrights.cn/html/2014/1_1009/1878.html。

础上的卫生项目，本书将在第五章中对这一过程进行详细阐述与分析。

到20世纪90年代后期，人权这一政策框架再一次在世界卫生组织内部获得了动力。1997年，为了推进“人权主流化”，时任联合国秘书长安南呼吁各专门机构将人权纳入所有方案、政策和活动的主流。时任总干事格罗·哈莱姆·布伦特兰（Gro Harlem Brundtland）积极回应了这一要求，并提出将世界卫生组织重建为“世界卫生良心”的口号。1999年，世界卫生组织进一步成立了全球化、跨部门政策和人权办公室，专门聘请了人权顾问，将基于权利的方法纳入秘书处所有政策和方案的设计、实施、监测和评估中。

具体来说，基于人权的卫生办法包括：通过宣传和参与联合国机制，在国际法和国际发展进程中推进健康权；通过政策制订、研究和培训，加强世界卫生组织在工作中采取基于人权的方针的能力；支持各国政府通过开发工具、培训和项目，在卫生发展方面采取基于人权的方针。[①]从2004年到2010年，世界卫生组织分别通过开发网络课程、制作信息视频等方法帮助国家进行健康权领域的人权建设。特别值得注意的是，在世界卫生组织应对妇女、儿童、残疾人等特定人群的健康挑战时，常常也会援引人权的原则来强调卫生服务应当体现普遍覆盖与非歧视的原则。

除了世界卫生组织，联合国系统内其他与健康相关的组织也普遍在相关倡议中接受了人权准则。例如，联合国艾滋病规划署和联合国开发计划署认识到人权对健康的影响，并明确将人权准则纳入其健康战略和政策准则。一些非政府组织也致力通过改善人权规范在国家和地方一级的执行来实现健康的目标，包括发布报告揭露侵权行为或解释人权义务的适用性，来增加对各国政府的压力，并要求它们改变原有的做法。[②]

如果说将健康看作一项基本人权强调的是这一价值的普遍性与非歧视性，并为国家实现该价值施加了道德责任，将健康看作商品的观念则与之

① B.M. Meier, W. Onzivu, “The Evolution of Human Rights in World Health Organization Policy and the Future of Human Rights through Global Health Governance”, *Public Health*, Vol. 128, No. 2, p. 182.

② Lance Gable, “The Proliferation of Human Rogjts in Global Health Governance”, *Journal of Law, Medicine & Ethics*, Vol. 35, No. 4, pp. 539–540.

背道而驰。后一种观点建立在一个基本假设之上，即无论道德诉求如何吸引人，实现健康的资源是有限的。因此，在实现健康目的的过程中，政府必须如同企业家一般思考问题——如何分配资源才能够将收益最大化？

将健康商品化的思潮从20世纪70年代末流行于英美两国的新自由主义中吸取了营养。它主张，自由市场能够以最有效的方式分配社会资源，而政府大部分的干预都是低效甚至是无效的。据此，美国的里根政府与英国撒切尔政府都认为，健康领域如同许多其他公共部门一样，应当遵循市场规律组织起来。这种思潮还超越了国界，并在全球经济治理的主要机构——世界银行与国际货币基金组织中扎根。它不仅直接导致了要求发展中国家为获取国际机构的贷款必须进行结构性改革，迫使政府从卫生保健的战线上后撤，而且还在世界银行积极参与卫生领域后，塑造了全新的新自由主义卫生政策框架。

1993年，世界银行的世界发展报告《投资健康》是这种观念的集中反映。其新自由主义的导向表现在以下三个方面。第一，这份报告认为，“更多地依靠私有部门提供临床服务有助于提高效率，其中既包括国家确定的基本一揽子服务，也包括那些自由决定的项目”[①]。因而，有统计表明，参加国际货币基金组织与世界银行结构调整贷款项目的国家，都出现了公共卫生开支下降、医生人数减少的趋势。另外，与这种观念密切相关的是，世界银行认为“使用者付费”的方式更有利于提高公共卫生部门的效率，其好处包括能够让保健服务产生收入，并防止病人“过度消费”，让价格机制引导他们选择更具有“性价比”的初级卫生保健而不是寻求昂贵的治疗。由于世界银行具有影响发展中国家政策的资金杠杆，可以要求发展中国家进行结构调整和其他变革以换取贷款。这一理念很快就转变为发展中国家公共卫生的现实，“使用者付费”的制度很快在非洲与拉丁美洲的卫生保健诊所中扩散开来。

第二，世界银行对健康目的的理解也带有“以资为本”的特点。这份

---

①［美］保罗·法默、金墉、凯博文、马修·巴西利科编著：《重新想象全球健康：导论》，常姝译，上海译文出版社，2020年，第100页。

报告中指出，为了减少贫困问题，“需要两个同等重要的战略：促进利用穷人最重要的资产，即他们的劳动，以及通过获得基本保健、教育和营养增加他们的人力资本”。换言之，之所以要“投资”于健康，是因为这会带来“产出”，特别是经济意义上的产出。既然如此，头脑精明的卫生领域投资者就必须考虑，如何投入才能带来最大化的“投入收益比”。为此，世界银行支持并推动健康经济学家克里斯多夫·穆雷（Christopher Murray）团队设计了一套衡量与比较全球健康负担的工具——伤残调整年（DALY）。在此之前，死亡率、发病率等数据常常用来描述某一疾病对人类健康的威胁程度。但是，一些疾病导致死亡的情况十分少见，但能够造成失明等终身残疾，对病人与社会造成沉重的负担。

为了将不同疾病进行比较，穆雷团队邀请一个独立的专家小组对不同残疾等级按照从0到1的尺度赋予权重，0代表完全健康而1则代表死亡。根据这套指标体系，耳聋与膝盖以下截肢的伤残等级类似，被赋予0.24~0.36的分值，而精神病活动期、痴呆、严重偏头痛、四肢瘫痪则属于最为严重的伤残，将被赋予0.7~1的高度伤残分值。除此以外，研究者还设计了年龄权重，从出生到25岁的健康生命的相对价值不断增长，之后直到老年则逐渐减少。换句话说，健康的价值与从事经济生产之间的能力密切相关，正值壮年的生命在价值上要优于老年人或者婴儿的生命。这种对健康的理解，显然与基于人权的健康观有极大的差异。[①]

这个指标虽然有缺点，有时统计数据的来源也不可靠，但毕竟为学术研究者与政策制订者提供了一个直观的、可量化的指标体系。因而依然产生了重要的影响。特别是根据这一套指标体系，原本往往被忽视的疾病，尤其是精神障碍，被发现事实上构成重要的全球疾病负担，并吸引到相应的资源投入。直到今天，这一套指标体系依然被用于指导全球卫生资源的分配。

第三，将健康视作商品的观念还转移了实现健康的责任分配。在人权

---

① [美]保罗·法默、金墉、凯博文、马修·巴西利科编著：《重新想象全球健康：导论》，常姝译，上海译文出版社，2020年，第276~278页。

的政策框架下，实现健康权的受益人是普通民众，而责任的承担者则是国家和其他公共机构。但随着新自由主义要求国家从健康领域后撤，国家的监管职能与提供公共物品的角色随之消退，而公民个人则成为自身健康的责任人。如此，如肥胖、吸烟、酗酒、糖尿病、性传播疾病等很多问题，并不是“公共”卫生问题，而是个体不断作出错误的决定导致的。健康的行为与生活方式，以及更重要的，个人自律与不断地理性追求健康利益的最大化，成为解决问题的关键。但是，在存在结构性不平等的情况下，这一结论是否成立，却是需要被质疑的。

以肥胖为例。从20世纪80年代开始，英美的肥胖率不断上升。而在21世纪，中东国家，以及作为新兴经济体代表的中国，这种趋势以更快的速度表现出来。导致肥胖的因素是多种多样的，包括遗传因素的影响、饮食结构的转变、运动的减少等。但无论是在国家内部，还是跨国数据的比较，都揭示出社会经济地位对于肥胖发病率的显著影响。英国公共卫生学院开展的一项研究表明，从2008年到2013年，食品价格经过通胀调整后实际上升12%，而平均时薪则下降7.6%。当收入下降和家庭预算缩减时，人们往往会选择更便宜但能量更高的食物。换言之，穷人越来越负担不起健康的饮食。①大型食品公司往往拥有大量的研究和营销预算，通过销售风味甚佳但富含糖分、脂肪与其他添加剂的加工食品赚取高额利润。铺天盖地的广告也让公众，特别是儿童，潜移默化地改变自身对食物的选择偏好。另外，更为隐蔽的健康不平等表现在，那些工作压力更大、职业稳定性得不到保障的人群，往往也更加倾向于不健康的饮食与生活习惯，并最终表现出更糟糕的健康状况。②

关于全球卫生问题的最后一种政策框架是安全的框架。在这套话语体系中，能否有效地开展应对至关重要，关乎国家与国际社会的生死存亡。这一观念的出现与“安全”概念在国际关系学科中的扩大密不可分。传统

① Ted Schrecker, Clare Bambra, *How Politics Makes Us Sick: Neoliberal Epidemics*, London: Palgrave Macmillan, 2015, p. 33.

② Ted Schrecker, Clare Bambra, *How Politics Makes Us Sick: Neoliberal Epidemics*, London: Palgrave Macmillan, 2015, p. 40.

上，国家安全意味着一国领土不受他国军事力量的威胁。但随着“人的安全”（Human Security）的概念出现，安全的指涉对象扩大到人群与个人，安全威胁也扩大到包括重大传染性疾病在内的非传统安全威胁。从国家安全的视角来看待公共卫生问题，与前两种观念之间存在着张力，因为彼此的价值取向是不同的。与强调在市场上的自由选择权利或者对个人权利与责任的坚持相比，国家安全更加强调社群主义与团结一致，它对国家与政府提出了全新的要求。

美国是第一个以安全框架重塑公共卫生议题的国家。1999年的《美国国家安全战略》中首度将环境与健康因素，特别是重大传染性疾病，看作国家安全利益的重要威胁。这份报告指出：“历史已经证明，跨国传染性疾病，例如脊髓灰质炎、肺结核与艾滋病，可以不亚于我们所知的任何战争和恐怖行动的规模摧毁人类生命，并由此对卫生系统造成沉重负担，破坏经济和社会发展来之不易的进步，导致新生民主国家的失败。”[①]即便经历了数任政府更迭，这一基本判断得到了美国政府的延续。2001年“9·11”事件后，由于受到炭疽邮件的袭击，美国进一步强化了公共卫生议题可能构成国家安全威胁的判断，并进一步地将“生物安全防御”的概念提上日程。虽然美国的生物安全防御概念特别突出了人为释放危险病原体，即生物武器或生物恐怖主义的问题，但它也认识到无论来源如何，维护国家卫生安全的表现形式和应对要求在很大程度上都是重叠的。

卫生安全的概念被提出后，逐步得到国际社会的广泛认可。特别是在21世纪初期，严重急性呼吸综合征（SARS）、H5N1禽流感等突发国际公共卫生事件接连出现，对各国短期内的社会经济发展产生重大冲击，甚至产生国际摩擦与争端。为了更好地应对新发与再发传染性疾病，各国修订了《国际卫生条例》，扩大了对世界卫生组织的授权。2007年，世界卫生组织发布了名为《构建安全未来：21世纪全球公共卫生安全》的报告。其中，世界卫生组织确定了“全球公共卫生安全”这一概念的定义，即“为尽可能

---

① The White House, “A National Security Strategy For A New Century”, December 1999, https://clintonwhitehouse4.archives.gov/media/pdf/nssr-1299.pdf.

减少对危及不同地理区域以及跨国范围公众群体健康的紧急公共卫生事件脆弱性而采取的预见性和反应性行动”[①]。它将全球公共卫生的威胁分为六大类别，分别是易流行的疾病、食源性疾病、意外的和蓄意制造的疾病暴发、有毒化学物质的意外事件、核放射意外事件及环境灾难。

将公共卫生问题纳入国家安全的应对框架，也随之产生了一系列政策后果。首先，即便是在和平时期，维护人群健康也不再完全是公共卫生部门的使命，国家安全机构，特别是军事部门，开始参与重大公共卫生危机的应对。美国在为应对人感染H5N1禽流感而制订的国家战略中明确指出：“为一场流行做好准备，需要国家权力层面上的所有手段，以及政府与社会各部门的协调。”而在战略的实施上，美国国防部也成为重要执行者，包括保存美国的战斗力量，支持政府拯救生命的行动等。[②]

其次，将重大传染性疾病作为安全问题来应对，往往还意味着国家将议题置于最高的优先级，从而更容易实现国内的跨部门合作与资源的动员。对美国应对全球艾滋病问题的研究表明，当小布什政府将全球艾滋病流行与恐怖主义威胁联系起来，认为它将对美国的国家安全利益造成威胁后，其用于全球艾滋病应对计划的资金数量得到了快速提升，对国内不同利益集团之间的协调也变得更为有力了。[③]类似地，当国际社会中重大公共卫生危机威胁共同安全的共识建立后，往往也会带来更大的合作力度与更多的制度建设，特别是世界卫生组织等相关国际组织往往能够获得比此前更大的授权。不过，同样是在安全化的框架下，有时主权国家还需要在国际安全的目标与国家安全的目标之间进行权衡。例如，虽然2005年修订通过的《国际卫生条例》在获取疾病暴发信息的问题上赋予世界卫生组织更大权威，可以不完全依赖成员国的官方报告。但美国依然对此作了保留，认为

---

① 世界卫生组织：《构建安全未来：21世纪全球公共卫生安全》，http://apps.who.int/iris/bitstream / handle / 10665 / 69698 / WHR07_overview_chi. pdf; jsessionid=55BBD7A8E3C0E877B7D3A6B83F7C1135?sequence=3.

② 汤蓓：《利他行为的可能性及其条件：安全框架下美国对跨国传染性疾病威胁的应对》，《国际论坛》2007年第6期。

③ 汤蓓：《安全化与国际合作形式选择：以美国的艾滋病问题援助为例（1999—2008）》，上海人民出版社，2014年，第141~152页。

“可损害美国武装力量为追求美国国家安全利益有效进行军事行动能力的任何通报将不被认为为了该条的目的是可行的”[①]。

最后，安全框架还意味着应对疾病流行所必需的医疗用品与药物，包括个人防护物资、检测试剂、疫苗、药物等，不再是普通的商品，可以经由市场的一般程序加以提供。相反，政府现在视这些物资为保卫国家的“武器”，并愿意为研发与生产大开绿灯，以保证本国的充分获得。作为最早将传染性疾病问题纳入国家安全框架加以应对的国家，美国在这方面以渐进的方式建立起一整套支持大型制药企业的制度与做法。

一是像建设武器库一样建立国家药品战略储备，并拨出专门的公共资金购买这些药物。在美国将应对重大传染性疾病首度写入《国家安全战略报告》的同时，美国国会就要求政府建立新的国家药品储备库。到2003年时，这一储备库被重新命名为国家战略储备，包括“抗生素、化学解毒剂、抗毒素、生命支持药物、静脉注射与气道维护用品，以及医疗/外科物品的储存库”。美国为这一战略储备每年投入5亿~6.25亿美元。

二是调整关于开发和部署医疗对策的法律框架，特别是引入了新的免责条款或由国家承担赔偿责任，以防止针对此类医疗对策的制造商因为担心患者的伤害赔偿要求而拒绝开发。

三是专门针对医疗对策调整监管与审批程序，并协助企业完成审批。例如，美国食品与药品管理局于2002年5月规定，审批在大流行应对方面的医疗对策时，可以基于模拟人类疾病的动物模型研究，而不是广泛的临床试验数据。此外，与大型制药企业相比，小型生物公司由于试错成本更低，而更愿意接受政府资金开发此类医疗对策，但它们往往无力承担大规模临床试验所需的资金与人力成本。这种现象被称为药物开发中的“死亡之谷”。为了解决这一问题，美国政府专门成立了生物医学高级研究与发展局（Biomedical Advanced Research and Development Authority, BARDA），帮

① 世界卫生组织：《国际卫生条例(2005)》，附录2，https://apps.who.int/iris/bitstream/handle/10665/246107/9789245580492-chi.pdf;jsessionid=A332BF1C914541837ECAA07BA3279837?sequence=4。

助企业走完药品开发的全部生命周期。[①]

通过上述讨论不难看出，不同的政策框架之间的区别绝不仅仅在于对健康问题的不同表述。在何种政策框架下处置健康问题，意味着不同的责任分配与政府角色。在国家安全的框架下，政府的权力可以被认为是最大的。它可以以国家安全之名，暂时性地压制个人权利，并要求市场的逻辑服务于国家安全的考虑。人权框架下的政府角色则是居中的：人人都有平等的健康权利意味着政府就必须对影响健康权利实现的社会经济因素进行干预；当大流行来袭时，也不应罔顾那些可能因使用技术尚不成熟的医疗对策而受到损害的个体的权利。最后，市场的逻辑意味着政府的有限角色：批准产品的安全与技术标准并进行市场监管。

三、以科学之名：不完美的知识与治理措施分歧

公共卫生专家给大众的第一印象是“专业”。无论是晦涩的疾病名称与专业术语，还是医生职业化的外表、手术室与重症监护室中复杂而冰冷的仪器，都让普通人感觉到公共卫生与医疗问题是一个追求精准的高度专业化领域。因而，当涉及公共卫生政策的规划与制订时，常常可以听到的声音就是“这是一个科学问题”，“应该由科学家来主导”。当具体政策效果不佳或者不合大众心意时，常见的批评就是“没有遵循科学”、决策者“拍脑袋”或是“有私心”。总之，公共卫生问题的本质应该是科学问题，而这些问题的答案应该像指南针那样明确。

在国际关系学科领域，哈斯的认知共同体（Epistemic Community）概念很好地反映了这种对知识与政策之间关系的理解。所谓认知共同体，是指由某一领域中公认具有专长和能力的知识权威所组成的网络。即便这些专家可能来自不同学科，具有不同的学术背景，但共享一套社会行动的规范原则，并对该领域中的核心问题具有共同的因果关系认识。在政策制订方面，他们有着共同的有效性和合法性标准，并有能力基于促进人类福祉的信念制订共同政策。

---

① Stefan Elbe, *Pandemics, Pills, and Politics: Governing Global Health Security*, Baltimore: Johns Hopkins University Press, 2018, pp. 15–18.

这一段判断中包含着三个重要前提：第一，某一领域中的权威专家对于某一领域中的规范原则与核心因果解释是存在“共同的”理解的；第二，在因果解释明晰的前提下，政策应当如何制订、如何评价也应该是不言而喻的；第三，必须承认一个隐含的价值判断，即认知共同体是真理与人类福祉的代言人，其行动是正直的，总是敢于“对权力说真话”。遗憾的是，在真实的科学活动中，这些前提假设未必能够成立。在全球治理的很多领域，如环境治理及本书所讨论的卫生治理中，知识往往是多样的，专家也未必总是真理在握。

首先，人们对科学知识的了解基于已有的实证经验，但是，由于证据搜集与认知的局限性，这些知识是否真实地反映了客观现实，以及能否被广泛接受，却依然存在很大的不确定性。2022年底，美国公共卫生专家安东尼·福奇（Anthony Fauci）博士在卸任美国国家过敏和传染病研究所主任时接受媒体访谈，他解释说，专家只能根据已有的证据进行科学推论，当新证据出现时，知识及其带来的政策建议随之改变是很正常的。科学意味着对传统智慧的挑战，而创新的想法总是容易产生分歧。因此，即便是在某一领域的权威专家内部，关于因果关系的共识也并不总能够达成。

例如，在主持世界卫生组织的根除疟疾计划时，弗莱德·索帕坚定地相信坚持清除虫媒就能够打败这一古老的传染性疾病，洛克菲勒基金会在巴西的成功经验也证明了这一手段的可行性。因此，他要求毫不迟疑地将项目资金用于杀虫剂DDT的购买与喷洒，不要在其他无关紧要的措施上浪费时间与金钱。但是，世界卫生组织的其他项目专家提出了“综合治理”的思路，包括为非洲地区改善居住条件、在东南亚农村地区定期排干水洼防止蚊虫滋生等。两种治理路径究竟孰优孰劣，如果坚持索帕的技术路线，最终能否成功实现根除疟疾的目标，这些问题我们不得而知。但不可否认，两条技术路线都可以自称建立在“科学证据”的基础上，这取决于如何选择“证据”和如何进行归因推论。

其次，科学虽然是一项以求真为最高伦理准则的事业，科学家却带有多重的个人目标，如金钱、声誉或对本学科特定研究议程的忠诚。因而，“应然”的科学过程与“实然”的科学过程之间存在差距。特别是在现代科学的建制中，资金对科学研究的重要性不言而喻，科学知识有时也不可避免地被扭曲。科学研究的结果与科学项目所受的资助来源之间存在强相关的关系。在已发表的受到私人资助的科研成果中，绝大部分对赞助公司产品持肯定立场。例如，在由公司赞助的非甾体抗炎药研究中，所有的文章都支持这些药物的积极疗效。即便是在由美国联邦政府提供资助的项目中，同样可能存在导致科研不端与其他伦理问题的风险因素。而通行于学术界的一些制度，如依赖论文发表数量与获取科研资金多寡的职业晋升制度、同行评议制度，都有可能导致所谓的“科学结论”是带偏差的、不可靠的、不公平的。[①]在全球卫生领域，最为臭名昭著的例子莫过于烟草企业提供资金的所谓“科学研究”对吸烟健康危害的淡化。

再次，不同政治与文化结构也可能对科学知识产生不同的理解。人类社会对自然的认知和对技术的设计并不是在真空中发生的，政治与法律机构领导着社会对科学和技术的投资，而科学与技术又反过来构建出新的结构与新的权威。[②]因而，与认为认知共同体的权威来源于知识客观性的观点不同，认为科学界与政治、社会结构“共同生产”（Co-produce）科学知识的观点认为，对自然的科学解释一直表现出解释上的灵活性，这些解释与政策话语框架是密切相关的。

因此，要判断一个理论、一种思想，必须说明它们是如何以特定的方式形成的，以及它们如何获得了塑造社会和政治秩序的力量。[③]例如，二氧化碳在大气中的积累可能导致气候变化的说法由来已久。在20世纪80年代以前，美国国家科学院的专家主要将这一问题看作地方性的而非全球性的，这一问题上的国际合作几乎不存在。但是，随着1988年联合国政府间气候变化专门委员会成立，这一科学论述开始发生变化。专门委员会开始将气候变化作为“全球环境问题”的组成部分来讨论，要求对气候与气候变化

---

① [美]戴维·B.雷斯尼克:《真理的代价:金钱如何影响科学规范》,蔡仲、韦敏译,南京大学出版社,2019年,第6、172、181页。

② Sheila Jasanoff, *State of knowledge: The Co-production of Science and Social Order*, London: Routledge, 2004, p. 17.

③ Sheila Jasanoff, *State of knowledge: The Co-production of Science and Social Order*, London: Routledge, 2004, p. 50.

问题采取全球性与系统性的理解，并强调通过国际合作的方式来采取集体应对。由此，联合国这一国际性机构也获得了在气候治理问题上更大的发言权与权威性，自然秩序与全球政治秩序得到了有机的结合。①在全球公共卫生领域内也存在这样的例子，如应对全球脊髓灰质炎流行。在根除脊髓灰质炎的问题上，世界卫生组织原本支持的是使用价格低廉、容易管理的口服型脊髓灰质炎疫苗（OPV）。但由于新成立的全球疫苗与免疫联盟支持对灭活性脊髓灰质炎疫苗（IPV）的使用，世界卫生组织也随之改变了先前的立场，尽管这意味着发展中国家引入疫苗的成本大幅度上升，并需要额外开展冷链的建设。②

最后，在特定的社会环境里，原本被奉为金科玉律的“科学方法”也可能出现偏差。在关于药物有效性的科学研究中，进行严格的“双盲实验”并比较受试组与控制组在健康结果方面的差异性被认为是检验药物是否有效的不二法门。但是，在20世纪80年代末期，在美国进行的艾滋病药物测试却在实验开展方式上受到了来自患者群体的质疑和挑战。这是因为，在临床试验之外，艾滋病药物被严格地限制使用，而这些宝贵的药物被认为是患者延续生命的唯一指望。因而，患者团体之中出现了作弊以保证自己被分配到实验组，或者患者之间混用药物以分担和减少获得安慰剂的风险的情况。在这种情况下，收集、评估和利用证据的有效性遭到了破坏。艾滋病患者组成的权益维护组织据此要求科学团体改进实验进行的方式，允许不参加临床试验的患者也能够得到治疗药物。最终，他们所主张的“平行路线”得到了科学家团体的认可与支持。③这一案例所反映的，事实上是两种“专业知识”之间的竞争，一种来源于传统意义上的科学家团体，另一种则来源于对疾病及对待疾病的方式具有“一手经验”的患者群体。这种“外行”对“内行”的挑战虽然不多见，但确实反映出科学边界

① Sheila Jasanoff, *State of knowledge: The Co-production of Science and Social Order*, London: Routledge, 2004, pp. 55-56.

② 汤蓓、扈赫扬：《制度环境与国际组织的知识生产》，《世界经济与政治》2024年第5期。

③［英］哈里·柯林斯、［英］特雷弗·平奇：《勾勒姆医生：如何理解医学》，雷瑞鹏译，上海人民出版社，2022年，第200~201页。

的模糊性。

全球卫生治理中的科学争议并不少见，新的疫情暴发、新出现的健康问题及新发疾病的传播往往以不可预测的方式出现。而且，这一领域还必须应对健康问题所固有的复杂性和不确定性。这是因为，健康问题归根结底是“人”的问题，公共卫生领域的统计数据一般而言都是基于人群的一般状况，但个体之间的差异又是千差万别。安慰剂在群体层面上是无效的，但对个体有时又疗效显著；疫苗接种对群体健康的好处已经得到充分证据的支持，但是个体基于对风险的评估选择拒绝接种也不能被完全视为不理性或不科学。因而，全球卫生治理中科学与政策、科学证据与政策效果之间的关系并非线性与直截了当的。因此，各类参与者都需要不断重新考虑其政策的科学基础，并对不断变化的环境和新出现的知识作出反应。

综上，全球卫生治理作为与人类前途命运密切相关的国际公共政策领域，在政策指导思想上存在不同的价值取向，在科学知识上也存在不确定性。在不同时期、不同议题上，不同国际组织都可能采取不同的政策主张。事实上，全球卫生治理是一个多元价值并存的政策混合体，难以一言以蔽之，而是需要仔细审查不同国际制度、规则与政策的治理理念基础。

第二节　国际组织之间的合作与竞争

国际机制复合体内部的不同国际机制存在关联与互动。在现实中，国际组织是国际机制的组织表达形式，它们依据一定的组织程序，通过具体的部门，使用特定的资源，将治理理念转化为具体政策加以实施。国际机制复合体的类型，除了与各类治理理念及其规则性表达有关，也和具体国际组织之间的交往实践紧密关联。事实上，国际组织之间的合作与竞争也是当前国际组织研究者关心的重要研究议程，相关研究与发现对讨论全球治理领域中国际组织间关系提供了重要的启示。

一、国际组织间合作的动因与条件

国际组织本就是为了促进国际合作而成立的机构。可以说，“合作”是根植于其原则与宗旨的重要原则。在国际组织的章程中，都有关于推动本组织与外部机构合作的相关条款，全球卫生领域内的相关国际组织也不例外。世界卫生组织《组织法》中关于世界卫生组织的职权范围中规定，为了实现本组织的宗旨，世界卫生组织可以“与联合国，各专门机关，各政府卫生署，各专业团体，及其他适当组织成立并维持有效之合作”。区域委员会也应当“与联合国区域委员会，其他专门机关所属区域委员会，及其他与本组织旨趣相同之区域国际机关协力合作”[①]。世界卫生组织还规定了与相关国际组织及非政府组织合作的程序条件：与其他政府间国际组织缔结的正式协定应得到卫生大会三分之二同意票；可以采取“适当办法”与国际非政府组织合作，而与某一国内部的政府或非政府组织合作，则需要取得该国的同意。[②]

国际组织间开展合作的第一个目的就是更好地满足功能上的需要。特别是公共卫生问题往往涉及多个领域，国际组织往往需要为采取行动而开展制度间合作。不同的国际组织可以将资源与专家汇聚起来，共同完成某一治理目标。这种“联合生产”（Pooling）是国际组织间合作经常会采取的形式。从理性主义的观点来看，这样的组织间合作能够为参与方带来切实的好处。虽然协调彼此之间的活动是有成本的，但是联合起来有效防止了成员国进行“论坛选择”或者限制对它们的授权。并且，参与合作的国际组织可以集中资源，并充分发挥各自的比较优势，通过更好的治理成效为各自及彼此之间的合作赢得更大的合法性。[③]对“H8”机构在1970—2013年这段时期内互动的统计分析表明，全球卫生治理领域内机构间合作最为常见的形式就是一个组织出资支持另一组织发起的项目，以及联合专家资源，为第三方或成员国提供技术援助。[④]

---

① 世界卫生组织：《组织法》，第二条、第五十条，https://apps.who.int/gb/bd/PDF/bd47/CH/constitution-ch.pdf。

② 世界卫生组织：《组织法》，第七十、第七十一条，https://apps.who.int/gb/bd/PDF/bd47/CH/constitution-ch.pdf。

③ Richard Clark, “Pool or Duel? Cooperation and Competition Among International Organizations”, *International Organization*, Vol. 75, No. 4, p. 1133.

④ Holzscheiter A., Bahr T., Grandjean M. and Pantzerhielm L., *Inter-Organizational Practices in Global Health*, Data set, https://github.com/global-health/data. DOI: 10.5281/zenodo. 2587018.

因而，我们可以推论，那些拥有大量财政资源、积累了更多专业技能的国际组织，往往更容易成为理想的合作对象，可以成为国际组织合作网络的中心。而且，假如国际组织之间拥有的资源类型是互补的，例如一方拥有财政资源而另一方拥有专业技能，它们之间的合作也更容易开展。[①]不过，对财政资源的需求和对专业知识的需求之间还存在一些区别，对专业知识的需求往往对于新出现的治理议题或者新进入某一领域的国际组织而言很重要，但随着时间的推移，专业知识可以被积累，专业知识的价值及相关需求也随之下降。

除了功能性的考虑，合法性也是国际组织彼此合作的重要理由。从新制度理论的视角出发，组织身处“开放系统”中，必须与外部环境保持交流，并使自身做法符合“适当性逻辑”。国际组织同样如此。合法性对于国际组织非常重要，不仅关系到它能否作为国际社会协调政策与解决问题的平台，还会影响到国际组织制订新规则和规范及确保成员遵守规则的能力。[②]因此，国际组织需要向外界及内部员工证明，它的行为是符合共同的规范与原则的。

对于新加入某一治理领域的国际组织来说，除了可以通过向权威组织看齐、改善自身决策程序、提高治理绩效、积极自我宣传等策略来提升合法性，与现有占据主导地位的国际组织合作，以表明自身对现有行动准则的尊重与遵从同样是一个获取合法性的好策略，能够有效缓解外界对于新机构是否会挑战现有秩序的质疑。而对主导性的国际组织来说，合作同样是具有吸引力的。因为基于共同价值观与行动规则的国际组织数量越多，该领域内的国际制度就越是稳固。反过来，对于现有的主导性国际组织而言，加强与新治理行为体的接触与沟通，也被视作决策民主的重要标志。有研究者提出，与非政府组织合作，允许它们更多地参与对全球卫生政策

① Nathaniel Gest, Alexandru Grigorescu, “Interactoins among International Organizations in the Anti-corruption Realm”, *Review of International Organizations*, Vol. 5, No. 1, p. 56.

② Jonas Tallberg, Michael Zurn, “The Legitimacy and Legitimation of International Organizations: Introduction and Framework”, *The Review of International Organizations*, Vol. 14, No. 4 ,pp. 581-606.

的讨论，是世界卫生组织自我革新、适应新的全球环境以提高自身合法性的重要路径。①

国际组织之间的合作也受到一系列因素的制约和影响。首先是国际组织对自主性的追求。组织之间的合作能够带来许多好处，但是也会带来对其他组织在物质和观念资源上的依赖。因此，国际组织在通过合作获得关键资源的同时，会努力管理或最小化对外部机构依赖而带来的风险与不确定性。对于国际组织而言，这意味着组织间共同决策的结构通常是非常脆弱的，而且各方都要考虑如何加强对彼此活动的控制。考虑到国际组织的治理结构，国际组织之间的合作也存在“双层博弈”的问题，只有在成员国之中，以及在秘书处之间都能达成共识的政策才能成为最终的组织间共同政策。②此外，根据这一理论，国际组织会采取多种战略来保证对相互间关系的管理。包括培养多个供应商以减少不确定性，以及通过组织联盟、向其他国际组织的管理层借调人员等方式来保护自主权，并增加对其他机构的影响力。

其次，国际组织不能与那些可能破坏治理目标与合作宗旨的对象合作。为了避免与全球卫生目标不相容的组织通过与世界卫生组织建立联系以发挥不正当影响，2016年世界卫生大会通过《与非国家行为者交往的框架》，并取代1987年制订的《指导世界卫生组织与非政府组织关系的原则》。新的“框架”对于合作对象的筛选更为严格，要求合作必须“明确有益于公共卫生”，并罗列了七种与非国家行为体交往的重大风险，包括存在利益冲突、可能对世界卫生组织工作造成过度或不当影响、通过与世界卫生组织交往漂白非国家行为者的形象等。而且，“框架”还特别排除了与两大行业

---

① Ilona Kickbusch, Wolfgang Hein and Gaudenz Silberschmidt, “Addressing global health governance challenges through a new mechanism: the proposal for a Committee C of the World Health Assembly”, *Journal of Law and Medical Ethics*, Vol. 38, No. 3, pp. 550-563.

② Rafael Biermann, “Designing Cooperation among International Organizations: The Quest for Autonomy, the Dual-Consensus Rule, and Cooperation Failure”, *Journal of International Organization Studies*, Vol. 6, No. 2, pp. 45-66.

的关联，明确拒绝与烟草业及其代言人，以及与军火业交往。[①]在合作的方式上，“框架”提出了参与、资源、证据、倡导、技术合作这五种具体形式。可以说，在制度设计中，“合作”是国际组织开展对外交往的一项基本原则。

最后，不同国际组织中占据主导地位的成员国之间的关系也会影响国际组织间合作。从委托—代理的视角来看，国际组织服务于成员国，因而，国际组织中主要成员之间的偏好越是趋同，国际组织之间开展合作的可能性就越大。而关于多边发展银行的实证研究进一步推进了对该理论的发现：即便没有来自成员国的明确授意，国际组织的官员在决定与其他组织开展合作时，会将对方组织内哪些国家占据主导、与本组织占据主导的国家之间关系如何纳入考虑。而且，主导国家之间的偏好不局限于具体议题领域中的政策，还延伸至地缘政治立场。原因在于，在国际体系中占据主导国家更有可能是国际组织总部的所在地，它们往往在国际组织秘书处中拥有更多工作人员，因此可以通过各种方式让这些“国际公务员”或有意或无意地扮演主导成员利益代理人的角色。[②]

如果说上述因素解释了国际组织间合作的有无与深度，那么，国际组织间合作的任务形式及其所需的组织技术，包括执行工作所使用的硬件、工作人员的技能和知识及执行工作对象的特点，则决定了国际组织之间开展合作的形式。当合作所需要的技术是协调时，国际组织会更多地将资源汇聚在一起，并采取标准化的管理流程与工作程序来实现合作；而当国际组织间的任务是环环相扣的，一个国际组织产出的成果是另一个国际组织生产所必需的时，国际组织往往通过集体规划的形式开展合作；如果国际组织之间的合作是互惠性质的，例如联合国冲突后重建过程中涉及的安全、发展、人道主义部门之间的关系，那么相互调整则成为最有效的合作方

① 世界卫生组织：《与非国家行为者交往的框架》，https://apps.who.int/gb/bd/PDF/bd47/CH/constitution-ch.pdf。

② Richard Clark, “Pool or Duel? Cooperation and Competition Among International Organizations”, *International Organization,* Vol. 75, No. 4, pp. 1133-1153.

式。[①]另外，国际组织之间的合作，也有正式与非正式之分。正式合作往往以协议或联合项目的方式表现出来，而非正式的合作大多依靠国际组织官员之间的交往。而且，很多研究表明，组织之间的非正式联系最终会导致重要的正式联系。[②]

二、国际组织间竞争的原因与形式

与关注组织间合作的文献相比，国际组织之间的竞争是一个更少见的研究领域。通常而言，研究者们更加关注一个国际组织内部发生的竞争，例如国家对组织财政资源、高级官员职位的竞争，以及大国如何将自己的偏好转化为集体的偏好，或者通过对国际官僚的控制来施加非正式的影响。本书则主要将视角转向国际组织“之间”的竞争，或者说，国际组织的外部竞争。在全球卫生治理的文献中，研究者们常用“碎片化”来描述治理领域中存在多个中心，而且国际机制与国际组织之间缺乏合作的情况。但是，竞争与缺乏合作之间在词义上依然是有差别的。本书认为，竞争是一种更具对抗性的组织间关系。在全球治理领域中，规则冲突、争夺资源、观念与身份差异是造成国际组织竞争的主要原因。

从理论上来说，当在同一治理议题中的两个国际组织遵循不同的治理规范与规则时，就可能产生国际制度与国际组织为了争夺管辖权而展开竞争的现象。这种情况的出现是因为不同国际组织中的主导国家或国家集团之间在利益与偏好上存在根本性差异，并最终以国际组织竞争的形式表现了出来。但是，在现实中我们很少会观察到由这一原因导致的国际组织竞争行为。[③]一来，遵循不同原则的国际组织并不总是处于竞争状态下，如果它们存在不同的管辖范围，或者有着不同利益诉求的国家之间决定通过重新谈判规则的方式来解决冲突，则不会出现国际组织竞争的局面。二来，国际组织之间的成员方经常会出现重合的现象，这些国家会反对不同国际

---

① R. Biermann, J.A. Koops eds, *Palgrave Handbook of Inter-organizational Relations in World Politics*, pp. 82-83.

②Nathaniel Gest, Alexandru Grigorescu, “Interactoins among International Organizations in the Anti-corruption Realm”, *Review of International Organizations*, p. 68.

③ 冷战时期的华约与北约可能是一个例子，但它们本身就是以军事对抗为主要目的组成的军事同盟。

组织采取相互冲突的规则，并要求重新划分管辖权或重新谈判规则。

国际组织竞争的第二类动因是为了争取更多的物质性资源，这也是一种更为常见的原因。“组织为生存而竞争”是组织生态学理论的一条基本假设。组织在环境中运行，环境决定了组织的结构形式，组织形式必须适应环境利基，否则就会失败。这一假设同样也适用于国际组织。国际组织之间最为常见的竞争原因是对有限资源的争夺。这里的资源，既包括各组织为其方案和工作人员支付的资金等物质资源，也包括合法性等象征性资源。在一定时期内，国际层面上能够被动员用于特定议题的资金通常而言是有限的，主要来自发达国家的对外援助或者主要基金会的捐赠。这些资源构成了维持国际组织存在的共同资源库。如果国际组织所依赖的资源库不一样，那么它们的“生态位”就不会重叠，也不会出现竞争。但是，如果它们依赖的资源库是相同的，或者存在重叠，那么，即使它们拥有共同的治理目标与相似的治理理念，竞争也将不可避免。因为，对国家来说，当存在多个职责类似的国际组织时，它们会进行“论坛选择”，挑选最有效率或者政策偏好与自己最为相似的国际组织来开展活动。为了生存下去，国际组织之间有时会进行“地盘之争”（Turf War），将竞争对手排挤出该领域，或谋求自身在领域中的主导性地位。这一点在克里斯蒂安·唐尼对能源领域国际官员的访谈中得到了验证。①

从这一视角来看，国际组织面临的竞争环境受到两个因素的影响。一是共同资源库的富足程度，二是环境中组织的数量。一方面，当共同资源库因为一些外部冲击——如金融危机或大流行导致经济衰退——而缩小时，国际组织之间的竞争就会变得更加激烈。另一方面，同一议题领域内国际组织的数量多少也会影响竞争的激烈程度。当“治理市场”的进入成本非常高，例如涉及国际和平与安全的问题，或者治理问题高度专业化，那么领域内的国际组织就较少地面临竞争。相反，如果进入的成本比较低，例如在致力于消除贫穷或提供紧急人道主义援助的领域中，大量的国际组织

① Christian Downie, “Competition, Cooperation, and Adaptation: The Organizational Ecology of International Organizations in Global Energy Governance”, *Review of International Studies*, Vol. 48, No. 2, pp. 364-384.

就会相互竞争。另外，与成员相对稳定、建立需要进行复杂谈判的政府间国际组织相比，非政府组织成立更加容易，单个组织由此也往往面临更大的生存与发展压力。

国际组织为了争取更多的资源，会采取若干策略。其一是向主导国家“靠拢”，包括在政治上表达对主导国家的支持，或者承担它们感兴趣的治理任务，哪怕这些活动在短期内让国际组织受益的可能性很小。例如，在2008年金融危机后，国际能源治理领域的国际组织开始更加重视与二十国集团（G20）的互动，国际组织的领导人争取在该论坛上发言，甚至主动承担一些没有资金的项目。之所以如此，是因为二十国集团国家对这些国际组织的认可本身就能够成为吸引资源的重要优势。

其二，国际组织还会主动扩大任务范围。虽然从委托—代理的视角来看，作为代理人的国际组织从组织私利的角度出发，往往希望承担更为容易和便利的工作。但这一假设在制度竞争的环境里常常是不成立的。为了组织的生存及争取更多的资源，国际组织常常会主动扩大任务范围。“只要还存在对资金的竞争……国际组织就不仅会做自己的工作，还会尝试去做其他组织做的，这样它们就能够成为主导性的国际组织。”[①]

其三，表达新的治理主张有时也会成为国际组织开展竞争的手段。如何吸引成员国对本组织的注意力是制度竞争环境下各国际组织必须考虑的问题。界定新问题、提出新观念、采取新措施是国际组织常常采取的路径。例如，在发布全球对化石燃料的补贴数字问题上，2013年国际货币基金组织突然在没有与其他国际组织协商的情况下，改变了计算标准并发布了自己的统计数据，比依据原有标准计算所得的结果要高得多。这引发了世界各国对气候变化问题的关注，但也在其他国际组织中引起了不满，它们认为国际货币基金组织的做法是缺乏事先沟通和自行其是的。[②]

---

① Christian Downie, “Competition, Cooperation, and Adaptation: The Organizational Ecology of International Organizations in Global Energy Governance”, *Review of International Studies*, Vol. 48, No. 2, p. 375.

② Christian Downie, “Competition, Cooperation, and Adaptation: The Organizational Ecology of International Organizations in Global Energy Governance”, *Review of International Studies*, Vol. 48, No. 2, p. 376.

其四，国际组织还会提升自己的业绩水平，以此谋求关注并获取更多的资金。但是，通常而言这种筹资方式很难管理，因为必须明确查明各个国际组织所做出的具体贡献，特别是应该明确指出全球问题的解决是由于国际组织的努力，而不是外部环境发生的变化。但事实上国家很少能够对国际组织的绩效作出系统性地客观评估，国际组织会改进效率，但更常采取的措施是努力宣传自己开展的活动，将组织活动塑造为一个成功的故事。

除了物质利益上的原因，观念与认同的纷争也是国际组织间竞争的表现。欧盟安全与防务政策（ESDP）与北约之间的竞争关系在很大程度上就源于其对“欧洲”身份的认同。这两个组织之间最初的关系表现为合作。但是，欧洲安全与防务政策为了树立自己的声誉而刻意构建与其他组织的差异化形象，并谋求在不受干扰的情况下作出决定和行动。最终，即便国际组织在表面上依然遵从组织之间共同的目的与原则，但实际上已经与原先的框架“脱钩”并开始以竞争者的面貌出现在政策领域内。[①]

组织文化有时也能够成为阻碍合作、激发竞争的因素。例如，联合国开发计划署对发展援助计划的效率追求与对本组织运作方式的独特信念，推动它从联合国系统内的协调员转变为发展援助的实际执行人，并与其他联合国系统内的专门机构展开竞争。即便联合国系统有意识地希望减少这种情况，试图以“一体行动”的方式来协调联合国开发计划署与其他机构的关系，但由于这些机构都拥有共同的资源基础，竞争依然是它们之间关系的主要方面。

再如，对世界卫生组织全球艾滋病项目的研究发现，当国际组织的组织文化从崇尚问题导向转变为强调组织内部的官僚层级制度，并追求在国际公共政策领域占据领导地位时，世界卫生组织与其他联合国机构的关系就发生了重大变化。最终，这一理论上在公共卫生议题中应当扮演协调与领导角色的国际组织被其他机构视作“毒瘤”，并要求成立新的机构压制世

---

① Oriol Costa, Knud Erik Jorgensen, *The Influence of International Institutions on the EU: When Multilateralism hits Brussels*, New York: Palgrave Macmillan, 2012, p. 173.

界卫生组织的话语权。这种竞争性的关系甚至成为世界卫生组织的历史包袱，即便行政首长更迭，依然会影响到它在相关问题上的决策。

不可否认的是，与国际组织之间的合作相比，学术界对它们竞争关系的关注要少得多。以全球或区域治理为己任的国际组织被天然地认为与合作、治理及实现人类更高水平的福祉联系在一起，因而，国际组织更加愿意加入合作网络，通过互惠互利的协作来减少不确定性；也更为乐意向成员国及公众塑造自身开放、包容、乐于合作的形象。相反，它们很少公开观点的分歧，一些私下的角力和斗争也往往因政策制订过程隐藏在“暗箱”之中而难以被研究者们观察到。尽管如此，不可否认的是，国际组织之间的关系并非总是和谐与合作的，为了自身的组织利益及在国际事务中的权威，国际组织之间不乏彼此竞争的情况。

第三节　国际机制复合体的类型与演化

虽然目前国际制度的文献中对于国际机制的多元化或曰“碎片化”现象存在共识，但依然缺少对它们进行对比分析的工具。如前所述，制度设计立于其上的基本理念及国际组织之间的不同关系是理解国际机制复合体的两大关键要素。在这两个维度的基础上，可以对特定时期内国际机制复合体的类型进行划分，并对其动态发展提出一系列原因解释。

一、国际机制复合体的类型

根据前文提出的两个维度——国际机制复合体内部不同国际机制建立的基本理念是否具有一致性，以及组织之间的关系形态，本书提出以下四种国际机制复合体类型：

表2.1　国际机制复合体的四种模式

类型	组织合作	组织竞争
理念融合	嵌套协同模式	效率竞赛模式
理念分歧	多元协调模式	路径竞争模式

资料来源：作者自制

第一种模式是嵌套协同模式。在这种模式中，同一领域的不同国际制度认同类似的国际治理理念。所谓“国际制度中的等级制”，就可以看作嵌套协同的一种表现形式。在这种情况下，同一议题领域内的诸多国际制度对特定国际制度表现为单向的遵从（Deference），包括听取并重视该制度发布的信息，并乐于作为观察员或以其他形式参与到该制度平台的政策讨论中。[①]例如，在发展融资领域虽然存在若干多边开发银行，但世界银行在其中扮演着核心角色。另外，泰勒·普拉特的研究也指出，在反恐、知识产权和选举监督等领域的国际组织之间也广泛存在着制度遵从现象，一个国际组织接受另一个国际组织制订的规则，并在彼此间构建权威等级制度。[②]有的国际组织由于自身授权有限或物质实力不足，会借助其他国际组织作为“中间人”开展协同治理，这也可以看作一种嵌套协同的国际机制复合体模式。总而言之，在这一类模式之下，国际制度之间的关系相对而言是比较融洽的，国际制度复合体的形态也相对较为稳定。

第二种模式是效率竞赛模式。不同的国际制度对治理的基本理念与基本原则是趋同或者类似的，但是组织之间并不是协作型的关系，而是表现为功能上的重叠和彼此之间缺乏实质性的协作。换言之，在同一治理领域内，存在若干彼此独立且目的功能都很类似的国际机制。在这种情况下，特定的国际机制会努力提升自身的运作效率，降低成本、增加收益，以争取到更多的资源和更大的治理权威。在效率竞赛模式下，虽然不同的国际制度存在“地盘之争”，但国际机制复合体的核心规则体系却是稳定的。

第三种模式是多元协调模式。这是一种不同的国际机制之间“和而不同”的情况。虽然都以解决国际社会面临的公共问题为目的，但不同国际机制可能基于不同的治理理念、采取不同的方式。在领域内存在多个国际机制的情况下，一些资源较为有限的行为者可能会寻求差异化的治理策略、寻找现有机构未能使用的“生态位”，作为本组织生存的手段。在存在差异的前提下，不同国际机制仍然有可能采取合作与协调的方式处理相互间关系。在技术性较强、政治色彩较弱及国际社会的资源投入比较充沛的领域

① 宋亦明:《制度竞争与国际制度的等级制》,《世界经济与政治》2021年第4期。

② Tyler Pratt,“Deference and Hierarchy in International Regime Complexes”, *International Organization*, Vol. 72, No. 3, 2018, pp. 561-590.

内，这一类国际机制复合体更加容易出现。但是，如果不同国际机制不得不为资源而开展争夺，或者治理理念之争因国际制度环境的变化而上升为政治问题时，多元协调型的国际制度复合体就会向路径竞争的模式演变。

第四种模式是路径竞争模式。在某些治理议题上，由于国际制度的核心原则存在强烈的互斥性，就好似采取了不同的“操作系统”，因此，即便是最低程度的组织间协调也变得非常困难。采取不同规则的国际制度必须在制度竞赛中胜出以证明自身道路的正确性。这种路径竞争可能是技术性的，例如在消除脊髓灰质炎的全球计划中究竟该使用减毒活疫苗还是灭活疫苗；也可能涉及更为根本的原则问题，例如，世界贸易组织框架下的知识产权保护原则就与世界贸易组织主张的健康权之间存在冲突。虽然通过发展中国家的争取，保护健康权的国际规范已经基本确立，但是发达国家依然极力维护自身利益，使得国际规则的发展长期滞后。由于底层的规则体系不相容，路径竞争型的国际机制复合体也是最不稳定的。国家或者做出集体决定，在不同的规则中择一而从；或者当体系内不同的主导性国家支持不同的国际制度时，就表现为典型的“制度竞争”。直到出现占据主导的国际制度，国际机制复合体才能重新趋于稳定。

综上，全球卫生治理领域的国际机制复合体有四种主要模式：嵌套协同、效率竞赛、多元协调和路径竞争。全球卫生治理中之所以能够同时存在多种类型的国际机制复合体形式，与该议题领域的特点有很大的关联性。

第一，全球卫生议题兼具技术性与政治性。一方面，一些重大的公共卫生危机的应对事关国家政局稳定与在国际体系中的实力地位，国家甚至有时将其与国际秩序转型联系起来。①当这种情况出现时，国家对于自身利益关切非常敏感，会投入大量资源来塑造或重塑国际机制安排。另一方面，在具体的科学问题与解决方案上，问题往往又具有很强的技术性，国家对于使用何种应对工具、由何种行为体来执行政策又有很强的宽容性，可谓“无论白猫黑猫，抓住老鼠就是好猫”，因而能够允许非国家行为体的参与

① Qingming Huang, “The Pandemic and the Transformation of Liberal International Order”, *Journal of Chinese Political Science*, https://link.springer.com/article/10.1007/s11366-020-09698-0.

和不同解决方案的存在。

第二，全球卫生治理兼具公共性与独特性。固然，在全球交通与贸易交流日益频繁的条件下，病毒可以前所未见的速度跨国传播，全球卫生安全正在连接成紧密的整体。但全球卫生治理的对象除了全球大流行病（Pandemic），还包括许多在传播上有地域特点的地方性疾病（Epidemic）以及非传染性疾病。而且，即便是在全球大流行下，不同国家也会因为社会经济发展条件、公共卫生体系健全程度甚至文化差异而受到不同程度的影响。换言之，不同国家、不同地区的疾病负担往往具有独特性。因而，许多全球卫生治理的方案未必具有很强的规模效应或网络效应，不同类型甚至理念存在冲突性的国际机制也可以并存。而在很多公共性特征更为明显的领域，国家理念与制度竞争的一面则可能更强。

二、国际机制复合体的类型演化动力

国际机制复合体的四种模式并不是一成不变的，而是可能发生相互之间的转化。国际治理理念可能在不同时期出现合流或者分化，国际制度或国际组织之间的关系也可以在竞争与合作的坐标轴上平移变化。国际机制模式为何会发生演化？其原因可以从国际制度的外部环境、成员国及国际官僚三个层面找到。

国际制度受到其生存环境的制约，这不仅表现在对国际制度内部设计的影响，同时也表现在国际制度之间的关系上。环境因素可以分为两大类型：一是制度赖以生存的资源基础，包括国家的授权及资金池等因素。二是国际组织运作的知识环境。就资源基础而言，我们可以进行推论，当资源基础非常丰富，不同的国际制度都可以轻松地从中获取自己所需时，国际制度更多地表现出自行其是的做法。尤其是当制度之间的理念与规则存在分歧时，它们就更加缺乏动力开展协调。相反，当外部环境变化，资源基础收缩时，国际制度可能需要彼此间“借取”资源完成特定的项目任务，它们之间合作的迫切性也会随之增加。而且，单个的国际制度越是面临对资金或者权威的需求，它与其他制度开展协调与协作的可能性也就越大。与资源基础相关的另一个相关因素是“时间”。通常而言，当其他新机制刚刚进入某一治理领域时，原有的制度会更加倾向于维护自身的权威，更有可能采取竞争性的做法。而随着时间的推移，当制度复合体已经成为既定事实，原有的制度也更有可能放弃一家独大的想法，转而寻求与领域内其他制度之间的协调与合作。

知识环境也会影响国际制度之间的关系。在涉及治理理念中的科学性问题时，如果跨国科学家网络达成一致，或者为不同国际制度提供科学咨询的科学家之间形成互动密切的合作团体，那国际机制复合体模式的理念维度就更可能从分裂走向融合。但是，也正如我们前文讨论的那样，科学家之间从分歧走向一致、科学知识从不确定走向确定的过程绝不是线性发展的。莱纳德·希布鲁克曾经提出了"知识套利"（Epistemic Arbitrage）的概念，他认为，在跨国环境工作的科学家群体不同于国内知识团体，可以被看作一个特殊的职业人群。他们往往会刻意地维持不同知识体系之间的"间隙"，并通过充当"仲裁人"的角色为自身获得更大的权威与经济收入。与专业性很高的问题相比，在一些高度政治化的议题上，如制订国际规则以解决避税问题，这种"知识套利"的现象更容易出现。[①]换言之，有时候治理理念与知识基础之间的差别或不协调之处有可能是"人为"的，这种分歧也比由于科学认知处于不同水平而造成的"自然"差异更加难以解决。

在国家层次上，国际机制中占据主导地位的国家政策转变可能成为国际制度之间开展协作的契机。在某些跨领域的问题上，国际机制之间的合作往往需要大国的推动作为催化剂。例如，虽然强调人类健康与环境、动物健康密切联系的观念一直存在，但是在联合国系统中却存在世界卫生组织、世界动物卫生组织、粮农组织等多个在特定领域内开展活动的专门性国际组织。它们之间的界限在很长时间内难以打破。2005年9月，为了应对H5N1禽流感跨物种传播进而引发人间大流行的潜在威胁，时任美国总统小布什在联合国大会高级别全体会议上呼吁各国与国际组织联合起来，调动资源并建设识别与应对大流行的能力。随后，时任联合国秘书长安南宣布联合国系统将为此做好准备，并任命了一名禽流感和人类流感协同协调

---

① Leonard Seabrooke, "Epistemic Arbitrage: Transnational Professional Knowledge in Action", *Journal of Professions and Organization*, Vol. 1, No. 1, 2014, p. 61.

员（UNSIC）。这也成为强大国家推动国际组织之间从各行其是到合作协调的很好例证。

国家之间、国家集团之间的博弈与关系形态也会对国际机制之间的关系产生影响，从而造成国际机制复合体的模式发生变迁。根据委托—代理理论进行推论，国际组织或国际制度安排反映了其中最为强大的国家与国家集团的利益。因此，当在不同国际机制中占据主导的国家之间的关系比较友好与合作时，作为它们代理人的国际机制或国际组织也比较容易开展合作；反之，当国家之间的关系走向竞争与对抗，作为不同集团代理人的国际组织之间也更加难以协调。冷战期间北约与华约之间的关系是路径竞争型国际机制复合体的典型例证，其主要原因就是以美国和以苏联为首的两大政治集团之间的对抗。

另外，如前所述，国家之间的竞争往往也是国际机制复合体产生的重要原因之一。因此，可以推论，国际制度复合体在诞生之初更有可能是效率竞赛或者路径竞争模式，而存续一段时间后，在一些不涉及国家间权力博弈的领域也存在合作的可能性。例如，新开发银行（New Development Bank）在成立时被认为是对国际货币基金组织及西方主导的国际金融秩序的挑战，目的在于提高新兴市场国家的发言权。但是，在新开发银行运行过程中，它与国际货币基金组织也在发展低碳绿色经济等领域开展了合作。

最后，虽然国际制度归根结底是主权国家的代理人，但是以国际公务员团体为代表的国际官僚，往往也能在日常工作中获得相当程度的自主性。这些制订跨国政策的精英团体中的人际关系、理念变化等，往往成为国际组织之间合作或者分歧的开端。例如，在本书第四章讨论的儿童生存革命问题上，世界卫生组织的总干事马勒并不真心认同儿童基金会主任格兰特的治理理念，因而世界卫生组织虽然也是合作机构之一，但实际的参与度却非常有限。而马勒的继任者中岛宏，则因为个人性格的问题，使世界卫生组织很难在联合国系统内顺利地发挥公共卫生议题上的领导作用，甚至与其他机构之间的合作也变得很困难。因此，我们也可以作出如下的推论，当国际组织的主要负责人发生更迭时，特别是继任者来自不同发展水平的国家或不同的文化圈层时，国际制度复合体的模式往往也更容易发生变化。

本章小结

本章从概念上区分了全球卫生治理领域中国际机制复合体类型的两个维度——国际机制的治理理念和国际组织之间的竞合关系。与一般认识不同，国际公共卫生治理事实上并不是一个纯粹的“硬”科学问题，而是存在着不同的治理理念和科学观念。科学研究与实践的发展、国际政治经济因素的干扰及科学家团体为了个人职业发展而作出的策略性选择，都有可能影响全球卫生治理的科学基础与价值取向。多元的治理理念与全球卫生治理中国际机制复合体现象凸显之间存在着重要联系。与此同时，从国际组织之间关系的角度来看，虽然全球治理与国际组织在一定程度上具有天然的合作导向，但正如生态组织学理论指出的那样，国际组织也需要为自身的生存与发展谋取充足的资源，并因此不可避免地与同领域内的其他组织存在竞争关系。

根据理念的融合程度与组织之间的竞合程度，可以将国际机制复合体划分为四种类型：嵌套协同、效率竞赛、多元协调和路径竞争。这四种不同类型的国际机制复合体，对于理解全球卫生治理领域中特定治理政策的形成及治理的实际成效具有重要意义。另外，从逻辑上分析，当某一个治理领域内存在多项国际机制时，不同国际机制之间的关系可能属于上述四种中的多个类型。此时，全球卫生治理政策的制订过程将会变得更为复杂，还需要区分哪一种类型是该议题领域中的主导类型。

最后，本章还认为，国际机制复合体的类型也并非固定和一成不变的。随着外部环境、主导国家之间的关系及国际官僚之间的关系发生变动，国际机制复合体的具体形态和模式也会发生演变，并由此推动治理政策的变化。需要说明的是，虽然“协调”“合作”具有褒义的意味，但在国际机制复合体的类型与国际公共政策有效性方面并不存在逻辑上的天然联系，不能简单地认定四种模式之间具有高下之分。四种模式只能基于特定议题进行治理效能的比较与评估。

接下来，本书将进入全球卫生治理的“经验领域”，并利用本章确立的分析框架，来描述并分析全球卫生治理若干重要领域内国际机制复合体的形成、发展与演变。这一方面有助于我们厘清一些重要的卫生治理议题与相应的国际规则如何一步步发展而来，另一方面也有助于理解相关动态过程中的关键推动因素。

|第三章|

大流行防范与应对领域中的国际机制复合体

历史上，重大跨国传染性疾病对人类生命健康和国家经济社会发展产生了重大的破坏性作用。应对与防范此类疾病的跨国传播，也是国际卫生合作与全球卫生治理的发端与缘起。这也是当前世界各国最为重视的全球卫生治理议题，国际机制的改革与创新层出不穷。在很长一段时间内，世界卫生组织及其框架下的《国际卫生条例》构成了大流行应对与防范的核心机制。但是，自21世纪以来，大流行防范领域的国际制度形态逐步从单一机制走向国际机制复合体。这一领域提供了一个理解全球卫生治理领域内国际机制复合体为何形成及如何从路径竞争模式走向多元协调模式的重要案例。

第一节　世界卫生组织的制度改革及其局限性

世界卫生组织是联合国系统内应对公共卫生与健康问题的专门机构。它及其框架下的《国际卫生条例》在很长一段时间内构成了国际社会应对跨国传染性疾病威胁的主要国际机制。在应对大流行的第一阶段，该领域国际制度发展的核心问题是如何加强这一机制。虽然《国际卫生条例》经历了修订，世界卫生组织也开展改革加强自身的应急处置能力，但治理效果并不尽如人意。与此同时，在生物样本分享问题上出现的外交争端也凸显出不同领域国际机制之间的价值冲突。虽然世界卫生组织通过订立新规则的方式解决了国际制度安排之间的分歧，维护了在该议题中的核心地位，但单一机制应对的不足之处也被暴露出来。

一、世界卫生组织框架下防范与应对大流行的制度发展

应对跨国传染性疾病问题是世界各国参与全球卫生领域合作的主要动力之一，也是世界卫生组织的核心使命。1947年9月，埃及暴发了严重的霍乱疫情，1个月内病例数从3例猛增到33000例。美国与苏联为了支持尚属于筹建阶段的世界卫生组织，主动通过该组织为埃及和周边国家提供援助。这一举动促使各国加快了签署与批准《组织法》的步伐。1948年4月，《组织法》达到了生效所需的国家数目，世界卫生组织正式宣告成立。根据《组织法》，世界卫生组织有权通过条例以防止疾病的国际传播。1969年，世界卫生组织在1951年通过的条例基础上，通过了《国际卫生条例》。该条例的主要内容是规定了各国政府在重大传染性疾病暴发时的通报义务，同时也要求各国尽可能减少传染性疾病对世界交通的干扰。当时的《国际卫生条例》涵盖了4种主要疾病，即鼠疫、天花、霍乱与黄热病。在全球实现根除天花后，世界卫生组织将天花移出了《国际卫生条例》的覆盖范围。

从国际机制建立的理念来看，《国际卫生条例》制度的核心在于疾病暴发后的“堵与防”。《国际卫生条例》一方面要求各国加强监测与通报，以便国际社会能够在重大传染性疾病暴发后及时了解情况并采取自保措施；另一方面，《国际卫生条例》规范了“边境措施”，对货物、行李、邮件的国际运输，人员在出入境及使用国际交通工具时应当采取的卫生防护措施和程序进行了规定。[①]但是，对于如何防范传染性疾病及如何采取国际合作措施从源头上扑灭传染性疾病，《国际卫生条例》并未作出规定。由于鼠疫、霍乱与黄热病主要发生在热带地区和卫生条件较为落后的发展中国家，这一国际制度有效防止了传染性疾病传入世界较为发达的国家和地区，从根本上说有利于它们的卫生安全。[②]但是，也必须注意到，这一制度安排具有典型的“软法”特征，对于《国际卫生条例》中规定的通报和采取恰当

---

① World Health Orgnaization, “International Health Regulations(1969)”, https://apps.who.int/iris/handle/10665/96616.

② Lawrence O. Gostin, “The International Health Regulations: The Governing Framework for Global Health Security”, *The Milbank Quarterly*, Vol. 94, No. 2, p. 266.

边境政策的义务，世界卫生组织事实上缺乏保证执行的国际法工具，对于条约义务的破坏者也缺少必要的惩罚手段。

《国际卫生条例》的这一特点决定了实施效果的局限性。对于暴发了传染性疾病的国家而言，按照要求进行通报无法带来回报，反而可能遭到以保障公共卫生为名义的贸易与国际交通限制措施，损害国家经济利益。而对于其他国家而言，由于担心受到同样的待遇，往往也会不惜一切代价采取严格的边境措施“御病毒于国门之外”。因而，相关疾病暴发后国家不通报、延缓通报的问题普遍存在。

更为重要的是，从20世纪80年代开始，由于经济发展和土地利用方式的变化、国际交通速度的增长及人类行为的变化，还出现了新发与再发传染性疾病（Emerging and Re-emerging Infectious Diseases）的挑战。例如，人类在森林附近开发土地时，出现了莱姆病；猴痘传入美国与人们收养宠物的行为有关系；而艾滋病在非洲的出现与传播，也与当地社会经济发展及人类行为的变化密切相关。[①]但是，这些传染性疾病并没有被《国际卫生条例》所覆盖，因而，从严格的国际法律条文的角度看，国家并没有通报义务。

世界卫生组织试图通过技术手段来缓解这一问题。例如，1998年，世界卫生组织与加拿大合作开发了全球公共卫生情报网络，通过收集和分析互联网上的各类信息来确认传染性疾病暴发或其他公共卫生事件。2000年，世界卫生组织又联合了成员国、地区组织、联合国机构和科研机构，发起全球疾病暴发预警与反应网络倡议，通过各国技术专家网络来开展疫情预警。但是，2002—2003年严重急性呼吸综合征暴发暴露了技术解决方案的局限性。为了维护全球卫生安全，世界卫生组织决定修订《国际卫生条例》。

值得注意的是，2005年对《国际卫生条例》的修订并没有从根本上改变这项制度建立的理念基础。《国际卫生条例》依然将应对传染性疾病暴发的

---

① Anthony S. Fauci, “Emerging and Reemerging Infectious Diseases: The Perpetual Challenge”, *Academic Medicine*, Vol. 80, No. 12, pp. 1079–1085.

主要义务赋予各个成员国，并进一步界定了国家在维护公共卫生安全方面的“核心能力”。从国际制度安排的角度来看，修订的重点放在扩大国家通报疫情信息的义务范围和世界卫生组织宣布“国际关注的紧急公共卫生事件”上。修订后的《国际卫生条例》规定，一旦发生不同寻常的、具有国际传播可能、可能造成国际旅行与贸易中断，并且必须通过国际协调与合作来加以应对的公共卫生事件，成员国都应当及时通报世界卫生组织。如果国家未能及时通报，新《国际卫生条例》规定，世界卫生组织可以从非政府组织、媒体等其他信息来源获取疾病传播的情况，只要这些信息是具有科学证据的。

在强化国际通报义务的同时，新《国际卫生条例》还赋予世界卫生组织总干事新权威，可以宣布某一卫生事件构成“国际关注的紧急公共卫生事件”，并建议各国采取临时性的公共卫生措施。就程序而言，在收到疫情信息后，世界卫生组织将组织由独立专家组成的突发事件委员会，听取他们对事件性质的判断。事实上，在是否宣布“国际关注的紧急公共卫生事件”及决定何时终止紧急事态的问题上，总干事总是会遵循突发事件委员会的建议。

可以说，2004—2005年《国际卫生条例》修订带来的国际制度变迁主要是围绕着世界卫生组织单一组织的职权范围展开的。虽然通过这一进程，世界卫生组织获得了更大的法律授权，但从《国际卫生条例》修订后的运行情况来看，防范与应对大流行的目标依然无法完全实现。其中，世界卫生组织的职权范围无法完全覆盖政策涉及的各个方面，是造成这一情况的重要原因之一。

首先，通报疫情导致贸易限制措施的问题并没有通过修订《国际卫生条例》得到解决。虽然《国际卫生条例》第五十六条规定，如果缔约国就条例的解释或者执行发生争端，且无法通过谈判等和平方式达成一致的，缔约国可以商定将争端提交总干事。但是，正如世界卫生组织的专家小组在审查《国际卫生条例》在2009年全球应对甲型H1N1流感大流行中的表现时发现，《国际卫生条例》“最重要的结构性缺陷”在于缺乏可强制执行的制裁措施。即便成员国在缺乏科学证据的前提下采取了超过世界卫生组织建议程度的国际交通和贸易限制措施，也不会带来任何国际法律后果。[①]而且，国际贸易问题传统上属于世界贸易组织的职权范围，当发生贸易争端时，成员国也更多地转向世界贸易组织寻求解决方案。例如，2009年，在世界卫生组织宣布甲型H1N1流感构成“国际关注的紧急公共卫生事件”后，部分国家以此为由对来自加拿大、墨西哥、美国等国的生猪和猪肉产品进口实施限制。相关出口国于2009年6月23日向世界贸易组织的卫生和植物检疫措施委员会提出这一问题。但这些国家并没有援引《国际卫生条例》作为国际法律依据，而是要求应用世界贸易组织框架下的《卫生和植物检疫措施协定》（Sanitary and Phytosanitary Measures，SPS协定），并希望通过委员会主席开展“调解”来解决彼此间的矛盾。[②]

其次，在疫情暴发后，世界卫生组织开展实地救助项目的能力也存在严重不足。这既与世界卫生组织自身能力不足有关，也与当代重大公共卫生危机的综合性与复杂性存在密切关联。传统上，世界卫生组织在全球卫生治理中主要充当技术性角色而非运作性角色。世界卫生组织总部与地区办公室之间的分散关系，以及自20世纪80年代后半期开始持续的财政紧张状态，都限制了它开展实地卫生项目的能力。但是，自21世纪以来，国际社会越来越期待世界卫生组织能够扮演国际公共卫生应急处置的角色。2014年，西非暴发了有记录以来规模最大的埃博拉疫情，死亡人数超过8000人，甚至引发了社会动乱。由于这些国家经济发展水平落后，单靠自身能力显然不足以应对公共卫生危机以及由此带来的其他社会经济问题，对世界卫生组织的期待进一步提高了。但是，事实上，世界卫生组织既缺乏有效开展应对的医疗资源，又因缺乏协调机制而无法有效地与联合国人道主义部门或安全部门开展协作。外部独立专家组成的评估小组对世界卫生组织应对工作进行评估时已经认识到，“鉴于卫生、人道主义和安全领域

① 世界卫生组织:《审查委员会关于与2009年甲型H1N1流感大流行有关的〈国际卫生条例(2005)〉实施情况的报告》,第13页,https://apps.who.int/iris/bitstream/handle/10665/5062/A64_10-ch.pdf?sequence=1&isAllowed=y。

② WTO, “Members discuss trade responses to H1N1 Flu”, https://www.wto.org/english/news_e/news09_e/sps_25jun09_e.htm.

危机之间日益复杂的关系，联合国系统需要另辟蹊径，摆脱各机构各自为政的状况”。具体而言，评估小组建议，世界卫生组织可以与其他机构（尤其是世界粮食计划署）签署长期协议，解决采购和运输领域的能力不足，还可以与联合国儿童基金会合作，促进对社区的动员。[①]

最后，世界卫生组织缺乏有效为发展中国家提供大流行应对工具的能力。要应对大流行，充足的医疗对策，特别是针对性的疫苗与治疗药物是必不可少的手段。但是，世界卫生组织既不是一个研发机构，更不具备生产能力，它的角色主要是制订技术性标准和开展免疫规划。在这个问题上，发达国家具有强大的制药业利益集团，它们更加乐于在世界贸易组织的知识产权协议条款下处理这一问题，并常常以新药与新型疫苗开发需要投入大量资金为借口，拒绝发展中国家要求公平获取药物与疫苗的要求。尽管随着全球艾滋病大流行，特别是在巴西、印度等发展中国家的倡议下，国际社会确立了以“健康权”为原则指导的药物获取规范，但事实上，具体国际规则的制订和执行一直落后于口号，发展中国家仍然处于不利地位。例如，根据《关于〈知识产权协定〉与公共健康多哈宣言第六段的决议》，成员国可以在公共卫生危机发生时申请启动“强制许可”规则，降低药物价格。但事实上，这一规则仅实施过1次，即加拿大通过“药物获取制度”授权奥贝泰克制药有限公司（Apotex Inc.）向卢旺达出口抗艾滋病药物。尽管政府审批手续并不复杂，但从按规定通知世界贸易组织到第一批药物发货，依然经历了14个月之久。[②]而且，更为重要的是，世界贸易组织而非世界卫生组织才是处理该议题的核心国际平台，世界卫生组织在这一问题上的话语权非常有限。

为了应对重大跨国传染性疾病的挑战，国际社会最重要的尝试就是加强世界卫生组织在防范与应对大流行中的角色。但是，由于这一问题客观上牵涉国际贸易、安全、人道主义等多个议题领域，而且需要强大的物质

---

① 世界卫生组织：《埃博拉中期评估小组：秘书处的报告》，第2、7页，https://apps.who.int/iris/bitstream/handle/10665/253939/A68_25-ch.pdf?sequence=1&isAllowed=y。

② 世界知识产权组织：《“有关例外与限制的有限性和挑战的实践经验”增补》，https://www.wipo.int/edocs/mdocs/scp/zh/scp_25/scp_25_3_add.pdf。

动员能力，事实上已经超越了世界卫生组织这一专门性机构的职权范围与能力限度。2005年修订的《国际卫生条例》作为该领域国际制度变革的最重要成果，并没有有效解决全球卫生治理的实际需求。

二、世界卫生组织协调国际规则冲突的不足

除了在很多相关议题领域缺乏管辖权，当为了防范与应对大流行而需要协调国际行动时，世界卫生组织能够发挥的作用也比较有限。病毒样本对于跟踪病毒演变、开发疫苗与诊断工具，以及监测病毒是否产生耐药性都具有十分重要的作用。从1952年开始，世界卫生组织一直有分享流感病毒样本的传统做法，但并未就这一问题制订明确的国际规则。进入21世纪后，随着新发与再发传染性疾病的威胁被国际社会广泛认知，这一问题再度受到关注。2005年3月，世界卫生组织发布了及时分享具有大流行潜力的病毒样本指南。2006年，在扩大疫苗生产的全球行动计划中，世界卫生组织也提出，为了更好更及时地筛选出可用于制备疫苗的病毒株型，为世界各地的生产厂商提供指导，将成立一个跨国实验室的联盟。但是，2007年，印度尼西亚突然决定停止分享H5N1病毒样本，世界卫生组织的传统做法受到挑战。这也成为全球卫生治理议题上不同国际制度之间发生规则冲突的典型案例。

2005年7月，印度尼西亚确诊了首例人感染H5N1禽流感病例。之后，印度尼西亚政府开始向作为世界卫生组织全球流感监测网络（Global Influenza Surveillance and Response System，GISN）的美国疾病控制和预防中心及香港大学的两个实验室运送病毒标本，以确认病例并开展风险评估。但是，在2006年4月，在没有通知印度尼西亚的情况下，一些科学家开始在国际学术会议上报告印度尼西亚提供H5N1病毒的分析结果。印度尼西亚认为，这种做法违反了世界卫生组织2005年3月发布的指南，其中规定合作实验室在撰写或者发布从相关病毒样本中获得的结果时应当“寻求原籍国的许可”，并且不在未得到许可的情况下向世界卫生组织参考实验室网络之外的机构提供病毒样本。

到2006年底，矛盾进一步激化了。当时，一位记者向印度尼西亚官员证实，一家澳大利亚的制药企业计划利用印度尼西亚向世界卫生组织全球

流感监测网络提供的病毒样本开发H5N1疫苗。印度尼西亚认为，此举表现出世界卫生组织对于发达国家大企业的偏袒与对发展中国家的不公平对待，因为制药企业可以从获取样本并开发疫苗中获得丰厚的利润，提供样本的发展中国家却购买不起这些价格高昂的疫苗。[①]2007年2月，印度尼西亚宣布停止样本分享活动。这引起了许多公共卫生专家的担忧，H5N1病毒是当时出现的一系列禽流感病毒中毒性最强的亚型，虽然主要的人类病例发生在亚洲国家，但是世界卫生组织认为它有可能引发全球大流行，而且对H5N1病毒的评估还显示它具有快速变异的潜力。[②]因此，如果无法及时获取病毒样本，全球疫情监测工作将受到威胁，诊断试剂、疫苗及治疗药物的开发也会受到影响。

这场争执是以阐释并应用不同国际制度的形式展现出来的。印度尼西亚的批评者认为，虽然当时2005年修订的《国际卫生条例》尚未正式生效，但是印度尼西亚并未反对《国际卫生条例》或提出保留，应当不破坏其宗旨与原则，遵守其关于在疫情暴发时保持透明度的要求。对此，印度尼西亚认为，《国际卫生条例》中并没有明确的法律条文对分享“生物材料”作出规定，而仅仅要求成员国提供“信息”。相关实验室与科学家在没有得到印度尼西亚许可的情况下就向其他科学家和疫苗制造商提供病毒的做法，却实实在在地违反了相关规则。印度尼西亚进一步援引1992年通过的《生物多样性公约》及其补充性协定《关于获取遗传资源和公平公正分享其利用所产生惠益的名古屋议定书》（简称《名古屋议定书》）以证明其决定的合理性。《生物多样性公约》规定，各国对境内的“生物资源”可行使“主权控制”，包括遗传资源、生物体或其部分、种群或生态系统中对人类具有实际或潜在用途与价值的任何生物成分，并应当公平与公正地分享因利用这些资源而产生的惠益。既然H5N1病毒产生自印度尼西亚领土范围内，国家就可以根据自己的判断来决定是否需要与世界卫生组织分享病毒

① Robert Roots, “Indonesia Details Reasons for Withholding H5N1 Viruses”, https://www.cidrap.umn.edu/avian-influenza-bird-flu/indonesia-details-reasons-withholding-h5n1-viruses.

② Niti Mittal, Bikash Medhi, “The Bird Flu: A New Emerging Pandemic Threat And Its Pharmacological Intervention”, *International Journal of Health Sciences*, Vol. 1, No. 2, p. 279.

样本，并且有权要求分享病毒样本可能带来的惠益，即未来开发与生产出的疫苗。

要从国际法的角度来判断是非对错是非常困难的，因为攻辩双方都可以寻找到支持本方立场的国际法依据。[①]虽然印度尼西亚将病毒等同于“生物资源”的说法具有一定的争议性，但其主张反映出两套不同的国际制度对主权原则提出的要求事实上存在着分歧甚至是冲突。一方面，《生物多样性公约》要求尊重国家的主权权利，通过为主权国家提供政治上与物质上的切实好处来激励生物多样性的保护。另一方面，防范与应对大流行、维护全球卫生安全的需要却要求国家在没有先决条件的前提下承担共享数据与病毒样本的义务。这两套不同的价值体系不易调和，不仅是由于主张之间存在分歧，同时也因为它们分别有各自的支持者。发达国家大都指责印度尼西亚的做法“不道德”，而发展中国家则表现出对其立场的普遍同情。[②]另外，还存在一个不容忽视的重要原因，那就是许多发达国家不支持《生物多样性公约》，导致该条约的相关规则相当抽象，而且，美国至今也没有批准该公约。因此，当这两套国际规则发生冲突时，选择《生物多样性公约》作为分歧的解决平台，或者由两项制度成立联合工作组的方式来化解冲突，事实上是不具备现实可能性的。

在这样的背景下，世界卫生组织秘书处于2007年3月29日向执行委员会提交了《禽流感和大流行性流感：共享流感病毒和序列数据的最佳做法》报告。值得注意的是，议题被保留的同时并没有完全否认印度尼西亚等发展中国家的规范诉求，这份报告认可了“共享效益”这一来自《生物多样性公约》的原则同样适用于全球公共卫生领域。报告指出，发展中国家在应对新型疾病威胁方面承担着“过分沉重”的负担，而共享监测信息和技术的国际合作“必须共享由这一全球系统产生的效益，包括更好地获得流

---

① David P. Fidler, “Influenza Virus Samples, International Law, and Global Health Diplomacy”, *Emerging Infectious Diseases*, Vol. 14, No. 1, pp. 91–92.

② Michelle F. Rourke, “Restricting Access to Pathogen Samples and Epidemiological Data: A Not-So-Brief History of ‘Viral Sovereignty’ and the Mark It Left on the World”, in Mark Eccleston-Turner and Iain Brassington eds., *Infectious Diseases in the New Mellennium*, London: Springer, 2020, pp. 168–169.

感疫苗”[①]。在当年召开的第六十届世界卫生大会上，成员国通过了《大流行性流感的防范：共享流感病毒以及获得疫苗和其他利益》的决议。决议在序言中确认各国“认识到国家对其生物资源拥有主权权利”，并同时强调了共享临床样本与病毒的重要性与发展中国家公平获取疫苗的重要性。决议要求总干事与会员国密切协商，建立框架与机制，既要保证病毒样本的及时分享，又要照顾发展中国家对疫苗获取不足的关切。[②]可以说，世界卫生大会的这一决议表明，成员国试图兼容两套价值与要求不同的制度安排，并在病毒样本分享与疫苗获取两个议题之间建立了关联。

2011年，在经过4年的谈判后，世界卫生组织成立了“大流行性流感防范框架”（以下简称“框架”）。一方面敦促成员国及时分享病原体，根据框架覆盖范围，主要指H5N1病毒及其他可能引起人间大流行的流感病毒，另一方面要求通过世界卫生组织流感监测和应对系统获取病原体样本的生产商签署协议，在“框架”提供的方案清单中有选择地作出承诺，例如流感疫苗的生产商可以承诺在大流行发生时将其生产的疫苗按照一定比例提供给世界卫生组织，或者向发展中国家的疫苗生产商授权，进行技术转让等。[③]

“框架”的设立被认为是全球卫生治理的一次成功尝试。它落实了世界卫生大会关于防范大流行性流感的决议，至少在形式上试图平衡发展中国家与发达国家在维护卫生安全问题上的义务。有研究者指出，“框架”避免了谈判国际条约的烦琐程序，提供了“物资转让协议和合同的标准”，可以

---

① 世界卫生组织：《禽流感和大流行性流感：共享流感病毒和序列数据的最佳做法》，第2页，https://apps.who.int/gb/ebwha/pdf_files/WHA60/A60_ID1-ch.pdf。

② 第六十届世界卫生大会：《大流行性流感的防范：共享流感病毒以及获得疫苗和其它利益》，第109页，https://apps.who.int/gb/ebwha/pdf_files/WHASSA_WHA60-Rec1/C/WHASS1_WHA60REC1-ch.pdf。

③ 世界卫生组织：《共享流感病毒以及获得疫苗和其他利益的大流行性流感防范框架（第二版）》，第33~34页，https://apps.who.int/iris/bitstream/handle/10665/341850/9789240031791-chi.pdf。

说是世界卫生组织协调众多利益相关方参与合作的成果。[①]但是，客观来说，“框架”在具体规则的设计上仍然存在虚化与弱化的问题，并没有完全解决相关的实际问题。

首先，它的涵盖范围是有限的，季节性流感病毒及具有全球大流行潜力的其他类型病毒并没有被包括在协议范围之内。从国际法的角度来看，这些病毒依然属于《生物多样性公约》与《名古屋议定书》的管辖范围，需要通过双边协议的方式来保证其收益的分享。例如，虽然2020年初暴发的COVID-19病毒最终造成了全球大流行，但由于该病毒并不是流感病毒，从严格的国际法律文本角度看，是否应当分享该病毒样本的问题并不属于“框架”的管辖范围。另外，“框架”仅适用于“实体性”样本的分享，利用病毒的基因序列开发出的应对工具是否也应当适用于同一规则，则仍有待“总干事与咨询小组协商”。[②]

其次，尽管“框架”要求生产商以签订合同的方式作出分享产品或者转移技术的法律性承诺，但私营部门依然竭尽所能地规避责任。截至2017年6月，已有11家生产商与世界卫生组织签署“标准和技术协定”作出捐赠承诺。但每一份合同中“有关责任和赔偿的规定”都被置于不供公众审查的附件中，而且，协议都规定，对于“不可抗力造成的延误或故障”，任何一方都不需要负责。而究竟何为“不可抗力”的表述，在11份合同中有10份将其纳入保密条款。[③]唯一可供查看的世界卫生组织与葛来素集团（Glaxo Group）签署的协议中，对“不可抗力”的界定中居然还包括“疾病（包括流感大流行）”。“政府行为”，如在大流行暴发期间限制疫苗与治疗

① National Academies of Science, Engineering, and Medicine, “The Development of the PIP Framework: Global Lessons on Equity and Fairness for Pandemic Preparedness”, https://www.ncbi.nlm.nih.gov/books/NBK544063/.

② 世界卫生组织:《共享流感病毒以及获得疫苗和其他利益的大流行性流感防范框架(第二版)》,第13页,https://apps.who.int/iris/bitstream/handle/10665/341850/9789240031791-chi.pdf。

③ Michelle F. Rourke, “Access by Design, Benefits if Conventient: A Closer Look at the Pandemic Influenza Preparedness Framework's Standard Material Transfer Agreements”, *The Milbank Quarterly*, Vol. 97, No. 1, pp. 11-12.

药物出口，也被归于“不可抗力”。[1]这种规定事实上已经破坏了“框架”的宗旨和目的，因为它恰恰是为了应对大流行状况下疫苗供应紧张，发展中国家难以通过市场交易获取疫苗的问题才建立起来的。

最后，这一安排是否真正能够为国家，特别是发展中国家创造主动分享病毒样本的正面激励，也是值得怀疑的。虽然“框架”为私营生产商获取来自世界卫生组织的病毒样本设置了条件，但并没有就如何分配获赠的疫苗与治疗药物确立规则。在“框架”涉及这一关键问题的谈判过程中，印度尼西亚等发展中国家主张分享病毒的国家应当拥有优先获取权，但以美国为代表的发达国家强烈反对。2008年12月世界卫生组织召开的会议支持了发达国家的主张，确立了一项原则，即不应以优惠的方式向最先发现病毒的国家提供福利，而应将生产的疫苗作为发展中国家基于公共卫生风险和需求（分配资源）的福利池（Pooled Benefits System）。[2]这一原则最终得到认可，与规则制订的论坛是世界卫生组织而不是《生物多样性公约》有密切的关联，因为在世界卫生组织的框架下，“主权权利”与维护全球卫生安全及保护人类健康权相比，显然并不具备道德上的优先性。换言之，最终受到疫情影响的程度是评估发展中国家是否可以优先获取疫苗与治疗药物的标准，而率先分享病毒样本并不是，并不能保证国家获得因“框架”建立而带来的物质性的帮助。

由印度尼西亚引发的这场病毒样本分享上的风波，反映出不同国际制度，如《国际卫生条例》与《生物多样性公约》之间在价值取向上的差异，以及试图在世界卫生组织内部发起变革、调和制度冲突的困难性。印度尼西亚依据《生物多样性公约》提出的“惠益”原则显然有利于可能出现新发与再发传染性疾病的发展中国家。但是，发展中国家并未成功地将议题“转移”出世界卫生组织。世界卫生大会的决议通过认可发展中国家提出的

① Michelle F. Rourke, “Access by Design, Benefits if Conventient: A Closer Look at the Pandemic Influenza Preparedness Framework’s Standard Material Transfer Agreements”, *The Milbank Quarterly*, Vol. 97, No. 1, p. 12.

② Michelle F. Rourke, “Access by Design, Benefits if Conventient: A Closer Look at the Pandemic Influenza Preparedness Framework’s Standard Material Transfer Agreements”, *The Milbank Quarterly*, Vol. 97, No. 1, p. 15.

“国家对生物资源拥有主权”及公平获取疫苗的原则，将议题保留在世界卫生组织这一平台上。之后，虽然“框架”在形式上建立起向发展中国家提供“惠益”的安排，但具体规则却跟不上规范的发展，发展中国家在病毒共享与获取疫苗两个议题之间的联系战略事实上并未取得成功。从全球卫生治理的角度来看，“框架”也具有很大的局限性，既没有切实增强生物样本分享的全球架构，也没有解决发展中国家公平获取疫苗的问题。

这一问题看起来是关于国际病毒分享的有效性问题，但背后反映出的问题则要深远得多。归根结底，这暴露出大流行预防与应对所发生的国际环境对国际制度有效性构成的挑战。全球卫生治理的成本分摊事实上是不平等的，发展中国家在世界经济结构中所处的不利地位使得它们面临着疫情暴发风险高与应对能力弱的双重挑战。世界卫生组织作为一个“技术性”机构，对该问题的处理表明，它实际上不具备处理复杂的国际政治与经济因素的能力。

第二节 “一体健康”理念与国际制度复合体的初步建立

21世纪全球卫生治理的挑战不仅表现在世界卫生组织既有框架的不足，还表现在新的治理理念对传统治理模式的挑战。如前所述，提到“卫生安全”或“大流行应对”问题，往往主要指“人的健康”问题。但随着人畜共患病频发，而世界卫生组织的“事后”应对又存在诸多缺陷，全球卫生领域中出现了新观念：大流行防范的战线应当前移，除了关注病毒对人类的侵犯，还必须同时兼顾来自家禽家畜、野生动物乃至自然环境中的风险因素，并采取多学科、跨部门的办法协作应对。这种整体主义的健康观念被称为“一体健康”（One Health）。[①]它的出现不仅仅意味着防范与应对大流行问题上的知识和理念有了新发展，也提出了如何在世界卫生组织与其他领域的专业性国际组织之间强化协调协作的问题。

---

① 有时也翻译为“同一健康”“全健康”“大健康”。

一、“一体健康”理念的提出

人类的健康与周围环境密切相关，这一概念本身并不新颖。野生动物是新病原体的重要来源，而人类驯化并家养的动物则扮演了野生病原体放大器的作用。有研究表明，人类对动物的驯化时间与人畜共患的传染病与寄生虫病的数量之间存在着正相关关系。[①]人畜共患的疾病包括由细菌（如沙门氏菌病、鼠疫、炭疽等）、寄生虫（如绦虫病、包虫病、弓形体病）、病毒（狂犬病、禽流感、尼帕病毒）和非常规病原体（牛海绵状脑病）引发的疾病。在20世纪，随着学科专业化与细分程度的提高，兽医与人类医学逐渐发展为两大分支学科，比较医学的影响力逐步减弱。尽管如此，在20世纪60年代，美国流行病学家卡尔文·施瓦贝（Calvin Schwabe）受益于和苏丹牧民合作的经验，提出了“同一药物”（One Medicine）的概念，指出人类医学和兽医医学在科学范式上并没有区别。这两门学科在解剖学、生理学、病理学及疾病起源问题上拥有共同的知识体系。[②]据此，在一些发展中国家，特别是在偏远或农村地区，同时向人类与动物提供基本医疗保健服务，要比将两个议题分开应对更为合适和可行。

尽管如此，“一体健康”概念正式出现并成为全球卫生治理中被广泛讨论的新理念，还是与21世纪全球健康环境的剧烈变化密不可分。集约化的畜牧业和农业、动物的国际贸易、人类对野生动物栖息地的入侵，加之国际旅行网络与城市化的发展，破坏了传统的人—动物—环境界面，使得新的人畜共患病以指数级增长的速度出现。[③]2003年暴发的严重急性呼吸综合征病毒来自野生蝙蝠，又通过中间宿主果子狸传播给人类。随后暴发的H5N1禽流感也首先出现在野生禽鸟中，随后传播给人工饲养的家禽。埃博拉、中东呼吸综合征也都属于人畜共患疾病，对21世纪的全球卫生产生了严重威胁。此外，人畜共患病不仅损害人类健康，也威胁到畜牧业、家禽

---

① Kshitiz Shrestha, Krishna Prasad Acharya and Sujan Shrestha, “One Health: The Interface between Veterinary and Human Health”, *International Journal of One Health*, Vol. 4, No. 1, p. 8.

② Jakob Zinsstag, Andrea Meisser, Esther Schelling et al., “From ‘Two Medicines’ to ‘One Health’ and Beyond”, *Onderstepoort Journal of Veterinary Research*, Vol. 79, No. 2, p. 2.

③ The Lancet, “Zoonoses: Beyond the Human-animal-environment Interface”, *The Lancet*, Vol. 396, No. 10243, p. 1.

产业发展，带来巨大的经济损失。在全球范围内，由于人畜共患病致死的人数每年高达270万。根据世界银行的估计，从2000年到2010年，人畜共患病造成的直接经济损失达到200亿美元，间接损失则高达2000亿美元。[①]

在这样的背景下，一些通过将人类与动物健康作为整体来设计公共卫生措施的个案出现了。例如，有研究者指出，在蒙古国可以通过为牲畜接种疫苗的方式来预防人类感染布鲁氏菌。这种做法单纯从人类公共卫生的角度来看是相当低效率的，但是如果考虑社会总福利，包括畜牧业获得的福利及家庭由此得到的卫生与经济保障，这种干预措施就非常具有成本—收益效益。同样，在乍得开展的研究表明，如果将对狂犬病的干预重点放在为狗接种狂犬疫苗上，在6年后干预措施的成本就将低于单一关注对人类接触病毒后的治疗。[②]这些实践代表了一种新的健康框架，即从把动物当作人类健康的风险因素转向关注动物健康，应对人类与动物之间的"共同风险"。

建立在这些早期经验的基础上，2004年9月，野生动物保护协会与洛克菲勒大学共同主办了主题为"一个世界，一个健康：在全球化世界中建立跨学科的健康桥梁"的国际研讨会。这次会议明确认识到人类健康与动物健康之间的联系，以及传染性疾病对食品供应和经济构成的威胁，并提出包含12条具体建议的"曼哈顿原则"（Manhattan Principles），旨在建立更加全面的方法来预防人畜共患病的发生，维护生态系统健康与可持续发展。[③]就"曼哈顿原则"涉及的内容而言，已经远远超越了世界卫生组织传统的职权范围，涵盖了野生动物与家畜的健康监测、国际活体野生动物贸易、食品安全问题、生物多样性等诸多领域。就针对人类健康问题的治理理念而言，这一新观念要比《国际卫生条例》更加强调防患于未然和采取系统性的观点来看

---

① John Connolly, "Governing towards 'One Health': Establishing Knowledge Integration in Global Health Security Governance", *Global Policy*, Vol. 8, No. 4, p. 483.

② Jakob Zinsstag, Andrea Meisser, Esther Schelling et al., "From 'Two Medicines' to 'One Health' and Beyond", p. 2.

③ One Health Commission, "One World, One Health: Building Interdisciplinary Bridges to Health in a 'Globalized World', https://www.onehealthcommission.org/index.cfm/37526/93958/one_world_one_health_building_interdisciplinary_bridges_to_health_in_a_globalized_world.

待公共卫生风险，将动物群体内的疾病流行监测作为人类公共卫生的前哨，重点放在防止新发疾病跨越动物—人—环境之间的界面。

“一体健康”的概念提出后，很快得到了学术界与研究人员的呼应，并由此激发了人类健康与动物健康服务部门的联合科研活动。美国医学协会和美国兽医协会通过决议，共同成立了“一体健康倡议”（One Health Initiative）。2007年11月举行的美国热带医学会与2008年7月举行的美国兽医协会大会又重申了“一体健康”的理念。[①]根据“一体健康倡议”网站，支持该倡议的学术团体达到100余个，除了美国，还包括来自英国、加拿大、挪威、比利时、印度、尼日利亚等国家的学术团体。[②]在英国、德国等政府内部也成立了联合工作组，将公共卫生与兽医部门的代表联合起来开展研究与合作。在相关的政策辩论中，全球环境的复杂变动带来的流行病学态势的不确定性成为科学研究的焦点问题，也使得对野生动物，特别是蝙蝠、啮齿动物、灵长类动物中的疾病监测被给予特别的关注。[③]偏远地区的动物和人类血液样本被送往发达国家的高科技实验室予以检测，公共卫生机构基于分析结果进行风险评估并确定优先应对的顺序。在国际组织的层面上，2006年世界卫生组织、粮农组织与国际动物卫生组织启动了新的疾病监测体系——全球可传染人类动物疾病早期预警系统。过去，人类疾病与动物疾病的监测数据往往由各部门单独收集，这一新的监测方案则试图将数据整合起来，为决策提供更为全面的数据。

当然，这并不意味着“一体健康”的理念已经成为成熟的科学范式，能够为决策提供确实无疑的知识指南。事实上，虽然动物与人类健康的联系在生物学上是合理的，但在实践中观察到的情况却要复杂得多。研究发现，在家庭层面，动物和人类疾病之间的关联性并不高，而在更大的地理范围内，这种联系往往更为明显。有时，虽然能够在动物族群中监测到较

① Jakob Zinsstag, Esther Schelling, Bassirou Bonfoh et al., “Towards a ‘One Health’ Research and Application Tool Box”, *Veterinaria Italiana*, Vol. 45, No. 1, p. 122.

② One Heath Initiative, “Our Supporters”, https://onehealthinitiative.com/our-supporters/。

③ Kevin Bardosh, *One Health: Science, politics and zoonotic disease in Africa*, London: Routledge, 2016, p. 18.

高的疾病发病率，却找不到人类病例。要理解病原体在何时跨越（或不跨越）人与动物之间的界面，还需要理解更为广泛的生态因素与社会性考虑，例如气候变化、政治经济的转型与变迁、土地利用方式的变化等。[①]除此之外，还有研究者批评，仅仅从维护人类健康的视角出发，将“一体健康”理解为防范病原体从动物跨越至人类群体，并因此强调通过实验室方法与疾病监测实现“一体健康”目标的观点是狭隘和简单化的，应该关注更为广泛的生态系统的健康问题，并综合考虑公共卫生的历史、政治与生物伦理因素。

从政策层面来看，“一体健康”的意义也存在相当大的不确定性。有研究者发现，在许多以此为主题的国际会议上，与会者很难对这一概念给出明确的定义，即便他们来自倡导这一理念的国际组织，例如联合国粮农组织或者世界动物卫生组织。有些专家认为，“一体健康”的概念意味着需要关注动物与人交互的界面；另一些专家则认为这突出了食品安全的概念；还有一些专家认为，健康问题的定义应该更广泛，不仅包括疾病预防，还包括健康的生活方式。在很多时候，“一体健康”是一个开放性的概念，不同国家、不同专业背景的专家都可以由此推导出各自想要的政策要素。[②]

此外，“一体健康”对于公共卫生维护的系统观点将带来决策过程的进一步复杂化，因为无法事先清晰界定哪些群体是利益相关方、哪些部门应该被纳入决策过程及它们各自的责任边界在哪里。一些传统观点认为无可指摘的干预措施现在则需要进行多维度的综合评估。例如，以色列规定，为了预防布鲁氏菌从牛群传播到人类，需要对牛群开展疾病监测，如果牛群中布鲁氏菌的感染率达到20%，整个牛群就必须被扑杀。这在部分社群中引起了很大的不满，因为农户认为，牛群不仅仅具有经济价值，而且因为长期饲养已经成为农户的情感寄托，扑杀带来了“巨大的痛苦……

---

① Jakob Zinsstag, Esther Schelling, Bassirou Bonfoh et al., “Towards a ‘One Health’ Research and Application Tool Box”, *Veterinaria Italiana*, p. 128.

② Yu-Ju Chien, “How did International Agencies Perceive the Avian Influenza Problem? The Adoption and Manufacture of the ‘One World, One Health’ Framework”, in Robert Dingwall, Lily M. Hoffman and Karen Staniland eds., *Pandemic and Emerging Infectious Diseases: The Sociological Agenda*, Malden: John Wiley& Sons Ltd, 2013, pp. 52-53.

有一种大屠杀的感觉"[①]。可以说，"一体健康"不仅仅是公共卫生专家的思维革新，更对政策过程提出了新要求。现在，公共卫生议题的参与方更多了，对于干预措施的目标、方法和结果也需要新的评估标准。

尽管在科学与政策上都存在很大的不确定性，但是，"一体健康"概念的包容性依然使它成为全球卫生治理领域的新规范。"一体健康"不仅关注人类社会本身的健康，而且采取整体主义的视角，将人类社会与环境、动物看作一个整体开展治理。它的出现使得传统上在健康治理领域中处于边缘地位的兽医机构获得了新的发言权，而且与世界卫生组织的原有理念也不冲突。自提出以来，"一体健康"的理念已经日益成为学术研究机构、国家政府及相关国际组织中的"新时尚"。这意味着全球卫生治理的内涵被进一步扩大，特别是在防范与应对大流行的问题上。从国际制度的层面来看，传统上以世界卫生组织为中心的治理是远远不够的，建立国际制度复合体、通过平等的伙伴关系将相关机构与专业人员组织起来共同应对挑战可以说势在必行。

二、应对高致病性禽流感与国际机制复合体的初步形成

国际社会对H5N1禽流感威胁感知的上升让"一体健康"获得了国际层面的重视，并触发了建立国际制度复合体的尝试。2005年时，H5N1禽流感引发人类大流行的前景在亚洲、欧洲与美国都引发了政府与民众的焦虑。这是一种从禽鸟传播给人类的疾病。自1997年8月发现首例病例以来，截至2007年3月，世界卫生组织报道的经实验室确诊的感染者共277例，死亡167例，死亡率超过50%。据估计，到2008年，这一疾病已经造成200多亿美元的经济损失，如果病毒在人类社会中持续传播并形成大流行，将给全球经济造成约2万亿美元的损失。[②]

主要国家的关切使得高致病性禽流感问题获得了政治上的高度关注，

---

① Barak Hermesh, Anat Rosenthal and Nadav Davidovitch, "Rethinking 'One Health' through Brucellosis: Ethics, Boundaries and Politics", *Monash Bioeth Review*, Vol. 37, No. 1–2, p. 32.

② FAO, OIE, WHO, UNSIC, UNICEF and The World Bank, "Contributing to One World, One Health: A Strategic Framework for Reducing Risks of Infectious Diseases at the Animal–Human–Ecosystems Interface", October 2008, p. 4, https://www.preventionweb.net/files/8627_OWOH14Oct08.pdf.

也推动了“一体健康”观念的传播与相应的国际制度协调尝试。对禽流感传播路径的研究发现，病毒进入人类社会的路径主要包括通过家禽和候鸟传播，因此，要有效控制疫情，就有必要建立对候鸟疫情的监测，避免养殖家禽和候鸟的接触，并对家禽和野生鸟类的商业贸易开展监测。[1]这意味着要应对这一新出现的公共卫生威胁，必须采取多学科、多部门与跨国合作的方式。在禽流感暴发后，美国医学研究所和国家科学院举办了“石山对话”（Stone Mountain Dialogue），尝试将不同部门与不同的科学家团体聚集在一起。加拿大公共卫生部在温尼伯主办了一次重要会议，2010年在澳大利亚举办了全球首次“一体健康”大会。在其他地区，与“一体健康”有关的活动激增。这不仅巩固了“一体健康”的办法在应对人畜共患疾病中的地位，也使得联合国粮农组织与世界动物卫生组织这两个在动物健康领域负有职责的国际组织，加入了全球公共卫生政策的讨论与执行过程中。

在2005年9月召开的联合国大会上，时任美国总统小布什发言时提道：“如果任其发展，这种病毒可能成为21世纪的第一个大流行病。”[2]在当年发布的《应对大流行性流感的国家战略》中，美国政府提出，为了更好地应对包括H5N1禽流感在内的大流行威胁，有必要通过“世界卫生组织、联合国粮农组织、世界动物卫生组织等多边卫生组织及亚太经合组织等地区性组织”开展合作。[3]类似地，东盟国家的官员及联合国、世界银行的工作人员，也对这一议题提出了关切，甚至认为大流行就在眼前。

急迫的公共卫生形势与大国推动引发了联合国高层官员的关注。[4]2005年9月，联合国秘书长据称在时任世界卫生组织总干事李钟郁博士的游说下，创设了联合国系统禽流感与人类流感高级协调员（UN System Coordina-

---

① A. Marm Kilpatrick, Aleksei A. Chmura, David W. Gibbons et al., “Predicting the global spread of H5N1 avian influenza”, *PNAS*, Vol. 103, No. 51, p. 19368-19373.

② U.S. Department of State, “Address to the United Nations General Assembly by President George W. Bush”, September 14, 2005, https://2009-2017.state.gov/p/io/potusunga/207566.htm.

③ Homeland Security Council, “National Strategy for Pandemic Influenza”, November 2005, p. 4, https://www.cdc.gov/flu/pandemic-resources/pdf/pandemic-influenza-strategy-2005.pdf.

④ Ian Scoones, Paul Forster, *The International Response to Highly Pathogenic Avian Influenza: Science, Policy and Politics*, STEPS Working Paper 10, Brighton: STEPS Centre, 2008, p. 6.

tor for Avian and Human Influenza）一职，并任命来自世界卫生组织的资深公共卫生专家大卫·纳巴罗（David Nabarro）担任这一职务。[①]大卫显著提升了禽流感议题的政治重要性，并为其筹资作出了独特的贡献。一位联合国发展机构的官员评论说："大卫是筹集资金的一个重要因素。他的联合国演讲帮助提高了（'一体健康'）的知名度。"高级协调员还联合系统内部负责动物和人类健康的专门机构为国家提供技术指导，同时与世界银行、其他发展机构、非政府组织、产业界密切协调，共同回应各国的需求。[②]在2005年年底召开的一系列国际会议上，各国确定了通过国际协调应对H5N1禽流感的三个关键领域：大幅度地改善疾病监测体系，特别是通过控制家禽中的H5N1病毒传播来防止人类流感大流行；快速检测和护理人类病例，防止病原体在人与人之间的持续传播；以及确保基本服务的连续性，减轻这一跨国传染性疾病对全球社会与经济的潜在破坏性影响。

值得注意的是，高级协调员一职的设立并不意味着联合国整合了各个组织的职能，相反，这些国际组织之间依然保持着决策上的独立性。世界卫生组织、联合国粮农组织、世界动物卫生组织、联合国儿童基金会、世界银行等机构，构成了功能有交叠但彼此间独立的国际组织合作机制。当时也存在观点认为，这些机构之中存在职能上的重叠，应当予以合并，特别是联合国粮农组织中的动物生产与健康司应当被整合进世界动物卫生组织，以促进这一领域内的标准制订与政策协调。但是，这些国际组织依然强调彼此间职能上的差别，拒绝激进的改革方式。

随着高致病性禽流感引发高度国际关注，资金也随之而来，成为不同国际组织各自发展的资源基础。在2005年底，中国政府、欧盟委员会、世界银行共同发起的"禽流感防控国际筹资大会"筹得18亿美元的认捐。之后，全球范围内又在巴马科与新德里召开了两次部长级会议，进一步筹集

---

① Ian Scoones, Paul Forster, *The International Response to Highly Pathogenic Avian Influenza: Science, Policy and Politics*, STEPS Working Paper 10, Brighton: STEPS Centre, 2008, p. 52.

② The UN, "The Secretary-General appoints Dr. David Nabarro as Senior UN System Coordinator for Avian and Human Influenza", https://www.un.org/sg/en/content/sg/statement/2005-09-29/secretary-general-appoints-dr-david-nabarro-senior-un-system.

到9亿美元的认捐。充裕的资金也使得这些机构不愿意通过机构合并而失去这一部分“业务”，因为“只要高喊禽流感，人们就会给它资金”①。在这样的背景下，联合国粮农组织中的跨界动物疾病应急中心（Emergency Centre for Transboundary Animal Diseases，ECTAD）的人员数量在短短几年内从不到10人充实到200人左右。②

因此，在初步成型的国际制度复合体内部，国际组织之间的职能分工相对明确。世界卫生组织主要依据2005年修订的《国际卫生条例》负责疫情信息的通报及对疫苗、治疗药物的国际研发与批准进行监管。联合国粮农组织与世界动物卫生组织则主要负责禽鸟中疫情的监测和应对措施的制订，包括确定野生鸟类的迁徙模式、评估野生鸟类与家禽接触传播病毒的风险、在家禽中进行血清与病毒检测及实施相应的免疫、隔离或扑杀措施等。③这两个组织中的技术专家组成了全球动物流感专家网络，其使命包括在网络内交换科学数据和生物材料（包括病毒株），并与更广泛的科学界共享此类信息；向会员提供技术建议和兽医专业知识，以协助预防、诊断、检测和控制禽流感；与世界卫生组织合作，为制备人类疫苗做贡献；以及促进针对禽流感问题的科学研究。④世界卫生组织与联合国粮农组织还分别为有可能到来的全球大流行成立了应急应对中心，这些中心将有助于在紧急情况下及时了解世界各地的疫情状况，并与专家联系。联合国儿童基金会在日本政府的支持下，主要负责与公共卫生相关的“知识、态度和实践”的调查，并负责通过教育机构来传播信息。世界银行则设立了一个特别信托基金来管理赠款和贷款，世界银行开展跨部门项目的经验及其透明与强调问责制的供资机制，使得它成为这一国际制度复合体中不可或缺的组成

① Ian Scoones, Paul Forster, *The International Response to Highly Pathogenic Avian Influenza: Science, Policy and Politics*, STEPS Working Paper 10, Brighton: STEPS Centre, 2008, p. 51.

② Ian Scoones, Paul Forster, *The International Response to Highly Pathogenic Avian Influenza: Science, Policy and Politics*, STEPS Working Paper 10, Brighton: STEPS Centre, 2008, p. 46.

③ FAO, “Preparing for Highly Pathogenic Avian Influenza”, 2009, https://www.fao.org/3/i0808e/i0808e.pdf.

④ World Organization for Animal Health, “Avian Influenza”, https://www.woah.org/en/disease/avian-influenza/#ui-id-4.

部分。

基于“一体健康”的理念，特别是得益于国际社会的紧急投入，全球应对措施在短期内得到了迅速加强。尤其是长期供资不足的动物健康领域因此改善了监测系统，建设了诊断实验室并补充了人力资源，从而提高了应对高致病性禽流感以及其他传染性疾病的能力，并增强了许多国家高危社区的公众认知。[①]反过来，国际实践也进一步巩固了“一体健康”的理念。2008年，世界卫生组织、联合国粮农组织、世界动物卫生组织、联合国儿童基金会、世界银行、联合国系统禽流感与人类流感高级协调员共同发布了战略框架文件，正式将“一体健康”作为应对新发传染性疾病和大流行病的出发点，并在国家、区域和国际层面上进行相应的政策规划以实施这一战略。甚至出现了一种说法，“一体健康现在变得比（禽流感）疾病更加具有传染性”。[②]

三、应对高致病性禽流感的国际制度复合体模式与成效

“一体健康”的理念指出了采取系统性观点和多部门方法应对大流行的必要性，相对充裕的资源则为国际组织之间的合作创造了较好的条件。从国际社会应对H5N1禽流感的经验来看，在这一阶段，“一体健康”理念在政策上主要体现在强化对病原体的监测及发现疫情后“人类健康”部门与“动物健康”部门的协同应对上。然而，不同国际组织在治理方式上依然存在重要的理念分歧。特别是负责“人类健康”与“动物健康”的机构所拥有的专业知识和价值取向在开展治理的基本价值与理念基础上存在差异，在许多政策问题上针锋相对。国际制度复合体的形态更加偏向于路径竞争的模式。

不同国际组织治理理念中的第一对矛盾表现在是否应该以“人的健康”

---

① FAO, OIE, WHO, UNSIC, UNICEF and The World Bank, “Contributing to One World, One Health: A Strategic Framework for Reducing Risks of Infectious Diseases at the Animal-Human-Ecosystems Interface”, p. 10.

② Yu-Ju Chien, “How did International Agencies Perceive the Avian Influenza Problem? The Adoption and Manufacture of the ‘One World, One Health’ Framework”, in Robert Dingwall, Lily M. Hoffman and Karen Staniland eds., Pandemic and Emerging Infectious Diseases: The Sociological Agenda, Malden: John Wiley& Sons Ltd, 2013, p. 47.

为中心设计干预措施。虽然“一体健康”的概念正确指出了人类健康对环境，特别是包括家禽在内的动物健康的依赖，但“人的健康”与“动物的健康”在价值上依然是不同的，前者显然高于后者。“人的健康”，特别是健康权利的理念，在世界卫生组织《组织法》及一系列国际人权文书中得到反复重申与充分体现，国家通过公共卫生与医疗体系对健康权利的实现给予保障。但是“动物健康”远远没有上升到健康权的高度，世界动物卫生组织、联合国粮农组织对动物中疾病流行的关注在很大程度上并不是为了动物健康这一目标本身，而是着眼于附加的粮食生产及其经济价值。而且，不得不承认的一点是，如果传染性疾病没有感染人类，仅仅因为动物中暴发了某种疾病，根本不会引发国际社会的高度关注与巨额的资源投入。

这种价值差异导致的结果之一是，在提供政策建议时，立足公共卫生价值的措施往往更有分量，世界卫生组织在制订全球战略时处于主导地位。这也使得世界卫生组织主张的通过生物技术手段切断病原体传播来应对潜在大流行的观点成为政策主流。为了防止病毒从禽类传播给人类，当禽类中检出病毒后，扑杀活禽——无论是染病的还是健康的、关闭活禽交易市场几乎成为各国采取的标准措施。但是这种做法在其他国际组织中引发了不同看法。联合国粮农组织和世界动物卫生组织认为，扑杀伤害了养殖户的利益，甚至让养殖与交易活动转入地下，进一步加大了监测与应对难度。它们认为，必须在应对策略中纳入社会经济，特别是减贫的考量。从2005年开始，联合国粮农组织和世界动物卫生组织开始建议对农民进行补偿，并采取保护和加强发展中国家小农生计的策略。[①]联合国粮农组织作为发展组织对于多学科方法的长期关注，特别是深入社区和家庭指导最佳实践的经验，可能是它与世界卫生组织理念差异的重要来源。[②]

第二对矛盾表现在治理理念是以人类的经济生产活动为中心，还是以

---

① Yu-Ju Chien, “How did International Agencies Perceive the Avian Influenza Problem? The Adoption and Manufacture of the ‘One World, One Health’ Framework”, in Robert Dingwall, Lily M. Hoffman and Karen Staniland eds., *Pandemic and Emerging Infectious Diseases: The Sociological Agenda*, Malden: John Wiley& Sons Ltd, 2013, p. 50.

② WHO, “One Health in FAO: Interview with Dr Juan Lubroth”, https://terrance.who.int/mediacentre/data/ebola/RRT/OH/20FAO_EN. pdf.

自然生态的整体改善为中心。这涉及对一个科学问题的不同回答：禽流感病毒究竟是由野生鸟类传播给家禽的，还是由大规模饲养的家禽传播给野生鸟类的？在禽流感暴发早期，在世界卫生组织的声明与战略文件中，野生鸟类被认为是疫情传播的媒介，它们通过与家禽的接触将病毒从远方引入，并造成环境污染进而危及人类健康。在应对H5N1禽流感的公共卫生运动中，“野鸟和后院家禽是问题所在”[①]。其隐含的意义是，集约化的家禽产业是应当保护的对象。因而，世界卫生组织建议将家禽养殖转移到室内，以便减少与野生鸟类的接触。

但是，联合国环境署则认为，传染性疾病的出现和传播主要是因为生态系统的退化。事实上，现代化、集约化的养殖方式，包括家禽饲养的拥挤环境、农场废弃物向候鸟聚集的湿地排放、农户对抗病毒药物的不规范使用等，才是导致疫情扩大的真正元凶。野生鸟类很可能受累于家禽养殖业而染病。这种观点认为，真正能够发挥作用的战略应当以保护生态系统健康和野生鸟类为目的。联合国粮农组织很快赞同了这一论点，并以此作为争取资源投入的依据。2006年，该组织的一份新闻稿提出：“自从2004年初开始，联合国粮农组织就呼吁开展（与野生鸟类）相关的研究，但是分拨的资源不足以开展恰当的研究……作为投入大量资源、从多角度开展生物多样性保护的机构，联合国粮农组织不认为野生动物是病毒传播的全部来源。”[②]在禽流感病毒传播的路径上，存在着关于因果关系、解决办法的不同说法，它们也对应着不同的技术性反应。公共卫生领域所固有的不确定性为不同理念的产生与并存提供了空间。

第三对矛盾，从科学知识与技术手段的层面来看，相较于“人的健康”，“动物健康”的检测以及疾病控制体系在各国都远为落后，相关知识与公共卫生人员也相对缺乏。因而，虽然形式上国际制度之间形成了协调

① Joanna Blythman, “So Who’s Really to Blame for Bird Flu?”, *The Guardian*, https://www.theguardian.com/society/2006/jun/07/health.lifeandhealth1.

② Yu-Ju Chien, “How did International Agencies Perceive the Avian Influenza Problem? The Adoption and Manufacture of the ‘One World, One Health’ Framework”, in Robert Dingwall, Lily M. Hoffman and Karen Staniland eds., *Pandemic and Emerging Infectious Diseases: The Sociological Agenda*, Malden: John Wiley& Sons Ltd, 2013, pp. 50-51.

机制，但事实上彼此的地位并不平等，不同组织的专业人员之间往往也难以对话。“在兽医咨询系统中，核心顾问几乎都是实验室人员，而不是流行病学家。他们是政府和机构的首席技术顾问，重点是病原体的诊断和检测。……专家知道病毒中氨基酸的确切变化，但除此之外什么也不知道。”①尽管信息交换与通信技术改善是“一体健康”理念下国际组织重点关注的领域，但是世界卫生组织内的公共卫生专家在进行风险评估时，有时依然缺乏动物卫生领域同行提供的可靠支持，需要基于专家的个人经验。“我们的经验才是最重要的。我们阅读对轶事趣闻的报道，猜测患者隐藏的信息——人们去看医生，但是没有说他们饲养了家禽。人们躲躲藏藏的地方风险就更大。但是很难将它（风险）量化。”这也带来了决策上的不确定性。“我们很想在当地这样做（降低风险），但是根本没有数据的支持。”②除了政策制订过程中存在不确定性，要评估政策的有效性也变得更为困难。联合国粮农组织首席兽医官胡安·卢布罗斯（Juan Lubroth）就提出了这样的疑问：“（禽流感）就像千年虫一样，什么也没有发生吗？……也许是因为它没有我们担心的那么糟糕，或许是因为人们采取了正确的措施。”③

“动物健康”议题缺乏成熟的治理理念与科学基础的现实，还导致了通过“一体健康”维护全球卫生安全在概念与现实之间的脱节。如前所述，从概念角度来看，“一体健康”强调的是大流行防御战线的前移，通过监测环境与动物的健康状况，防止人类社会中的大流行。但印度尼西亚应对疫情的实际情况却是，人类病例可以较快地通过医院与实验室得到确认，家禽中的疫情则往往是在对人类病例的流行病学进行调查时“顺藤摸瓜”地找到的。④而且，印度尼西亚之所以能够较快地发现家禽与野生鸟类中的疫

---

① Ian Scoones, Paul Forster, *The International Response to Highly Pathogenic Avian Influenza: Science, Policy and Politics*, STEPS Working Paper 10, Brighton: STEPS Centre, 2008, p. 57.

② Ian Scoones, Paul Forster, *The International Response to Highly Pathogenic Avian Influenza: Science, Policy and Politics*, STEPS Working Paper 10, Brighton: STEPS Centre, 2008, p. 47.

③ Martin Williams, “FAO-Wild Birds not Spreading H5N1”, https://www.drmartinwilliams.com/forums/topic/fao-wild-birds-not-spreading-h5n1-africa-europe/.

④ V. Setiawaty, N. L. P. I. Dharmayanti, Misriyah et. al., “Avian Influenza A(H5N1) Virus Outbreak Investigation: Application of the FAO-OIE-WHO Four-way Linking Framework in Indonesia”, *Zoonoses and Public Health*, Vol. 62, No.5, pp. 381-387.

情，还是因为美国在此投资了监测系统。在世界其他地区，这样的动物疾病监测基础设施是完全缺失的。在很多国家内部，不同地区之间在动物疾病的监测体系方面也有很大的差别。因此，在实地能力薄弱的情况下，要通过动物疾病的检测来了解疾病暴发的模式是相当困难的。

此外，“一体健康”观念虽然扩大了全球卫生治理的视阈，将动物健康与环境健康纳入其中，但依然寄希望于技术性解决方案，特别是对病原体的监测。这一情况的出现与H5N1禽流感有可能构成全球大流行的危机感存在关联，而且技术性解决方案上取得的进展也更容易被量化。但这种片面性也会为公共卫生系统带来执行上的压力。例如，“一体健康”观念的提出大大增加了一线公共卫生人员，特别是发展中国家公共卫生人员的监测工作，而国际机构与国家当局对于监测的重点与核心任务常常存在相异的观念。基层行政能力与资源的局限性进一步加剧了政治上的紧张关系，使得一线的专业人员普遍抵制新的监测任务。一些研究者指出，美国与国际多边开发银行之所以在21世纪大量投资于全球疾病监测，或是发达国家出于担忧重大传染性疾病流入、破坏自身卫生安全的考虑，或是出于防范世界市场受到卫生危机干扰的动机。而世界卫生组织由于各种因素与这些新兴机构建立了伙伴关系，间接影响到自身的公正性与中立性。虽然国际组织的干预措施在形式上是技术性的，但大量的监测努力在“本质上是为了造福富裕国家”，与发展中国家本身的公共卫生议程并不吻合，从而使得地方一级对国际公共政策低水平的承诺与落实变得“可以理解”。[①]

从以上分析可以看出，虽然从H5N1禽流感最终没有发展成全球大流行这一点来看，国际机制复合体的治理成效是要得到肯定的，但这一点可能更多地应当归因于这一病毒未能进化出人际快速传播的能力。如果细致探讨国际机制复合体内部的规范融合与国际组织合作的情况，这一时期的国际机制复合体还达不到“一体健康”理念本身所需要的协调程度，相反在内部充斥着规范斗争和国际组织之间的角力。

---

① Philippe Calain, “Exploring the International Arena of Global Public Health Surveillance”, *Health Policy and Planning*, Vol. 22, No. 1, pp. 7–8.

但是，值得注意的是，国际组织之间的政策冲突并没有导致治理理念的变革或者国际机制复合体瓦解。这是因为，在这一时期，国际组织事实上成为"一体健康"观念的受益者。"一体健康"概念的新颖性，以及许多发展中国家缺乏对动物疾病监测和应对的能力，使得国际社会更多地依赖国际组织开展活动，国际组织的权威性和获取资源的能力都得到了提高。2005年底在北京召开的筹资会议中明确提出，筹集到的资金在使用上应当向国家政府倾斜，但根据联合国粮农组织2008年提供的报告，事实上41%的国际资金用于国家计划，而25%的资源（大约5.1亿美元）投入国际组织。[①]这一事实也使得世界卫生组织、世界动物卫生组织、联合国粮农组织等国际机构继续在防范与应对大流行的问题上大力倡导"一体健康"的理念。这三个国际组织每年轮流举行三方会议，并且建立了联络官机制。2004年，世界动物卫生组织和联合国粮农组织共同发布了《控制跨界动物疾病的全球框架》，为处理新发传染性疾病提供了远景框架；它们还共同建立了区域动物卫生中心，为成员国提供技术支持并评估国家和区域项目。[②]不过，正如前文所述，在这一阶段，人类健康与动物健康之间的藩篱尚未被完全打破，特别是世界动物卫生组织在2008年以前一直在评估"一体健康"路径的现实性与恰当性。[③]

第三节 "一体健康"观念的巩固与国际机制复合体的发展

除了H5N1禽流感病毒，21世纪国际社会还经历了数次重大的跨国传染性疾病。被世界卫生组织根据修订后的《国际卫生条例》宣布为"国际关注的紧急公共卫生事件"的疫情，大部分都属于人畜共患病。在这几次

---

① Keusch GT, Pappaioanou M and Gonzalez MC, et al. eds., *Sustaining Global Surveillance and Response to Emerging Zoonotic Diseases,* Washington DC.: National Academies Press, 2009, p. 194.

② FAO, OIE and WHO, "The FAO-OIE-WHO Collaboration: Sharing Responsibilities and Co-ordinating Global Activities to Address Health Risks at the Animal-human-ecosystems Interfaces", https://rr-asia.woah.org/wp-content/uploads/2020/06/final_concept_note_hanoi.pdf.

③ Jakob Zinsstag, Esther Schelling, David Waltner-Toews et.al., *One Health: The Theory and Practice of Integrated Health Approaches*, Oxfordshire: CABI, p. 294.

全球性的公共卫生危机中，基于“一体健康”的政策叙述始终存在且影响着国际社会对问题的认知与应对，特别是在2020年以后，联合国系统内的政策协调与机构合作进一步加强了。

一、“一体健康”规范的巩固与发展

21世纪频繁暴发的全球性公共卫生危机成为“一体健康”观念不断推进的动力。一方面，疫情反复验证着“一体健康”观念成立的前提，即人类健康的威胁常常来自动物与环境，有效的全球卫生治理必须超越人类健康的单一领域，开展多学科、多部门的应对。另一方面，“一体健康”的内涵与重点也在发生微妙的变化。这一部分将通过回顾甲型H1N1流感全球大流行、中东呼吸综合征与埃博拉流行这几次具有代表性的全球公共卫生危机中对“一体健康”问题的讨论，来剖析这一规范的发展趋势。

H5N1禽流感的威胁尚未消退，甲型H1N1流感的威胁又出现了。2009年4月17日，美国加利福尼亚出现了第一例经实验室确诊的甲型H1N1流感病例。这次疫情由一种新出现的甲型流感毒株S-OIV引发，主要影响25~49岁之间的人群，并且无法为已有的季节性流感疫苗覆盖。美国在全国范围内仅有20名感染者的情况下就宣布进入“国家卫生紧急状态”。4月29日，世界卫生组织提高了大流行警报级别，并呼吁成员国启动应急计划。6月11日，又进一步将警报级别提升至最高级。甲型H1N1流感也是《国际卫生条例》修订后世界卫生组织宣布的首个“国际关注的紧急公共卫生事件”。

与此同时，甲型H1N1流感再度触发了“一体健康”的政策框架。与H5N1禽流感一样，甲型H1N1流感病毒可能也来自动物，基因测序表明这一病毒混合了猪、禽类与人类流感病毒的基因。因为早期病例发生在拥有大型养猪场的地区，甲型H1N1流感最初也被称为“猪流感”，结果引发了部分国家发起的针对猪肉等产品的国际贸易限制措施或不必要的扑杀活动。为了更好地应对这一全球大流行病，2009年11月，世界动物卫生组织建议成员国通报2009年国内猪群感染甲型H1N1流感病毒的情况，联合国粮农组织也发布了在动物群体内开展流感病毒监测的指南。之后，美国、加拿大、德国、印度尼西亚、意大利、挪威、泰国等均向国际组织报告了猪感染甲型H1N1流感的病例。但不可否认的是，即便在美国这样的发达国家，与人类流感相比，对于动物群体中病毒检测范围也是相当有限的。据此，有研究者提出了对现有政策框架的补充性建议，包括进一步加强在动物种群中的早期检测和疾病控制，加强对与动物密切接触的职业群体的健康检测，如养殖场工人、屠宰场工人、兽医与技术人员，规范对人畜共患病的命名方式以避免对相关经济部门产生打击，加强对动物健康部门的资源投入。①

类似的，在中东呼吸综合征暴发后，搜寻动物中间宿主的科学工作也立刻开展了。科学家针对蝙蝠、山羊、牛、绵羊、水牛、猪、鸡等多种动物开展了病毒抗体检测，但没有确凿的发现。2014年时，越来越多的血清学和分子证据表明，单峰骆驼是中东呼吸综合征病毒的中间宿主，甚至在2012年以前，病毒就已经在非洲和阿拉伯半岛的单峰骆驼中传播。但是，病毒究竟如何从骆驼传播到人类，这一问题并未得到充分解答。有的研究指出，沙特阿拉伯等国家骆驼养殖业的集约化发展趋势有可能加大了病毒跨越物种从骆驼传播到人类的风险，也有研究认为不能忽视阿拉伯文化中偶尔使用骆驼尿作为药物的做法。②

虽然骆驼在中东呼吸综合征传播中扮演的角色尚未被完全弄清，这一发现依然促使中东国家立刻启动了“一体健康”的政策框架来应对挑战。2015年4月，卡塔尔与联合国粮农组织、世界动物卫生组织、世界卫生组织合作举办了一次区域研讨会，讨论“一体健康”方法在应对中东呼吸综合征中的应用。海合会成员国、埃及和约旦以及美国疾控中心的代表也参与了这次会议。之后，部分地区国家根据联合国粮农组织和世界卫生组织制订的标准化程序，成立了包括公共卫生、兽医服务、市政当局和研究机

① Marguerite Pappaioanou, Marie Gramer, “Lessons from Pandemic H1N1 2009 to Improve Prevention, Detection, and Response to Influenza Pandemics from a One Health Perspective”, *LIAR Journal*, Vol. 51, No. 3, pp. 275–277; Dominic E. Dwyer, Peter D. Kirkland, “Influenza: One Health in action”, *NSW Public Health Bulletin*, Vol. 22, No. 5–6, pp. 123–126.

② European Centre for Disease Prevention and Control, “Factsheet about Middle East respiratory syndrome coronavirus(MERS–Cov)”, https://www.ecdc.europa.eu/en/middle-east-respiratory-syndrome-coronavirus/factsheet.

构在内的联合委员会，针对这一疾病进行早期准备与应对计划。[①]由此可见，经过近十年的发展，“一体健康”的方法在应对人畜共患病中已经成为一种规范化的做法与流程，加强对动物疾病的检测与预防被认为是维护人类社会公共卫生安全的必要条件。

同样，当2013—2015年埃博拉疫情在西非暴发时，病毒从动物到人类的传播链条被再一次强调。这次疫情的规模前所未有，是人类历史上有记录的最为严重的埃博拉疫情暴发。对疫情起源的推测再次追溯到野生动物，在几内亚农村，一位两岁的幼儿可能接触到果蝠而感染疾病，随后又感染了自己的母亲、祖母与兄弟。但是，到目前为止，果蝠感染埃博拉病毒仅仅能够通过血清学和病毒核糖核酸（RNA）检测得到证实，尚未成功从果蝠身上分离出活病毒。果蝠是埃博拉病毒的“真正”宿主，抑或与灵长类动物一样仅仅是偶然地感染病毒，这一点在科学上并无定论。[②]但可以肯定的是，通过对病毒的基因测序，科学家们确认这一次在西非三国暴发的埃博拉疫情由一次来自病毒自然宿主的跨物种传播所引发，之后则出现了持续的人际传播。

与前几次引发国际社会关注的人畜共患病相比，埃博拉疫情的特殊之处在于未发现明确的动物宿主。事实上，如果埃博拉病毒确实是由果蝠传播给人类的，那么根据埃博拉疫情暴发次数很少这一事实来推测，人类与果蝠的接触应该是非常少见的，但事实上在非洲赤道地区，两者的接触非常密切，很多地区甚至捕猎果蝠作为食物。病毒如何被激活，又如何传播给人类，这一机制尚未在科学上有明确的解答。[③]在这样的背景下，“一体健康”的概念被进一步扩大以适应对威胁来源的解释。具体说来，在原有

---

① Elmoubasher Abu Baker Farag, Mohamed Nour, Mhmed El Idrissi et al., “Survey on Implementation of One Health Approach for MERS-CoV Preparedness and Control in Gulf Cooperation Council and Middle East Countries”, *Emerging Infectious Diseases*, Vol. 25, No. 3, pp. e2-e3.

② Clement Adebajo Meseko, Adeniyi Olugbenga Egbetade, Shamsudeen Fagbo, “Ebola virus disease control in West Africa: an ecological, one health approach”, *PanAfrican Medical Journal*, Vol. 26, No. 6, https://doi:10.11604/pamj.2015.21.6.6587.

③ 高海女、李兰娟：《埃博拉病毒研究的现状和思考》，《中华临床感染病杂志》2014年第6期。

的动物健康的层面外，又出现了“生态系统”与“环境”的要素。埃博拉疫情之所以暴发，被认为与非洲森林的生态演变密切关联：这一病毒潜伏在非洲森林中，通常在未知的宿主中处于休眠状态。当人类通过砍伐林木、种植庄稼、捕猎野生动物等方式与这一系统产生互动时，偶发的意外事件，既包括直接接触受感染的动物或血液、分泌物、排泄物，也包括间接接触受污染的环境，推动了病毒“外溢”，并且进一步通过城市化与国际交通网络在人类社会中引发了流行。在对埃博拉疫情的讨论中，西非三国森林遭到破坏的情况与疾病暴发之间的关联被特别强调：自21世纪以来，几内亚的雨林覆盖减少了80%，利比里亚出售了一半以上森林的伐木权，而塞拉利昂的森林很快就会消失殆尽。①这甚至被认为是关于这次疫情暴发“真正值得被提出的问题”。

在世界卫生组织过往发布的关于“一体健康”的文件中，从未提及环境如何影响人类健康。②但是，这一点很快发生了改变。世界卫生组织在解释埃博拉暴发的原因时，除了关注公共卫生因素，也特别强调人类活动导致的气候变化影响。因为，当气温变化或气候危机发生时，感染了埃博拉病毒的蝙蝠和其他动物宿主会被驱赶到新的地区，从而可能导致与人类更为密切的接触。③

这一认识上的发展也带来了新的行为体加入及“一体健康”视角下应对措施的扩大化。环保组织，特别是野生动物保护组织积极加入讨论。而在国际组织中，联合国环境规划署也获得了新的发言权。事实上，联合国环境规划署长期关注埃博拉问题，但重点不在于维护公共卫生安全，而在于保护野生猩猩族群。它强调通过多种方式保护生物多样性，特别是要保

① JA Ginsburg, “How saving West African Forests might have prevented the Ebola Epidemic”, https://www.theguardian.com/vital-signs/2014/oct/03/ebola-epidemic-bats-deforestation-west-africa-guinea-sierra-leone-liberia.

② A. Kamenshchikova, P. F. G. Wolffs, C. J. P. A. Hoebe and K. Horstman, “Anthropocentric Framing of One Health: An Analysis of International Antimicrobial Resistance Policy Documents”, *Critical Public Health*, Vol. 31, No. 3, p. 310.

③ WHO, “Donors Making a Difference: Climate Change and Its Impact on Health”, https://www.who.int/news-room/feature-stories/detail/donors-making-a-difference--climate-change-and-its-impact-on-health.

护野生动物栖息地的观点与关于“一体健康”的讨论产生了回响。联合国环境署指出，与野生猩猩接触同埃博拉疫情暴发之间存在紧密的联系，非洲地区最容易暴发埃博拉疫情的地区，恰恰栖息着全球80%的野生猩猩族群。但是，要应对这一问题，不能依靠为野生猩猩接种疫苗这一看似直接的应对措施，因为“问题在于猩猩难以捉摸的本性以及它们所处的恶劣栖息地”，而且，为了给动物接种疫苗，常常需要采取喂食外来食物的做法，这在联合国环境署看来也是“不健康”的。①

另外，这次疫情还暴露出国际援助机构与当地社区之间存在沟通不畅的问题。在疫情暴发后，国际组织与政府发布的疫情控制的重要措施之一就是禁止民众食用所谓“丛林肉”。但是，“丛林肉”在部分地区一直是民众重要的蛋白质来源，民众与野生动物的接触也并不罕见。这一政策不能为民众接受，而被看作为了转移对国家脆弱的公共卫生体系与应对能力低下的注意力。一些研究者指出，“一体健康”的理念应当是“基于社区”的，相关的教育、培训与专业发展必须建立在当地条件与需求的基础之上。不同层级的治理者应当更好地相互理解，通过谈判达成有效的妥协方案，以便限制疾病的传播。②类似地，在2018年刚果民主共和国东部暴发埃博拉疫情后，当地不稳定的安全环境和社区对外来卫生干预的抗拒被认为是造成疾病蔓延的重要原因，而“一体健康”的方法则能够涵盖包括文化习俗、环境条件、病媒控制等多个方面的要素，有助于控制疫情并防止其卷土重来。③

综上所述，为了适应不断变化的全球卫生环境，在预防与应对重大跨国传染性疾病的问题上，“一体健康”的方法已经逐步取代了仅从人类健康

---

① UNEP, “Ebola & Great Apes”, https://wedocs.unep.org/bitstream/handle/20.500.11822/14871/GRASPEbola&GreatApes.pdf?sequence=1&amp%3BisAllowed=.

② Petra Dickmann, Andrew Kitua, Franklin Apfei and Nigel Lightfoot, “Kampala Manifesto: Building Community-based One Health Approaches to Disease Surveillance and Response-The Ebola Legacy-Lessons from a Peer-led Capacity-building Initiative”, *Neglected Tropical Diseases*, Vol. 12, No. 4, https://doi.org/10.1371/journal.pntd.0006292.

③ Franck Katembo Sikakulya, Olivier Mulisya, Dalton Kambale Munyambalu and Gabriel Kambale Bunduki, “Ebola in the Eastern Democratic Republic of Congo: One Health approach to Infectious Disease Control”, *One Health*, Vol. 9, https://doi.org/10.1016/j.onehlt.2019.100117.

出发的单一视角，成为新的国际规范。在新发传染性疾病出现后，寻找病毒的动物宿主，并采取多部门的应对措施已经逐步成为一种标准化的做法。另一方面，与“一体健康”观念刚提出时相比，其内涵也在不断扩大。早期的侧重点在于强调动物健康与人类健康之间的密切关联，并探求如何通过技术性手段切断病毒传播链，进而维护人类社会的安康。随着时间推移，包括动物健康在内的“环境健康”重要性凸显，并且在技术性手段之外更加强调社会经济因素与人类行为对于疾病控制的重要性。

二、国际机制复合体的演进：走向更为一致的战略

全球疾病流行的态势推进了“一体健康”观念的发展，特别是更加注重人类健康与动物健康、环境健康之间的平衡。与之相适应的是，在这一时期，国际机制之间的协调与协同也在进一步加强，合作范围从最初的大流行流感与禽流感问题扩大到新发的人畜共患病问题，国际组织之间的共同战略制订与制度化合作明显加强。2008年，联合国粮农组织、世界卫生组织和世界动物卫生组织在意大利维罗纳举行了第一次技术合作会议。之后，合作从技术性议题扩大到治理结构与共同决策方面。同年，在世界卫生组织东南亚地区与西太平洋地区的亚太新发疾病战略框架下，三方组织制订了第一份应对人畜共患疾病的指导文件《人畜共患疾病：国家一级动物和人类卫生部门建立合作指南》。

2010年4月，在河内举行的第七届动物和大流行流感国际部长级会议上，三个国际组织发布了以“分担责任与协调全球活动”为核心思想的“三方概念文件”（A Tripartite Concept Note），通过在规范制订、与公众沟通、病原体监测、风险评估与管理、技术能力建设上开展互补性的协同工作，克服此前国际机制复合体中人类健康与动物健康领域存在的战略不一致与能力差距问题，从而更加有效地应对全球健康风险。

第一，“三方概念文件”进一步认识到建立共同应对战略的必要性。文件意识到，在防范人畜共患病方面，虽然一些国家和区域正在尝试采取更加整合的应对策略，但合作工作比较有限，国际组织之间在应对复杂的多部门、多机构协调上也仍有进一步加强的空间。“三方概念文件”中提出，要解决人—动物—生态系统界面上的健康风险，就需要在“对某些问题存

在不同观点和资源水平存在差异的行为者”之间建立强有力的伙伴关系。伙伴关系应当避免国家层面上的重复活动并且更好地为国家提供建议与指导，包括“共同制订管理新发人畜共患病的规程和标准”及设计实地方案，“确保行动的一致性”。[①]

第二，“三方概念文件”还提出弥合人类和动物卫生实验室活动方面差距的倡议。具体而言，三个国际组织将通过基础设施升级、培训以及区域和国际参考实验室之间的合作来保证共同战略的执行。文件特别强调，要“与所有相关部门和机构一道”，加强对动物疾病暴发模型的开发和研究，建立动物和卫生部门专家的全球网络，综合流行病学、社会科学、传播学等学科的方法与数据共享机制，并将针对重点疾病的联合风险评估能力建设纳入地区行动方案。由于人类健康与动物健康部门之间的能力差距是阻碍国际应对一体化的重要原因，这一措施也是国际组织为了进一步强化合作而主动变革的重要步骤。

第三，为了更好地协调全球、区域与国家层面上的多部门工作，并且为基于“一体健康”的治理思路争取政治支持，三个国际组织还在“三方概念文件”中设想召开由农业和卫生部长参加的联合会议，提供一个共同的平台来讨论与动物和人类健康有关的问题。[②]这一步骤是意义重大的。此前，关于“一体健康”的讨论主要集中在专家群体中。而国际组织的使命从根本上说来自成员国的委托，在成员国内部寻求对口部门对于“一体健康”议程的支持，能够为国际组织之间的合作提供长远的制度性保证。因此，与此前依靠联合国系统内为应对特定疾病而设立的协调员来开展协作相比，设想中的机制要更具制度化与稳定性，能够为国际机制复合体的长远发展提供政治动力。

可以说，“三方概念文件”是国际层面上不同组织之间的第一次共同决策，也是对应对大流行的新理念的再度承诺。这一文件发布后，国际组织

① FAO, OIE and WHO, “The FAO-OIE-WHO Collaboration: Sharing responsibilities and Co-ordinating Global Activities to Address Health Risks at the Animal-human-ecosystems Interfaces”.

② FAO, OIE and WHO, “The FAO-OIE-WHO Collaboration: Sharing responsibilities and Co-ordinating Global Activities to Address Health Risks at the Animal-human-ecosystems Interfaces”.

开始通过专家会议的形式落实共同战略，并寻求在具体的政策制订中转变理念。2010年，三个国际组织召开了第二次技术合作会议。根据在“最重要的问题”上具有专业知识的标准，国际组织“有选择性地”邀请专家与会，要求他们确定可以被应用于更广范围疾病应对的新原则与新观点，作为修改政策和战略的基础。会议就数据与数据共享、疾病监测、生态系统中需要关注的动力机制、疾病诊断、人类行为改变与沟通战略、能力建设、教育与研究等方面的重要问题达成了共识。专家特别强调，新的范式应当保证合作的结果是“互利”的，而不是为了满足某一个特定的利益相关群体的需要。[①]这次会议还提出，为了克服当前采取多学科、多部门应对方式的障碍，在学科与个人之间建立信任是特别重要的。为了进一步促进合作，国际社会可以以开展合作为前提提供资金，从而为不同部门之间的协调提供激励。而且，建立跨领域的基础设施与系统，而不是专注于单一疾病，能够使得国际组织之间的合作与危机应对更为一致和积极。[②]

2011年9月，在墨西哥政府的支持下，世界卫生组织、联合国粮农组织、世界动物卫生组织在联合国系统流感协调员的召集下举办了“人类—动物—生态系统界面健康风险国际高级别会议”，落实了“三方概念文件”中关于召开部长级会议的倡议，并进一步将有关“一体健康”的讨论推向深入。这次会议聚集了来自国家、三方组织、地区组织和捐赠机构的代表。会议以人畜共患的流感、狂犬病和生物抗药性三项议题为切入点，讨论人类—动物—生态系统的共同优先问题，并商定处理共同优先事项的跨部门技术和方法。来自各国政府的与会者一般都是高级技术人员，他们将来自国家与部委的意见纳入技术和政策讨论，并且将结果反馈给各自的部长。

来自不同部门的技术专家讨论了跨部门方法的重要性，并确定了取得成功所需要的机制。会议确定了11个“关键的支持性要素”，包括政治意愿与高级别的承诺、信任、共同的目标与优先事项、共享的利益、强大的

---

① FAO, OIE and WHO, “Influenza and Other Emerging Zoonotic Diseases at the Human-Animal Interface”, pp. 4, 11, https://apps.who.int/iris/bitstream/handle/10665/44591/9789241564243_eng. pdf.

② FAO, OIE and WHO, “Influenza and Other Emerging Zoonotic Diseases at the Human-Animal Interface”, p. 17, https://apps.who.int/iris/bitstream/handle/10665/44591/9789241564243_eng. pdf.

治理结构与协调的法律框架、充足与公平分配的资源、确定并保证所有利益相关方的参与、协调规划、为执行跨部门合作确立指南、发展能力，以及在各部门内部均存在强大与有效的卫生系统。另外，还需要6个“操作性要素”，包括共同的跨部门协调机制、常规化的沟通、联合模拟演习、数据共享、联合风险评估，以及在疾病控制计划中积极合作。根据讨论结果，会议确定了出席会议的国际伙伴的下一步合理步骤。例如，现有的跨部门合作中，不同部门对于需要实现的目标缺乏共识，因此需要把会议成果转化为标准的跨部门工具，并制订明确的政策信息广泛散发。另外，还需要充分利用现有的机制和结构，制订切实可行的跨部门行动计划，并了解不同跨部门方法的收益和成本，以帮助决定如何最好地实施这些方法。[①]

在这些讨论的基础上，三方组织开始尝试在全球范围内开展规范与政策制订活动。2019年3月，三方组织发布了《多部门一体健康方法：应对人畜共患疾病的三方指南》。与2008年制订的指南相比，这一文件应用范围更大，“适用于一国内部所有的人畜共患病”和“所有国家与地区”。[②]而且，这一指南不仅强调“一体健康”的做法适用于新发疾病的暴发期与公共卫生危机，而且更加突出它作为一种常规应对措施的价值。这份指南为各国提供了应对人畜共患疾病的原则、最佳实践与可供选择的政策工具，并设立了监测与评估国家一级相关活动的标准。这一文件也为各组织提供了工作方向，通过业务工具的开发来支持指南中每个技术主题领域的实施，如机构间合作行动的最佳实践、数据收集与报告模板、标准操作程序等。另外，这份指南的具体内容还回应了这一时期“一体健康”概念的进一步发展。例如，指南强调“一体健康”方法必须考虑人们出生、成长、生活、工作的条件，必须认识到这些日常生活条件受到政治、文化规范、价值观及生活地域的影响。因此，必须与社会科学家（包括社会学

---

① FAO, OIE and WHO, “High-Level Technical Meeting to Address Health Risks at the Human-Animal-Ecosystems Interfaces”, https://apps.who.int/iris/bitstream/handle/10665/78100/9789241504676_eng.pdf.

② FAO, OIE and WHO, “Taking a Multisectoral, One Health Approach: A Tripartite Guide to Addressing Zoonotic Diseases in Countries”, p. 12, https://www.woah.org/app/uploads/2021/03/en-tripartitezoonosesguide-webversion.pdf.

家、人类学家和人口学家等）建立伙伴关系，并让他们参与到政策制订与执行、评估中。①

简而言之，在这一时期，以世界卫生组织、联合国粮农组织、世界动物卫生组织为核心的国际制度间协调进一步加强了。国际组织吸收了在应对H5N1禽流感中的教训，进一步加强了“人类健康”与“动物健康”部门之间的协调，并通过调动国家的政治支持为“一体健康”观念指导下的全球治理提供政治动力。特别是国际机制复合体成型初期的竞争性元素逐步消退，国际组织之间开始以共同制订国际规范的形式开展“共治”。

三、“一体健康”视角下国际机制复合体的新发展

2020年后，国际社会关于维护全球卫生安全的意识进一步提高，国际机制复合体也得到了进一步强化。这一阶段国际机制复合体最重要的发展就是将工作重心从规范设置转移到政策落实上。

首先，在2020年11月的巴黎和平论坛上，在法国和德国政府的支持下，联合国粮农组织、联合国环境署、世界卫生组织和世界动物健康组织的负责人会面，并成立了“一体健康高级别专家小组”。这一专家小组的建立代表着国际组织试图将“一体健康”理念落实到政策和具体行动中的意图。这一专家小组由26名跨学科领域的国际专家组成，他们以个人身份任职，每年召开5—6次小组会议，负责对人类—动物—生态系统界面引起的健康危机进行与政策相关的科学评估，并且制订减少人畜共患疾病的长期战略方法和指导意见。②在成立后，该专家小组首先就从实施角度对“一体健康”的工作定义达成了共识。“一体健康”被认为是“一种综合、统一的方法”，动员社会不同层面的部门、学科和社区共同努力，以应对健康与生态系统的威胁，同时满足人类对健康食品、水、能源和空气的需求，采取行动应对气候变化并促进可持续发展。他们还确定了“一体健康”方法的

---

① FAO, OIE and WHO, “Taking a Multisectoral, One Health Approach: A Tripartite Guide to Addressing Zoonotic Diseases in Countries”, p. 9, https://www.woah.org/app/uploads/2021/03/en-tripartitezoonosesguide-webversion.pdf.

② WHO, “One Health High-Level Expert Panel(OHHLEP)”, https://www.who.int/groups/one-health-high-level-expert-panel.

主要基本原则，即部门和学科之间的公平、社会政治与多元文化之间的平等、社会生态平衡、人类改变行为并采取可持续解决方案的责任及采取跨学科观点。[①]考虑到“一体健康”方法在实践中面临的理念与价值争议，这一定义的达成将有助于国际机制复合体走向更加协调与协作的方向。

其次，联合国环境署正式加入“一体健康”领域的国际机制复合体，“三方”正式变成了“四方”，更加积极地在全球范围内推行“一体健康”议程。2021年2月，三方组织重申环境维度在“一体健康”合作策略中的重要性，并且呼吁联合国环境规划署加入。1个月之后，在三方组织的年度执行会议上，联合国环境署与三方组织共同签署了合作备忘录，标志着其成为新的平等合作伙伴。新的四方备忘录为国际组织之间的合作提供了正式的法律框架，这一领域内的国际机制复合体发展也进入新的阶段。扩大后的联盟确立了初步的合作领域，包括应对抗生素耐药性问题、新发和地方性的人畜共患疾病（包括食源性疾病）、信息共享及加强卫生系统。四方组织还同意，将在备忘录生效后的5个月内，就实施备忘录的第一份工作计划达成一致。[②]这也再次表明，落实“一体健康”议程是国际组织下一步的工作重点。联合国粮农组织总干事屈冬玉表示：“现在的挑战是实施：我们如何将我们的工作转化为实地工作？如何支持我们的成员？如何动员资金和融资机制来支持联合行动计划？”[③]

最后，新的四方机制就“一体健康”议程的推广提出了具体的行动路线，并且为此制订了新的全球治理结构安排。2022年10月，联合国粮农组织、联合国环境规划署、世界卫生组织、世界动物卫生组织联合宣布了为

① OHHLEP, “One Health: A New Definition for a Sustainable and Healthy Future”, https://journals.plos.org/plospathogens/article?id=10.1371/journal.ppat.1010537#ppat-1010537-g001.

② FAO, OIE, WHO and UNEP, “Memorandum of Understanding between The Food and Agriculture Organization of the United Nations and The World Organization for Animal Health and The World Health Organization and The United Nations Environment Programme Regarding Cooperation to Combat Health Risks at the Animal-Human-Ecosystems Interface in the Context of the ‘One Health’ Approach and Including Antimicrobial Resistance”, https://www.fao.org/3/cb9403en/cb9403en.pdf.

③ WHO, “UN Environment Programme joins alliance to implement One Health Approach”, https://www.who.int/news/item/18-03-2022-un-environment-programme-joins-alliance-to-implement-one-health-approach.

期4年的“一体健康联合行动计划”，旨在创立一套整合的系统，在“所有部门之间平等地加强合作、沟通、能力建设和协调”，共同预防、预测、发现和应对人类、动物、植物、环境的健康威胁。值得注意的是，“行动计划”涉及的范围远远超出了公共卫生领域。它提出了“一体健康”、新发与再发人畜共患病、被忽视的热带病、食品安全、抗生素耐药性与环境健康6个方面的工作。并且，在该项“行动计划”中，四方组织还明确了开展治理的结构、要采取的行动、可交付的成果以及实现目标的时间表。①

就治理结构而言，四个国际组织同意将合作建立在现有机制的基础上，“避免创建不必要的复杂结构”。由新成立的四方联合秘书处（Quadripartite Joint Secretariat，QJS）负责在国际组织之间推进有效的协调并提供支持。国际组织的行政主管在与四方高级代表和秘书处协调后，根据事先商定的工作计划在各自组织内部制订有关的方案，并负责落实联合行动纲领，包括提供领导、监督，确保各组织内部的区域和国家办事处参与进来。②此外，联合行动计划还为资源筹措作出了安排，相关国际组织预计“将与广泛的行为者合作，因为需要供资伙伴为各国提供全球物资与技术支持，并利用长期和可持续的财政投资确保‘一体健康’取得成果”。它们将筹资的重点放在寻找无指定用途的资金，以便使“一体健康”行动能够在国家一级，特别是中低收入国家中具有灵活性和可预测性。③

尽管到本书写作之时，联合行动计划还处于较为初期的阶段，缺乏足够的经验证据对于国际机制复合体的形态进行判断。虽然国际组织之间的关系正在走向更为制度化、更为合作性的方向，但它们是否能够募集到足够的资金，是否会在政策执行过程中出现关于治理论据的争执与管辖权争

① “One Health Joint Plan of Action: Working Together for the Health of Humans, Animals, Plants and the Environment”, https://www.woah.org/app/uploads/2022/04/oh-joint-plan-of-action-summary.pdf.

② FAO, UNEP, WHO and WOAH, “One Health Joint Plan of Action(2022-2026): Working Together for the Health of Humans, Animals, Plants and the Environment”, p. 56, https://wedocs.unep.org/bitstream/handle/20.500.11822/40843/one_health.pdf?sequence=1&isAllowed=y.

③ FAO, UNEP, WHO and WOAH, “One Health Joint Plan of Action(2022-2026): Working Together for the Health of Humans, Animals, Plants and the Environment”, p. 59, https://wedocs.unep.org/bitstream/handle/20.500.11822/40843/one_health.pdf?sequence=1&isAllowed=y.

论，我们依然不得而知。但从一些具体问题的应对上来看，国际机制复合体正走向嵌套协作的类型。

例如，在禽流感的应对上，世界卫生组织、联合国粮农组织与世界动物卫生组织之间的合作更为协调了。2022年以来，甲型禽流感（包括H5N1禽流感）在哺乳动物中的暴发有所增加，提示着禽流感的流行病学发生范式变化，引发全球高度关注。三大国际组织共同制订了跨部门的应对策略。与此前以人类健康为中心的应对路径相比，现在的政策目标被确定为“拯救更多动物，保护人类健康”。在敦促成员国采取的行动中，国际组织特别强调人类健康部门与动物健康部门之间的合作，加强对动物疫情的监测与流行病学调查，从源头上应对疾病。[①]

再如，应对抗生素耐药性问题传统上是人类健康与农业部门关心的问题。在四方机构将这一问题作为合作的重点领域后，联合国环境署发布了新的对策报告《为超级细菌做好准备：在“一体健康”应对抗生素耐药性中加强环境行动》。这一报告分析了环境在抗生素耐药性发展、传播和扩散中发挥的关键作用，并指出环境是该问题解决方案的关键部分。这一报告补充了抗生素耐药性问题上以人类健康为中心的观点，指出人、动物、植物与环境健康是紧密相连和相互依存的。更重要的是，这一问题的解决不仅是为了维护人类的健康，而且是解决地球这一行星面临的危机。

本章小结

本章讨论了预防与应对突发全球公共卫生危机这一全球卫生治理中最核心的议题领域内国际机制复合体的发展。传统上，这一问题被视作世界卫生组织的专属职权领域。但是，随着21世纪全球卫生安全环境的变化，单一国际机制越来越无法满足国际合作的需要。一方面，虽然国家试图通过世界卫生组织的平台来调和不同国际规范之间的冲突，但达成的安排范

① 联合国:《三大机构:持续暴发的禽流感疫情威胁人类健康》,https://news.un.org/zh/story/2023/07/1119707。

围狭隘且难以对有效的国际合作提供充足的激励。另一方面，随着“一体健康”理念的出现，预防与应对大流行的议题被塑造成需要多学科、多部门合作的问题，进一步推动了国际机制的结构从单一走向复合。联合国粮农组织、国际动物健康组织成为该领域不可或缺的国际行为体。其中，各国在应对H5N1禽流感可能造成的潜在全球大流行威胁时具有的迫切性和一度较为充足的资金供应，也缓解了国际机构合并的压力，为多元机制并存提供了条件。

在国际机制复合体形成后，全球治理的理念与国际组织之间的关系经过了从竞争到逐渐融洽协作的过程。“一体健康”理念最初更多是一个学术性的概念，在实践中依然面临着治理价值冲突与协作困难的挑战。但随着国际社会接连遭遇人畜共患疾病的挑战，“一体健康”逐渐得到了成员国与国际组织的政治支持，成为该领域国际协调的规范做法。在这一过程中，“一体健康”的理念本身也吸取了国际实践的正面反馈，内涵变得更加充实，并且吸引了联合国环境规划署的“入盟”。

当然，不可否认的一点是，直至今天，“一体健康”在实践中仍然具有很大的模糊性。从理论上来说，关注动物健康与环境卫生将有助于全球卫生与健康目标的实现，但是，如何将原则转化为具体的政策工具依然有待观察。另外，尽管“一体健康”理念强调利益相关者之间的地位平等与包容性，但在实践中仍然需要权衡政策重心。国际组织在形式上的联合固然给予人们对全球合作的信心，但理念与组织关系上竞争性的一面难以通过现有的治理结构得到根本性缓解。有研究者认为，微生物学与环境监测领域内的技术发展有可能令这种治理模式变得可行。收集、分析和检测环境中的微生物种群可以用来评估人畜共患病原体，例如，可以检测蝙蝠群体中的冠状病毒，以了解哪些病毒可能在动物中传播并可能“外溢”至人类。简言之，如何进一步动员资源，并在不同部门之间合理地分配任务并开发恰当有效的政策工具，将成为下一步国际公共卫生政策制订的核心问题。

第四章

全球疫苗与免疫问题上的国际机制复合体

本章将讨论全球卫生治理中另一个具体领域——疫苗与免疫问题。疫苗通过启动人的免疫系统识别特定的致病细菌、病毒或其他病原体来预防疾病。自从英国乡村医生詹纳发明牛痘接种技术以来，各国逐步将疫苗接种纳入公共卫生的管辖范围。例如，在19世纪的欧洲和北美，政府强制规定接种天花疫苗，并将天花疫苗接种证书作为跨国旅行的重要凭证。到20世纪，随着白喉、麻疹、腮腺炎等儿童疫苗的开发与标准化生产，政府开始管理疫苗接种工作，并最终将此作为公立学校的入学条件。[①]在当代，疫苗依然是国家提供公共卫生服务的重要工具，而且是最价廉实惠的一种。据估计，疫苗每年可以挽救200万~300万人的生命。麻疹、脑膜炎、肺炎等一度非常流行的疾病，其危害会随着免疫接种范围的扩大而逐步减小。而且，从20世纪50年代中期到70年代末，通过全球范围内的大规模疫苗接种，人类第一次彻底战胜了一种传染性疾病——天花。但是，由于大多数病原体存在除人类以外的宿主，甚至能够潜伏在土壤中，每当免疫接种的水平下降时，它们就会反弹，再度构成对人类健康的威胁。因而，疫苗与免疫问题是一个需要长期关注的问题，也是全球卫生治理中非常重要的组成部分。

这一领域内的国际合作最初也是在世界卫生组织的平台上发起的。但是，世界卫生组织的角色定位决定了它的职权有限，只能通过与其他国际行为体的合作来实现治理目标。冷战结束后，特别是21世纪以来，新自由

---

① Alexandra Minna Stern, Howard Markel, “The History of Vaccines And Immunization: Familiar Patterns, New Challenges”, *Health Affairs*, Vol. 24, No. 3, p. 614.

主义的强大规范成为该领域国际机制复合体的理念基础，而相关国际组织则根据这一治理理念的要求重新定位自身及与其他组织之间的关系。

第一节　联合国系统内国际机制复合体的形成

全球疫苗与免疫治理上的国际机制复合体首先表现为世界卫生组织与联合国儿童基金会这两个联合国系统内部的国际组织之间的合作。这两个国际组织对于治理目标有高度共识，但在实现目标的手段与各自扮演的角色上却存在重要分歧。在这一阶段，联合国儿童基金会逐步成为全球疫苗与免疫治理领域内最重要的运作型机构，它的治理政策对于未来国际制度复合体的发展产生了重要影响。

一、从扩大免疫规划到儿童生存革命

世界卫生组织成立后，以疾病控制计划为核心开展疫苗与免疫领域的国际合作。其中最为著名的案例就是全球根除天花计划。1948年世界卫生组织成立之初就关注天花相关的研究问题，致力于比较天花疫苗毒株的效果并改进疫苗生产方法。20世纪50年代，英国科学家莱斯利·科利尔（Leslie Collier）发明了一种生产热稳定天花疫苗的方法，冻干疫苗可以在常温下保持30天有效期。由于不再需要冷链运输，这极大降低了大规模疫苗接种运动的成本，并使得全球范围内的天花根除运动成为可能。20世纪60年代中期以后，英国、加拿大、古巴、法国、美国、苏联都向世界卫生组织提供免费疫苗供其分发。随着计划的进展，天花逐步在南美洲、西非、中非、亚洲、东非被消灭。1977年10月26日，索马里出现了世界上最后一例自然发生的天花病例。1980年世界卫生大会正式宣布，全球根除天花的目标已经实现。

消灭天花工作在全球范围内取得重要进展给予了公共卫生工作者极大的信心，也推动了更广范围内的免疫计划。世界卫生组织于1974年启动了扩大免疫规划（Expanded Program of Immunization, EPI）。当时，虽然儿童免疫在发达国家已经相当普及，但是在发展中国家，免疫工作开展得相当零散，只有不到20%的儿童接种了白喉、百日咳、破伤风、肺结核、麻疹和

脊髓灰质炎疫苗。为了降低这些疾病的发病率和死亡率，世界卫生大会通过WHA27.57号决议，呼吁会员国制订或维持针对上述所有或某些疾病的免疫和监测方案，并要求世界卫生组织“与各国政府密切合作，制订规划，动员一切力量提供高质量的疫苗和其他设备及用品，并支持教育和研究活动，以满足各国需要”①。1977年，为全球范围内根除天花项目作出杰出贡献的拉夫·亨德森医生被任命为该项目的负责人。扩大免疫规划是世界卫生组织到2000年实现人人享有健康战略中的一项基本内容，儿童免疫率也被纳入监测该战略在全球一级取得成功的指标。②

世界卫生组织推进扩大免疫规划的主要措施是推动成员国开展常规免疫规划。根据1985年世界卫生大会上总干事就这一问题进行的报告，世界卫生组织的“首要任务”是加强国家规划的管理，具体内容包括规划监测与评价及疫苗的质量鉴定。国家规划监测中的统计资料构成了全球信息系统的基础，方便国际官员提出改进的行动计划。而国际组织对国家规划开展的审查过程，对于成员国而言也是“一种有力的培训方式”，能够让国家卫生官员了解到本国的疾病流行情况和现有免疫规划中存在的问题。③

在扩大免疫规划中，世界卫生组织对自身的角色定位主要是技术性的。例如，世界卫生组织发现，许多国家的免疫覆盖率之所以达不到最佳水平，重要的原因之一是卫生工作者常常为疫苗接种设置一长串的禁忌证。世界卫生组织的做法是提供数据，就接种疫苗发生不良反应的风险与感染自然疾病后的并发症发生率进行比较，并“建议各国制订自己的国家政策，仔细考虑疾病风险及免疫接种的益处和潜在风险”④。而世界卫生组织发现，一些疫苗接种中发生的不良事件可能导致接种方案失败的严重后果，例如

① WHO, “WHA27.57: WHO expanded Programme on Immunization”, https://apps.who.int/iris/bitstream/handle/10665/92778/WHA27.57_eng.pdf?sequence=1&isAllowed=y.

② Ralph H. Henderson, “The Expanded Programme on Immunization of the World Health Organization”, *Review of Infectious Diseases,* Vol. 6, Supplement 2, p. S475.

③ 世界卫生组织:《扩大免疫规划:总干事的进度与评价报告》,第6页,https://apps.who.int/iris/bitstream/handle/10665/195621/EB77_27_chi.pdf?sequence=1&isAllowed=y。

④ A. M. Galazka, B. A. Lauer, R. H. Henderson and J. Keja, “Indications and Contraindications for Vaccines Used in the Expanded Programme on Immunization”, *Bulletin of the World Health Organization,* Vol. 62, No. 3, pp. 357–366.

使用了错误的稀释剂或使用了受污染的针头和注射器，因此对国家提出的要求也是尽可能地报告与接种疫苗有关的异常或严重事件，以便探明原因。世界卫生组织还通过各种调查方式来确定未接种疫苗或者未完全接种疫苗的原因，以便帮助当局确定有接种不足风险的家庭，并提高这些群体的接受程度。[①]此外，世界卫生组织通过编写培训材料、举办讲习班和提供实验室及通信帮助的方式加强全球范围内的疾病监测工作，并利用计算机技术加强及时和系统地搜集、合并、分析、评价数据的能力。这些数据被用于开发数学模型，来描述人群感染的动态，预测疫苗接种计划对疾病流行状况的作用，探索不同接种政策能够带来的效果，并评估免疫方案的费用。

可见，世界卫生组织的扩大免疫规划真正的动力在于各成员国，国际组织主要发挥的是目标设定与技术指导的角色。在扩大免疫规划提出后，中国为了响应世界卫生组织的号召，于1978年建立了计划免疫体系，即“四苗防六病”，卡介苗、脊灰疫苗、百白破疫苗和麻疹疫苗被纳入国家免疫规划。但是，在世界很多国家中，政治责任感不强、中央管理软弱、组织不健全、经济发展迟缓以及动乱等问题仍然阻碍着免疫规划工作的进步。在全球层面上，扩大免疫规划进展缓慢。到1980年时，全球3剂百白破疫苗的覆盖率约为20%，而且高收入和低收入国家之间的覆盖率差异很大，最贫穷的国家覆盖率仅为5%。[②]1982年世界卫生大会提醒，必须加快进度才能在1990年完成预定目标。为此，世界卫生组织敦促成员国采取五点行动计划，包括在初级卫生保健范围内促进扩大免疫规划、为扩大免疫规划提供更多的人力与财政资源、对规划不断进行评价和调整，以及将研究工作纳入扩大免疫规划。

简言之，世界卫生组织的扩大免疫规划倡议对于国际卫生合作具有重要意义，但其局限性也是很突出的。随着联合国儿童基金会在这一问题上

---

① F. T. Cutts, “Advances and Challenges for the Expanded Programme on Immunization”, *British Medical Bulletin*, Vol. 54, No. 2, p. 450.

② Ann Lindstrand, Thomas Cherian, Diana Chang-Blanc, Daniel Feikin and Katherine L O’Brien, “The World of Immunization: Achievements, Challenges, and Strategic Vision for the Next Decade”, *The Journal of Infectious Diseases*, Vol. 24, Issue Supplement 4, p. S452.

的积极作为，相关的国际公共政策发生了很大的变化。与世界卫生组织不同，联合国儿童基金会关注与儿童群体相关的事务，并没有专门性的活动领域。因而，与前者相比，联合国儿童基金会有能力与包括国家领导人在内的更多政府部门打交道，而不必局限于卫生部一个部门。

20世纪80年代初，联合国儿童基金会开始寻求战略转型。当时，联合国儿童基金会的主要工作是开展紧急人道主义援助。但是，柬埔寨局势让联合国儿童基金会身处地缘政治的夹缝中，消耗了大量资源但政策成效不佳。1980年9月，在探讨联合国儿童基金会未来战略重点的会议上，刚刚经美国总统卡特推荐担任基金会执行主任的詹姆斯·格兰特表示，他无意在原有政策基础上做增量，而希望寻求“思想上的重大转变”：联合国儿童基金会只有“寥寥几个人，揣着一口袋硬币”，而他则希望“改变世界”。[①]

1982年，联合国儿童基金会基于“选择性初级保健”的基本理念，提出了以“儿童生存革命”为口号的卫生计划。儿童生存革命主要关注四类议题：成长监测、用于治疗儿童腹泻的口服葡萄糖电解质液疗法、母乳喂养及预防接种。这些问题都可以借助简单的技术手段进行国际介入，帮助改善发展中国家儿童的健康与生活质量。之所以将关注点聚焦到这几个议题上，是因为这些计划“可行、更容易理解并且具有政治吸引力”[②]。特别是口服葡萄糖电解质液疗法，无需冷链与复杂的后勤管理，一度是最受重视的项目。但是，联合国儿童基金会的这一转变却遭到了世界卫生组织的反对。在1983年的世界卫生大会上，总干事马勒明确表示，挑选初级保健方法中的某些要素，将其包装成全球处方的办法与他本人，以及世界卫生组织的理念都是格格不入的。考虑到联合国儿童基金会与世界卫生组织曾在1978年共同举办以“人人享有健康”为主题的阿拉木图会议，这样的公开指责在联合国儿童基金会方面看来意味着“背叛与误解”。[③]

---

① Adam Fifield, *A Mighty Purpose: How Jim Grant Sold the World on Saving Its Children*, New York: Other Press, 2015, p. 54.

② Maggie Black, *Children First: The Story of UNICEF, Past and Present*, Oxford: Oxford University Press, 1996, p. 35.

③ Maggie Black, *Children First: The Story of UNICEF, Past and Present*, Oxford: Oxford University Press, 1996, p. 37.

与此同时，联合国儿童基金会的公共卫生议程也吸引了其他卫生专家的注意。1983年5月，发明了儿童脊髓灰质炎疫苗的乔纳斯·索尔克（Jonas Salk）和担任世界银行行长的罗伯特·麦克纳马拉与格兰特会面。会议的本意是在全球范围内发起根除脊髓灰质炎的倡议，但随着讨论的范围逐渐扩大到所有的传染性疾病。根据拉夫·亨德森的回忆，正是麦克纳马拉坚持要将世界卫生组织包括进新的全球免疫计划中。他认为，联合国儿童基金会的免疫计划与世界卫生组织的扩大免疫规划之间存在共同点，疫苗与免疫工作完全可以充当初级卫生保健工作的先锋队，他进一步建议格兰特将儿童免疫作为儿童生存革命倡议的旗舰项目。

世界卫生组织对于这一倡议的最初反应是消极的。世界卫生组织总干事认为，联合国儿童基金会的免疫计划不过是控制发展中国家的一种方式，因为发展中国家本身缺少购买疫苗的资金而只能依赖国际捐赠者，而他“宁愿让赤脚医生在社区一级提供初级卫生保健”。从某种程度上来看，除了对达成目标的手段有不同的理解，世界卫生组织也不满联合国儿童基金会涉足其主管领域。据称，在一次与格兰特的私下讨论中，马勒愤怒地说：“我才是负责健康的那个人！你不是！世界卫生组织才是负责人！”①

但是，马勒个人的反对并没有成功阻止联合国儿童基金会的计划。格兰特和麦克纳马拉都对新倡议抱有极大的热情。特别是麦克纳马拉坚信，发达国家每年将额外援助1亿美元以支持发展中国家的免疫接种工作。②儿童免疫问题上的国际机制复合体很快成立起来。1984年3月，在意大利贝拉焦召开了包括世界卫生组织、联合国儿童基金会、联合国开发计划署、世界银行、洛克菲勒基金会参加的会议——“保护世界儿童：初级卫生保健中的疫苗与免疫”。会议提出在1990年以前为全世界80%的5岁以下儿童提供疫苗接种的目标，并成立了“儿童生存行动小组”（Task Force for Child Survival）。这一机构包括了5个与会国际组织的代表，秘书处设在美

---

① Adam Fifield, *A Mighty Purpose: How Jim Grant Sold the World on Saving Its Children*, New York: Other Press, 2015, p. 150.

② William H. Foege, *The Task Force for Child Survival: Secrets of Successful Coalitions*, Baltimore: Johns Hopkins University Press, 2018, p. 27.

国疾病控制中心，由其前主任威廉·福格（William H. Foege）担任组长。

福格在最初就深刻认识到，“儿童生存行动小组”需要保持低调，它的功能是“便利”而不是“协调”世界卫生组织与联合国儿童基金会，因为“这两个机构都不想被协调”[①]。而且，他也清醒地认识到，可供支配的资源是非常有限的，庞大规模的秘书处是不现实的。在这样的背景下，他联合了在美国疾控中心的前同事卡罗尔·沃尔特斯（Carol Walters）与比尔·沃森（Bill Watson），成立了仅有3人的董事会，并以非营利性组织的形式成立了“儿童生存行动小组”的秘书处。他们以支付少量管理费的方式，将秘书处设在埃默里大学。[②]

通过上述回顾，我们不难发现，在全球疫苗与免疫问题上，联合国儿童基金会为了扩大组织影响力而实施的战略转型是国际机制复合体形成的主要动力。而改善发展中国家的儿童健康福祉的崇高治理目标，在很大程度上充当了以联合国儿童基金会与世界卫生组织为主的国际组织之间的黏合剂。但是，这一国际机制复合体从一开始就是松散的。一方面，世界卫生组织与联合国儿童基金会之间的理念差异难以弥合；另一方面，这两个国际组织之间的协调机制是非常脆弱的。无论是从政治上，还是在管理能力上，“儿童生存行动小组”都不足以产生实质性的影响。

二、儿童生存革命与路径竞争型国际机制复合体形成

世界卫生组织与联合国儿童基金会在儿童免疫议题上结成了形式上的同盟，并为这一问题注入新的活力。在贝拉焦会议后，联合国儿童基金会在格兰特的领导下，立刻投入到大规模免疫运动中。将免疫问题政治化，寻求领导人对这一问题的支持是联合国儿童基金会采取的主要策略。然而，世界卫生组织通过初级卫生保健促进儿童免疫的路径却没有交出令人满意的答卷。它在疫苗与免疫问题上的角色依然局限于技术性领域。

在国际机制复合体成形后，国际组织之间开始通过“儿童生存行动小

① William H. Foege, *The Task Force for Child Survival: Secrets of Successful Coalitions*, Baltimore: Johns Hopkins University Press, 2018, p. 29.

② William H. Foege, *The Task Force for Child Survival: Secrets of Successful Coalitions*, Baltimore: Johns Hopkins University Press, 2018, pp. 36–37.

组”会议商定各自的分工。联合国儿童基金会被确定为工作队的牵头机构，联合国开发计划署通过在成员国的驻地代表参与国家的相关活动，世界卫生组织则被确立为技术机构，为与儿童健康有关的科学指南提供模板。值得注意的是，这些协议并没有任何法律基础，全部依靠国际组织的自愿遵守。事实上，世界卫生组织在参与组织间协调上面临着很大的困难，特别是它的律师拒绝将洛克菲勒基金会这一不属于联合国系统的私人实体列入作为国际组织之间合作基础的谅解备忘录。[①]此外，正如下文所阐述的那样，世界卫生组织与联合国儿童基金会对于何种路径才能最好地实现健康目标存在深刻分歧，这种差异不仅体现在领导人一级，而且波及工作人员，以至于只能通过外交手段处理问题以避免摩擦加剧。[②]因而，尽管有合作，但联合国儿童基金会与世界卫生组织仍然主要是独立地确定各自在儿童免疫问题上的政策与行动。

在这一时期，联合国儿童基金会最为突出的政策是通过投入大量资源与人力，帮助发展中国家发起大规模的集中免疫运动。长期以来，联合国儿童基金会就是一个以实地运作能力而著名的国际组织，它的工作人员中仅有17%在联合国纽约总部工作。这一组织架构保证了联合国儿童基金会的政策实施。此外，其领导人格兰特对儿童免疫计划的热情是联合国儿童基金会在儿童免疫问题上不断采取行动的最大动力。事实上，他对这一议题如此感兴趣，甚至常常亲自参加“儿童生存行动小组”的会议。作为联合国儿童基金会主任，格兰特是一位出色的外交家与政治家。他意识到，儿童免疫项目要成功，必须获得政治领导人的首肯。在项目启动之初，他就成功游说了印度总理英迪拉·甘地、瑞典总理奥洛夫·帕尔梅、法国总理皮埃尔·莫雷、英国首相玛格丽特·撒切尔，并且得到教皇保罗二世的支持。此后，他更是利用各种与国家领导人和政府首脑会面的机会“推销”

① William H. Foege, *The Task Force for Child Survival: Secrets of Successful Coalitions*, Baltimore: Johns Hopkins University Press, 2018, p. 43.

② June Goodfield, *A Chance to Live: The Heroic Story of the Global Campaign to Immunize the World's Children*, New York: MacMillian Publishing Company, 1991, p. 49.

这一项目。[1]他通常在出访前详细掌握该国儿童死亡率的具体数字与主要死亡原因，并在会谈中说服对方，大量的儿童死亡是可以使用价格低廉的疫苗加以预防的。

格兰特善于将儿童免疫问题与政治领导人最为关心的政治议程联系起来，在国家内部创造政治动力来推动儿童免疫运动。例如，在叙利亚，他利用其领导人对土耳其的历史积怨，把为儿童提供免疫服务描述成国家竞争的制胜法宝，甚至私下表示“相信您一定能做得比土耳其人更好”，从而成功激起了阿萨德总统的兴趣。经过全国性的接种运动，在不到一年的时间内，叙利亚脊髓灰质炎疫苗覆盖率、百白破疫苗覆盖率均由29%上升到86%，麻疹疫苗覆盖率由27%上升到64%，肺结核疫苗覆盖率由53%上升到98%。[2]在刚果民主共和国、苏丹等国，他也总能准确地把握政治人物的心理：“为孩子们做好事，父母就会支持你。他们会投票给你，他们会喜欢你。”[3]通常而言，在与格兰特会面后，这些政治领导人都会在电视节目中讨论儿童免疫的话题，或者在镜头前亲自为新生儿滴入预防小儿麻痹症的滴剂。通常而言，这也标志着该国开启了新一轮儿童免疫接种运动。[4]

此外，他还在萨尔瓦多等处于冲突中的国家内部开创了“免疫停火”的做法。格兰特说服萨尔瓦多的卫生部长，因可预防的传染性疾病而死亡的儿童数量要远远多于内战。为了达成停火协议，格兰特一方面说服萨尔瓦多总统何塞·纳波莱昂·杜阿尔特，并同意将免疫运动安排在市政机构选举之前。另一方面，联合国儿童基金会的代表与萨尔瓦多的天主教主教接触，说服他与游击队接触并传递停火为儿童接种疫苗的意图。最终，双方同意了所谓“宁静日”（Day of Tranquility）的安排，尊重默认的停火安

---

① Richard Jolly, *UNICEF: Global Governance that Works*, London: Routledge, 2014, p. 64.

② Adam Fifield, *A Mighty Purpose: How Jim Grant Sold the World on Saving Its Children*, New York: Other Press, 2015, pp. 181–182.

③ Konstanze Frischen, “The Childhood Survival Revolution: How James P. Grant Convinced The World To Save Its Children”, 2020, https://www.forbes.com/sites/ashoka/2020/01/28/the-childhood-survival-revolution-how-james-p-grant-convinced-the-world-to-save-its-children/?sh=6331ff3b2010.

④ Richard Jolly, *UNICEF: Global Governance that Works*, London: Routledge, 2014, p. 64.

排。利用1984年2月3日、3月3日、4月21日三个周末的时间，萨尔瓦多为全国40万儿童提供脊髓灰质炎、麻疹与百白破疫苗。在这场耗资150万美元的免疫接种计划中，联合国儿童基金会承担了近三分之一的费用，包括疫苗与冷链设备。

格兰特在说服发达国家捐款上也采取了类似的策略。在儿童生存革命启动后，格兰特指示基金会驻华盛顿特区负责游说工作的金伯利·甘布尔（Kimberly Gamble），要求说服美国设立“美国儿童生存基金”，其中至少50%的资金应当用于多边活动，其余由美国国际开发署支配。这一决定在最初遭受了质疑：联合国机构为什么要代表美国国际开发署向国会游说？格兰特依然是利用了政治的逻辑。通过让国际开发署获取额外资金，这一机构成为联合国儿童基金会在美国政府内部的坚定的“盟友”，儿童生存计划也由此成为美国对外援助的核心议题之一。此后，虽然里根政府时期美国对外援助资金不断被削减，提供给全球儿童免疫计划的部分却是与日俱增。在格兰特任内，美国对联合国儿童基金会的捐款从每年4400万美元上升到1.3亿美元。[①]

当联合国儿童基金会通过政治动员策略在发展中国家开展大规模疫苗接种时，世界卫生组织对这一问题的态度是不同的。虽然它也赞同在发展中国家内扩大儿童疫苗的接种率，但是在以总干事马勒为代表的国际卫生官员看来，疫苗接种必须作为初级卫生保健的一个方面，而不是独立的项目加以开展。他们认为，联合国儿童基金会对免疫问题的关注是“选择性初级卫生保健”的表现。从根本上说，它转移了人们对基本健康与社会发展的注意力，是一种狭隘的以技术为中心的方法。即便是在共同倡导免疫接种项目的过程之中，初级卫生保健的支持者也不掩饰自己的批评：“（选择性初级卫生保健）是一种威胁，是反革命。它不是替代方案……它对专业人士、寻求短期目标的资助机构和政府的吸引力是非常明显的，必须加

① Adam Fifield, *A Mighty Purpose: How Jim Grant Sold the World on Saving Its Children*, New York: Other Press, 2015, pp. 136-139.

以拒绝。”[①]

根据1978年通过的《阿拉木图宣言》，初级卫生保健是每个国家卫生系统的组成部分，包括8个基本要素：关于人人获得健康方法的教育、促进充足的粮食供应和适当的营养、供应足够的安全卫生用水和基本环境卫生设施、妇幼保健、地方病的预防与控制、重大传染病免疫接种、常见病与外伤的适当治疗以及提供基本药物。除了涵盖的内容更为广泛，初级卫生保健的路径对于问题所在及解决方案也有不同的回答。1984年，在国际传染病研究会会议的开幕致辞中，马勒表示，发展中国家应对传染性疾病的困难在于卫生基础设施薄弱，而不在于缺少技术。[②]初级卫生保健的路径强调，健康是一项基本人权，各国政府对其人民的健康负有责任，因此“必须在卫生问题上自力更生”，尽可能地利用国家内部的资源，并应当与经济发展的其他方面结合起来。[③]在关于1986年“非洲免疫年”的文章中，世界卫生组织非洲地区办公室的官员也强调，免疫接种是初级卫生保健活动的一部分。虽然名为“免疫年”，但世界卫生组织的支持不仅包括免疫接种，还包括疟疾防治、母乳喂养、清洁饮水及初级卫生保健的其他方面。因此，免疫接种绝对不是一项“垂直”和孤立的活动，而是扩大初级卫生保健的一个切入点。[④]

在这样的背景下，世界卫生组织开展扩大疫苗计划的方式与联合国儿童基金会有很大的差异。他们更加重视对初级卫生保健的基础设施进行投资，并且呼吁卫生部门的民主化与权力下放，扩大社区卫生工作者网络，以公平和低成本的方式扩大卫生服务的覆盖面。世界卫生组织制作了以各种语言编写的小册子，列出了与疫苗接种有关的明确任务时间表与需要核查的程序。

---

① Marcos Cueto, “The Origins of Primary Health Care and Selective Primary Health Care”, *American Journal of Public Health*, Vol. 94, No. 11, p. 1870.

② Halfdan Mahler, “Opening Address: International Congress for Infectious Diseases”, *Reviews of Infectious Diseases*, Vol. 6, No. 2, p. 265.

③ Halfdan Mahler, “Present Status of WHO’s Initiative, ‘Health for All by the Year 2000’”, *Annual Review of Public Health*, Vol. 9, No. 1, pp. 74-75.

④ L. A. Arevshatian, “African Immunization Year, 1986”, *World Health*, Aug./Sept., 1986, pp. 22-23.

例如，应该何时接种疫苗，如何进行准备，怎样控制疫苗库存，保证注射器、针头及运输疫苗的冷链质量。针对免疫过程中的每个程序，世界卫生组织都举办了相关的培训课程，在近十年的时间内为上万人提供了培训。[①]在技术培训上，世界卫生组织同样体现出初级卫生保健强调的“为当地所用”理念。例如，在津巴布韦，如果培训熟练的电冰箱修理工，他们很快就会流失到私人市场。因而，世界卫生组织向卡车司机提供相关的技术培训，这样他们可以在继续从事疫苗运输工作的同时修理冷链设备。此外，世界卫生组织还鼓励适合发展中国家条件的技术创新与发明。[②]

尽管也开展了一些活动，但世界卫生组织以强化卫生系统为核心的治理路径依然面临着巨大的困难。首先，与联合国儿童基金会将美国发展为主要援助国不同，世界卫生组织从未成功地解决过筹资问题。20世纪80年代中期，美国冻结了世界卫生组织的预算。缺乏国际资金的同时，世界卫生组织也很难说服发展中国家改变已经确定的卫生预算用以加强卫生基础设施，重治疗轻预防的观念依然根深蒂固。1986年，一项研究审查了发展中国家用于初级卫生保健项目的预算，得出结论认为“开支范围之广表明人们对这一领域知之甚少”。因而，许多国际捐助者也更加乐于将资金投入短期但名目清晰的卫生计划中。[③]

其次，20世纪80年代开始，为了解决发展中国家债务问题，世界银行与国际货币基金组织开始在发展中国家内推行“结构调整”战略。这一战略要求政府减少预算，特别是在教育、卫生等领域的公共开支。由于世界银行与国际货币基金组织在全球经济治理中占据举足轻重的地位，“结构调整”战略也让许多人开始怀疑初级卫生保健运动在政治上的可行性与经济上的可持续性。在2008年的一次访谈中，马勒这样描述初级卫生保健共识的失败：“世界卫生组织在各国之间继续战斗，但没有得到世界银行和国际

① June Goodfield, *A Chance to Live: The Heroic Story of the Global Campaign to Immunize the World's Children*, New York: MacMillian Publishing Company, 1991, p. 57.

② June Goodfield, *A Chance to Live: The Heroic Story of the Global Campaign to Immunize the World's Children*, New York: MacMillian Publishing Company, 1991, p. 58.

③ Marcos Cueto, “The Origins of Primary Health Care and Selective Primary Health Care”, *American Journal of Public Health*, Vol. 94, No. 11, p. 1871.

货币基金组织的支持。最令人失望的是一些联合国机构转向对初级卫生保健采取‘选择性’的做法。这让我们回到了原点。”[①]

最后，与联合国儿童基金会大规模免疫运动吸引了大量国际媒体的注意相比，世界卫生组织活动的可见性要低得多。在儿童生存革命的推进过程中，联合国儿童基金会有意识地利用通信技术与媒体广泛地开展宣传，特别是在发达国家内部，这一项目被视作“革命性的新方式”。相反，世界卫生组织的公关能力则弱得多。甚至有一种说法认为，联合国儿童基金会虽然对初级卫生保健一知半解，但“什么都做了”；相反，世界卫生组织虽然“什么都懂，却什么也没有做”[②]。

简而言之，在20世纪80年代，世界卫生组织与联合国儿童基金会虽然在儿童免疫问题上存在形式上的合作，但两者的关系更多是以基于不同治理理念的路径竞争为主。国际组织之间的协调事实上非常有限，主要表现在世界卫生组织在技术性问题上对联合国儿童基金会的大规模免疫运动提供支持。并且，从这一时期的国际卫生政策来看，在国际机制复合体中，联合国儿童基金会的治理理念因其更强有力的组织能力而占据了上风。

三、这一时期儿童免疫议题上的治理效果

评估联合国儿童基金会发起的大规模免疫运动的效果究竟如何并不容易。在大规模的政治动员与资金投入下，确实可以观察到发展中国家儿童免疫覆盖率大幅度上升。1991年时，联合国儿童基金会与世界卫生组织确认，全球已经实现了“儿童普遍免疫”，特别是在发展中国家，肺结核、百白破、脊髓灰质炎和麻疹的免疫接种率分别上升到90%、85%、83%和80%，远远高于儿童生存革命发起之前。[③]疫苗接种率上升使得相关疾病的发病率下降，减少了儿童因可预防的传染性疾病失去生命的情况。在这一运动发起15年后，全球5岁以下儿童的平均死亡率由117‰下降为93‰。

---

① WHO, “Primary Health Care Comes Full Circle”, *Bulletin of the World Health Organization*, Vol. 86, No. 10, p. 748.

② Kelley Lee, *The World Health Organization*, New York: Routledge, 2009, p. 81.

③ Adam Fifield, *A Mighty Purpose: How Jim Grant Sold the World on Saving Its Children*, New York: Other Press, 2015, p. 239.

联合国儿童基金会估计，在这场儿童生存革命中每投入100美元，就能够拯救1名发展中国家儿童的生命。如此看来，这一项目是极具成本效益的。此外，在格兰特的领导下，儿童健康及其他方面的福利问题引起了世界各国的广泛关注。1990年，在美国纽约举行了历史上第一次世界儿童首脑会议，有71位国家领导人出席并表达了对儿童生存革命的政治支持。[①]

但是，与此同时，也有研究者指出，使用婴儿或儿童死亡率的单一指标来衡量项目有效性的做法是不全面的，带有欺骗性。因为评估并不涉及对儿童更广泛的生活质量指标的监测，例如营养不良率、卫生状况改善情况、主要死亡原因等。[②]虽然主要传染性疾病造成的死亡人数下降了，但不能排除其中一部分孩子在5岁之后可能由于其他疾病原因失去生命。而且，"全球平均"的概念也掩盖了区域和国家之间的巨大差异。事实上，到2000年，撒哈拉以南非洲地区的儿童存活率还没有达到1950年美国的水平。在新生儿存活率方面，发达国家与发展中国家之间也依然存在着巨大的鸿沟。通过大规模儿童免疫等技术性干预来提升儿童健康的项目设计事实上建立在一个错误的前提之上，即发展中国家之所以缺乏这些干预措施，是这些国家的民众，尤其是母亲因无知而"选择"的结果。[③]事实上，恰恰是发展中国家的落后与社会不公导致儿童无法获得这些服务，一旦国际干预措施消失，发展中国家依然无法自行解决问题。因此，这不过是授人以鱼的权宜之计，并未触及增加儿童健康福祉的根本。在冷战结束以后，随着新的全球卫生议题，特别是艾滋病问题的兴起，儿童健康与孕产妇保健项目逐步失去了捐资者的注意力。减贫项目中很少包含支持有力的健康体系，儿童健康领域的健康项目呈现出支离破碎的景象，缺乏协调一致的努力满足儿童与家庭的需求。

此外，即便是从疫苗项目本身来看，这一时期的国际干预措施也存在

---

① The Bellagio Study Group on Child Survival, "Knowledge into Action for Child Survival", *The Lancet*, Vol. 362, No. 9380, p. 323.

② Claudio Schuftan, "The Child Survival Revolution: A Critique", *Family Practice*, Vol. 7, No. 4, p. 330.

③ Ben Wisner, "Gobi versus PHC? Some Dangers of Selective Primary Health Care", *Social Science& Medicine*, Vol. 26, No .9, p. 963.

不足。全球大约有20%的儿童由于生活在世界上最贫穷和偏远的地区，根本没有被现有的国家免疫项目覆盖。因此，这些本可以预防的疾病依然在全球每年造成200多万人死亡、500万人残疾的后果。更令人感到遗憾的是，现有的6种疫苗仅仅触及发展中国家儿童传染病负担的很小一部分。腹泻、急性呼吸道感染、疟疾等严重危害发展中国家儿童健康的疾病，或者没有疫苗，或者疫苗依然处于开发阶段，还无法投入实际使用。①

特别需要注意的一点是，大规模儿童免疫计划的实施极大地改变了全球疫苗的市场格局，从而也为后续的国际制度变革埋下了伏笔。由于联合国儿童基金会的动员，在将近20年的时间内，全球疫苗需求扩张的主要动力就是中等收入与低收入国家。②但与需求侧增长不匹配的是，生产商的数量却在减少。与整个制药行业的销售额相比，疫苗生产仅是其中微不足道的部分。由于利润率低，很多制药企业放弃了疫苗部门，专注于更加有利可图的药物。从1966年到1977年，全球主要疫苗生产商数量减少了50%，这一趋势在20世纪80年代与90年代还在持续。即便是为疫苗售价较高的美国市场供货的生产商，数量也从1967年的26家减少到1980年的17家。③

全球疫苗的供需不平衡反映在价格变化上。虽然疫苗企业在发展中国家疫苗销售的利润极为微薄，但1992年，联合国儿童基金会的疫苗采购价格依然比1990年时上涨了23%，但能够支配的采购资金几乎没有发生变化。联合国儿童基金会预测，在之后的5年时间内，需要超过55亿剂疫苗以维持世界各地的免疫计划，费用超过3.36亿美元，远远超过了它当时拥有的资源水平。一些供货商表示，它们向联合国儿童基金会提供低价疫苗的交易不可能无限期地持续下去，因为生产、研究和开发疫苗的费用都在

① Violaine S. Mitchell, Nalini M. Philipose, and Jay P. Sanford, eds., *The Children's Vaccine Initiative: Achieving the Vision*, 1993, p. 21, https://nap.nationalacademies.org/catalog/2224/the-childrens-vaccine-initiative-achieving-the-vision.

② Jennifer Shulman, Rowena Ahsan and Kayleigh O'Malley, "Understanding Global Vaccine Economics and Research and Development", https://www.sabinaspengroup.org/understanding-global-vaccine-economics-and-research-and-development/.

③ Committee on the Evaluation of Vaccine Purchase, *Financing Vaccines in the 21st Century: Assuring Access and Availability*, Washington, DC: The National Academies Press, 2003, p. 121.

增加。[①]甚至由于利润太低，美国的疫苗制造商根本没有兴趣参与联合国儿童基金会的疫苗采购招标。发达国家实力雄厚的疫苗制造商尚且难以承担以低价持续提供疫苗的任务，发展中国家的疫苗生产能力更加缺乏发展空间。联合国儿童基金会也无力提供新的或改进后的疫苗。例如，考虑到支付能力，尽管世界卫生组织建议将乙肝疫苗纳入国家免疫方案，但是联合国儿童基金会始终未能在采购计划中增加这一新的疫苗。另外，虽然购买疫苗的费用仅占整个免疫计划开支的10%，但依然对实施国家免疫计划的发展中国家的外汇储备构成压力。

简而言之，在20世纪80年代，联合国儿童基金会的加入极大地改变了全球疫苗与免疫治理的图景。它采取了与世界卫生组织所倡导的初级卫生保健道路相异的治理路径，回归到通过大规模免疫的治理道路上。由于与世界卫生组织相比，这一时期的联合国儿童基金会拥有更大的政策执行能力，它主导了国际卫生政策的实施，在短期内提升了发展中国家儿童对6种主要疫苗的接种率。但是，这一治理路径也面临着不可持续的挑战。到20世纪90年代初，全球疫苗接种开始出现停滞。这种情况也为新理念的提出和新的治理机构的加入创造了条件。

第二节 公私伙伴关系基础上的国际机制复合体

从20世纪90年代开始，全球疫苗与免疫议题上的核心治理问题变成了寻找更具可持续性的解决方案。这一过程也影响到国际制度的发展与演化。一方面，新的行为体，特别是私人部门加入了国际政策的制订过程，使得国际制度不再以联合国系统为中心。另一方面，世界卫生组织、联合国儿童基金会这两个原先的主导国际组织，也随着国际制度的变迁不断调适自身，改变自身角色与功能定位。

---

① Violaine S. Mitchell, Nalini M. Philipose and Jay P. Sanford, eds, *The Children's Vaccine Initiative: Achieving the Vision*, p. 74, https://www.ncbi.nlm.nih.gov/books/NBK236425/.

一、“儿童免疫倡议”与公私合作模式的探索

“儿童免疫倡议”（Children’s Vaccine Initiative，CVI）概念是在1990年9月于纽约举行的世界儿童首脑会议上提出的。其核心思想是，传统的免疫技术往往需要多次接种，而且很多疫苗需要冷藏运输，后勤管理的成本很高。如果儿童疫苗的新技术能够克服这一缺陷，开发出一种“理想”疫苗——单剂（最好能够口服接种）、热稳定、覆盖多种疾病，在出生后接种且终生有效，那么国际社会将在疫苗与免疫问题上取得巨大进步。而且，从之前的经验来看，随着疫苗技术的改进，过去价格高企难以负担的疫苗也会变得更为便宜与可及。因此，这种新技术不仅能够对发展中国家的儿童健康议题产生颠覆性影响，对于美国等发达国家也具有很高的公共卫生价值。

可以说，“儿童免疫倡议”建立在前一个时期国际组织在此问题上取得的成绩与教训基础上，但对治理问题进行了再定义。儿童疫苗与免疫的问题不再被认为是由于政治意愿不足或资源稀缺造成的，更加没有涉及世界卫生组织所关心的初级卫生保健及与健康相关的社会经济因素，而是被认为可以通过技术上的进步一劳永逸地解决问题。这一理念上的变化很自然地对国际制度的设计产生了影响。因为无论是世界卫生组织还是联合国儿童基金会，都不是疫苗技术的开发机构。这一新目标的设定意味着必须将与之相关的机构有机地组织起来，纳入国际制度设计。事实上，这不是一个简单的任务。因为即便是在美国这样制药企业发达、市场机制比较完善的国家，疫苗的制造、开发与使用过程往往也是支离破碎的。公共部门认为，基础科学的研究才是根本性的，突破性的想法远比企业“简单地”将研究成果转化为产品来得有价值。但是，私营部门却认为，除非研究成果能够通过疫苗研发所必需的临床试验阶段，否则就一文不值。另外，私营企业的技术开发议程往往取决于产品最终的市场与利润前景，与国家公共卫生的实际需要相脱节，更不用指望企业能够从全球的视角看问题，关注广大发展中国家的公共卫生利益了。

“儿童免疫倡议”采取了公私合作伙伴关系的形式来构建新的国际治理架构，并试图弥合国际公共组织追求的低成本、广覆盖的治理目标与私营

企业追求利润最大化之间的价值鸿沟。联合国儿童基金会、联合国开发计划署、洛克菲勒基金会、世界银行与世界卫生组织都是这一倡议的“共同发起人”。在“儿童免疫倡议”提出后，联合国儿童基金会围绕它成立了咨询小组，包括来自国家免疫计划、多边机构、非政府组织、研发企业、公共与私人疫苗制造商，以及国家开发援助机构的代表。这个咨询小组每年召开会议，讨论儿童免疫倡议的进展并为之争取广泛支持。产品开发小组与专题工作队则负责倡议的具体实施。其中，产品开发小组主要与学术机构与产业机构合作，确定可行的技术路线，集中于开发单剂破伤风疫苗、耐热的脊髓灰质炎疫苗和可早期使用的有效麻疹疫苗。专题工作组则侧重于战略与政策制订，包括确定免疫政策的优先事项与战略规划、对全球疫苗供应情况进行分析、评估国家的监管能力等。[①]另外，“儿童免疫倡议”的资金来自政府、基金会与国际组织的自愿捐款。1992年时，这一倡议的预算为380万美元，在1993年则达到了650万美元。[②]

对于整个倡议而言，能否克服技术难点成功开发疫苗成为项目成败的关键。特别值得注意的是，与前一阶段政府与公共部门发挥主导作用相比，新的国际制度安排赋予了私营部门更大的角色，将它们视作新技术的开发者、公共问题的解决者与治理中的“伙伴”，而不单单是资本逻辑掌控下的利益追逐者。从一定程度上来说，这一转变也是不得已而为之。因为与私营公司不同，大多数公共部门既没有预算，也没有能力进行广泛的研究与开发，必须从其他地方获得疫苗相关技术。发达国家的药企与研究所不仅是本国技术的开发者，往往也是发展中国家疫苗生产技术的提供者。在新的框架下，私营部门，特别是产业界，逐步成为公共部门积极的、有益的合作者，参与各种决策会议。政府与国际组织官员也第一次从产业界获知，“产业界想要什么，拒绝什么，在哪些地方愿意合作，而在哪些地方又‘永远不会’合作”。与此同时，私营部门也逐步开始认可政府作为潜在的可靠

① Violaine S. Mitchell, Nalini M. Philipose and Jay P. Sanford, eds., *The Children's Vaccine Initiative: Achieving the Vision*, p. 22.

② Violaine S. Mitchell, Nalini M. Philipose and Jay P. Sanford, eds., *The Children's Vaccine Initiative: Achieving the Vision*, p. 60.

合作者。过去，政府往往被认为会因为最新的政治压力而不可预测地改变立场。[①]

但是，“儿童免疫倡议”在实际运作中依然出现了很大的问题。私营部门与政府之间刚刚建立起的信任关系很快就被破坏。矛盾集中在研发热稳定的脊髓灰质炎疫苗的目标上。产业界很早就对此表达了不同的观点。因为已有的疫苗在发达国家中使用情况良好，而这部分市场是疫苗产品利润的主要来源。研发热稳定的脊髓灰质炎疫苗很可能是一项无利可图的事业。尽管如此，出于人道主义的考虑，主要疫苗生产商依然同意了“儿童免疫倡议”设定的目标。但是，世界卫生组织与联合国儿童基金会又提出，根除脊髓灰质炎的目标完全可以通过部署现有的疫苗来实现，因为发展中国家采用的大规模接种方式事实上降低了管理冷链的成本。而且，带有内部测温装置的新包装形式也会很快问世，使得免疫人员很便利地判断疫苗是否能够正常使用。相反，开发热稳定疫苗所必需的成分氧化氘则可能在发展中国家引发反疫苗的情绪。结果，在没有与产业界协商的情况下，世界卫生组织、联合国儿童基金会、美国疾病控制中心的代表作出决定，认为开发具有热稳定的脊髓灰质炎疫苗是昂贵且得不偿失的。这一单方面的决定引发了私营部门的愤怒，破坏了双方好不容易建立起来的信任关系。[②]失去私营部门配合的“儿童免疫倡议”也不可能在最初设定的目标，即开发新的疫苗产品、提供技术性解决方案方面取得突破。

二、国际制度安排的重构努力

“儿童免疫倡议”虽然不可能完成开发新疫苗的目标，但也并非完全无功而返。在“儿童免疫倡议”运作的过程中，解决发展中国家疫苗覆盖率不足的问题出现了新答案：通过改变疫苗采购领域的国际制度来实现目标。世界卫生组织的两位官员彼得·埃文斯（Peter Evans）与艾米·巴特森

---

① William Muraskin, “The Last Years of the CVI and the Birth of the GAVI”, in Michael R. Reich eds., *Public-Private Partnerships for Public Health*, Massachusetts: Harvard University Press, 2002, p. 118.

② William Muraskin, “The Last Years of the CVI and the Birth of the GAVI”, in Michael R. Reich eds., *Public-Private Partnerships for Public Health*, Massachusetts: Harvard University Press, 2002, p. 123.

(Amie Batson)提出，可以通过人口规模与经济发展水平两个维度来评估不同国家对疫苗援助的需求。他们认为，不同国家可以划分为4个组别：富裕与人口众多因而有可能独立生产疫苗、自给自足的国家；富裕但人口稀少的国家，它们可以通过在国际市场上购买疫苗满足需求；不富裕但人口规模很大的国家，这些国家可以发展本土制造能力；最后，是经济发展水平落后而且人口规模小的国家，这些国家没有能力生产或购买疫苗，因而必须依赖国际援助。

据此，联合国儿童基金会不再购买疫苗并提供给所有提出要求的发展中国家，而是针对不同国家提供不同的方案。例如，最为贫穷的国家可能始终需要外部支持来维持现有的接种计划；另一些国家一开始需要外部帮助，但是经过4年的过渡期，它们将有能力为国家免疫接种计划提供80%的资金。对于具有本土生产能力的国家而言，它们需要的并不是资金或者疫苗援助，而是建立国家疫苗质量控制系统。最发达的国家则不需要国际组织的直接介入。

这在很大程度上再一次改变了全球疫苗与免疫治理的智识基础。如何才能让发展中国家的儿童也可以获得疫苗？“儿童免疫倡议”最初的想法是通过新技术的开发降低成本，并要求私营企业配合并追随公共部门设置的产品开发议程。但新的模式则指出，增加疫苗的供给量才是关键。市场在解决疫苗供应问题上仍将发挥重要的作用，而仅仅在“市场失灵”的情况下，才需要公共部门的介入与补充。制药企业发现，它们仍然能够保持自身在产品开发方面的自主性，并通过谈判购买协议，以一种相对平等的方式与政府展开合作。而且，维持合理的利润、尊重知识产权等产业界最关心的核心要求也能够得到尊重。产业界开始对新的合作模式表现出兴趣，并同意在与国际组织谈判疫苗采购时根据国家不同的经济发展水平采取分级定价的制度。

尽管新的理念来源于世界卫生组织，但行政管理上的问题却让产业界日渐萌生出建立新机制的意愿。虽然严格说来，“儿童免疫倡议”与世界卫生组织是两个不同的机构，但是，从1994年开始，两个机构一直都采取联合负责人的管理模式。世界卫生组织全球疫苗计划主任李钟郁博士兼任

"儿童免疫倡议"的执行秘书一职，而世界卫生组织的全球疫苗计划仍然坚守着扩大免疫规划的议程，旨在推进防止6种主要传染性疾病的疫苗在发展中国家的覆盖率，对于其他疫苗，特别是像"儿童免疫倡议"感兴趣的乙肝疫苗这样更新但价格高昂的疫苗，则持有怀疑和抗拒的态度。这使得李钟郁博士在行政上处于尴尬的境地：如果赞扬"儿童免疫倡议"的治理成效，就意味着对世界卫生组织全球疫苗计划的变相批评。另外，"儿童免疫倡议"的制度模式意味着必须将制药企业作为合作伙伴，而世界卫生组织对于与私营企业之间的合作向来持警惕态度，这也使得现有安排显得不能满足需要。产业界同样不掩饰对世界卫生组织的不满。国际药品制造业协会联合会的总干事小哈维·贝尔（Harvey Bale Jr.）表示，世界卫生组织官僚化的行政文化与企业界格格不入，"商业公司都是以结果为导向的。世界卫生组织尚未制订绩效标准。他们说正确的话，但什么都没有做"[①]。

新的制度变革已经在酝酿之中，私营企业会成为制度创设的重要动力。"儿童免疫倡议"的现有安排，特别是它与世界卫生组织之间的联系被认为不足以完成新的使命。为了让针对疫苗采购环节的新设计落地，需要"一个新的全球组织，具有真实的身份、强大的领导力、高效的管理、充足的融资和良好的商业计划"。但是，新的制度不能让人看上去是企业界的代言人，因为这将产生国际组织不过是另一种商业促销方式的认知，这与其为发展中国家儿童健康而奋斗的服务宗旨背道而驰。换言之，理想的制度安排必须是某种"混合体"：在政治上具有公共性，但管理与行事风格上则需要商业化的一面。这就意味着，新制度很可能进一步地远离联合国系统，特别是在行政管理上必须改变被世界卫生组织托管的命运。

1998—1999年，3项重要变化为国际制度的变革提供了推动力。第一项变化是世界银行开始重新审视自身在疫苗与免疫领域的作用。当时负责世界银行卫生、营养与人口项目的理查德·费彻姆（Richard Feachem）博士曾经是伦敦卫生与热带医学学院的院长。他回顾了世界银行在儿童免疫

① William Muraskin, "The Last Years of the CVI and the Birth of the GAVI", in Michael R. Reich eds., *Public-Private Partnerships for Public Health*, Massachusetts: Harvard University Press, 2002, pp. 136-137.

议题上扮演的角色，认为“世行的贡献大大低于其所能做出的贡献”。绝大多数经济政策领域的世行官员不习惯将疫苗视为经济发展的工具，很少在为发展中国家制订贷款计划时考虑到这一问题。为了提高对免疫接种重要性与对经济发展促进作用的认识，费彻姆博士于1998年3月在华盛顿主办了一场高级别会议“疫苗开发与提供：面向21世纪的领导力”。这次会议邀请了联合国儿童基金会、世界卫生组织、世界银行的行政首长，以及大型制药企业巴斯德—梅里厄—康诺特（Pasteur Merieux Connaught）、默克（Merck）、凯龙（Chiron）、惠氏立达（Wyeth-Lederle）等公司的首席执行官与会，讨论如何在发展中国家推进基本免疫计划、引入新疫苗并保证为具有较低市场价值的疫苗研发投入资金。这次会议的与会者赞同，“新疫苗的开发和引进必须得到主要机构和积极的公私伙伴关系的支持”，这一共识与先前以更大力度拥抱产业界、强化公私伙伴关系的想法是一致的。

第二项变化是世界卫生组织领导层的更迭及对待现有制度的态度发生变化。李钟郁博士虽然比较消极地看待“儿童免疫倡议”的作用，但是默许这一机制的存在。1998年，世界卫生组织总干事换届，布伦特兰作为候任总干事参加了世界银行组织的会议。她并不认为其他国际机构参与疫苗与免疫问题是对世界卫生组织权威的挑战。相反，新的领导人将广泛的机构间合作看作一种机会，认为通过与包括世界银行和私营部门在内的机构构建伙伴关系，世界卫生组织可以重振在免疫工作上日渐衰退的领导力。但是，布伦特兰不希望扩大甚至是维持现有的“儿童免疫倡议”结构，因为“儿童免疫倡议”是一个独立的、不受控制的新机构，可能对世界卫生组织产生负面影响。相反，她欢迎的是一个松散的非正式联盟，其中合作伙伴们自行承担协调的任务。1999年3月，在世界卫生组织、联合国儿童基金会、世界银行与企业界代表联合参加的工作组会议期间，布伦特兰宣布，将在当年年底解散并终止“儿童免疫倡议”的运作。

由于世界卫生组织的决定并没有经过会议的公开辩论，而是单方面作出的，这引起了私营企业的震惊与愤怒。受邀与会的四大疫苗公司的首席执行官向世界卫生组织、联合国儿童基金会、世界银行发出了联合抗议信，表达了对世界卫生组织试图掌控疫苗合作进程的担忧。之后，很多人甚至亲自前往世界卫生组织总部进行抗议。世界卫生组织没有预料到如此激烈的反应，这次事件也为其领导层敲响了警钟，如果不采取真正的合作措施，那么在疫苗与免疫问题上潜在的全球联盟将彻底瓦解。在此之后，世界卫生组织在未来联盟制度设计的问题上立场开始软化。

第三项变化是盖茨基金会成立并正式加入疫苗联盟的构建。虽然各方都期待建立新的伙伴关系，但是主要的联合国机构都存在顾虑，担心必须从现有预算中挪用资源，从而给原已捉襟见肘的财政状况再添负担。此时，新成立的盖茨基金会扮演了关键角色，宣布将为新的全球倡议捐资7.5亿美元。这产生了非常积极的效果。首先，挪威与英国政府立刻跟上，宣布了配套资金承诺。这使得未来的新制度产生了财务上的确定性。其次，作为当时最为成功的商业领袖，盖茨对新计划的支持为疫苗与免疫问题博取了大量的公众关注。特别是关于疫苗领域投资回报率的讨论，让国际社会提升了对该问题与经济发展之间关联性的认知。最后，也是最为直接的影响是，来自盖茨基金会的首批1亿美元的资金中，联合国儿童基金会、世界卫生组织分别获得了1000万美元的注资。这极大缓解了国际组织传统上因争取援助资金而出现的关系紧张状态，起到了润滑油的作用，使得新倡议得以快速推进。①

最终，在2000年1月召开的达沃斯论坛上，世界卫生组织、联合国儿童基金会、世界银行、盖茨基金会联合发起了全球疫苗与免疫联盟。全球疫苗与免疫问题上的国际机制复合体发展进入一个新的阶段。事实上，全球疫苗与免疫联盟的建立仅仅是这一时期全球卫生治理理念总体上转向新自由主义的突出例证之一。在类似的理念指导下，全球卫生治理历史上最大的三个“垂直计划”——全球疫苗与免疫联盟、全球基金、美国总统艾滋病紧急救助计划都是在同一时期成立的。

① Michael Moran, “The 800 Pound Gorilla: The Bill and Melinda Gates Foundation, the GAVI Alliance and Philanthropy in International Public Policy”, pp. 13-14, https://researchbank.swinburne.edu.au/file/65f77b31-5215-4696-92a9-5d8fa0e52db4/1/PDF%20%28Accepted%20manuscript%29.pdf.

三、全球疫苗与免疫联盟的制度设计与运作

全球疫苗与免疫联盟改变了过去依靠公共部门补贴来激励私营企业的传统做法，创新性地利用市场机制来增加疫苗的供给。它与疫苗供应商合作，通过规模经济降低价格，塑造疫苗市场，加速发展中国家获得疫苗的进程。这一公私伙伴关系的成立对全球疫苗与免疫问题上的国际机制安排产生了以下四个方面的影响：

首先，疫苗与免疫问题在全球卫生治理议程上的地位迅速提高。盖茨基金会应对全球卫生问题的基本理念是“利用科学和技术进步来解决健康方面的不平等”，而疫苗被看作最重要的工具之一。世界卫生组织虽然在20世纪80年代还坚持卫生体系建设对实现初级卫生保健的核心地位，但现在也愿意为这一更狭隘的技术性治理路径开放讲坛。2005年的世界卫生大会上，比尔·盖茨受邀发表主题演讲。在这个全球卫生政策制订最为核心的会议上，他再度强调了疫苗生产与交付的重要性，并认为科学技术可以独立于社会经济条件在消除疾病中发挥作用，无须消灭贫穷，也可应对疾病流行。[1]

其次，在新的国际安排中，私营部门与盖茨基金会获得了在这一问题上参与全球卫生治理的制度性权力。全球疫苗与免疫联盟成立之初暂时安置在联合国儿童基金会中，秘书处的规模很小。但现在已经搬出并成为真正意义上独立运作的实体。产业界在全球疫苗与免疫联盟委员会中获得了两个永久席位，盖茨基金会也拥有与世界卫生组织、联合国儿童基金会、世界银行同等的地位。这种新的权力结构还反映在联合国机构政策话语的改变上。2005年，世界卫生组织与联合国儿童基金会共同提出了“全球免疫前景与战略”，作为各国政府与其他合作伙伴共同的目标与行动基础。这一战略对于全球疫苗与免疫治理的问题描述与全球疫苗与免疫联盟的理解一致，即如何“最大限度地提升免疫接种服务的成本效益”[2]。传统上，这

① Gates Foundation, “Prepared Remarks by Bill Gates, Co-chair”, https://www.gatesfoundation.org/ideas/speeches/2005/05/bill-gates-2005-world-health-assembly.

② WHO and UNIECF, “GIVS: Global Immunization Vision and Strategy: 2006-2015”, https://apps.who.int/iris/bitstream/handle/10665/69146/WHO_IVB_05.05.pdf?sequence=1&isAllowed=y.

两个国际组织作为联合国机构，更多强调国家的角色，特别是政府对卫生系统和免疫规范的承诺。如今，这种考虑已经让位于市场、成本、效率等话语。

再次，在全球疫苗与免疫联盟中，世界卫生组织与联合国儿童基金会这两个传统上主导儿童免疫问题的国际组织地位也发生了变化，它们的功能围绕着疫苗治理问题的“市场化”进行了重新组织。世界卫生组织重新回归到“技术性机构”的位置上，作为伙伴关系中的重要成员向联盟提供免疫实践、操作标准、工具和技术方面的建议。[①]在免疫政策咨询框架下，世界卫生组织召集来自不同国家与机构背景的专家组成独立的外部咨询委员会，并搜集科学证据供专家作出最佳决策。委员会的结论将通过世界卫生组织建议的形式发布。这些建议帮助全球疫苗与免疫联盟确定疫苗采购的方案，同时也对疫苗行业的创新和生产具有指导性的意义，从而保证该领域内的公私投资都与全球性的优先事项保持一致。[②]另外，世界卫生组织还制订疫苗质量和安全方面的国际标准和规范，供疫苗制造商和国家监管机构使用。但是，值得注意的是，在这一政策咨询过程中，世界卫生组织本身失去了议程设置的掌控权，以个人身份任职、不代表任何国家与国际组织，而且不从世界卫生组织取酬的独立专家成为科学政策的裁决人。从这一意义上来说，世界卫生组织并没有通过参与新的公私伙伴关系机制实现布伦特兰设定的重获领导权的目标。

对于联合国儿童基金会来说，它的功能也基于上一阶段治理活动中的优势能力，即疫苗的采购和运输能力进行了重构。一方面，儿童生存革命时期的治理活动奠定了联合国儿童基金会作为全球疫苗最大采购方的地位。如今，它与发展中国家保持联系，鼓励它们支持免疫计划，并预测疫苗的

---

① GAVI,“GAVI’s partnership model: The World Health Organization”, https://www.GAVI.org/operating-model/GAVIs-partnership-model/who.

② Philippe Duclos, Jean-Marie Okwo-Bele and David Salisbury, “Establishing global policy recommendations: The role of the Strategic Advisory Group of Experts on immunization”, *Expert Review Vaccines*, Vol. 10, No. 2, p. 164.

市场需求，借此“协助疫苗联盟影响疫苗与相关技术产品的市场动力”[①]。另一方面，联合国儿童基金会保证了新的全球疫苗市场物流系统的畅通与安全，大量驻地人员则保证疫苗被安全、有效地运送到所需要的地方。联合国儿童基金会的供应司通过公开投标的方式与制造商和货运公司签订长期合同。在总部从制造商处采购后，绝大部分物资（95%）都能够直接从制造商运抵受援国港口。随后，联合国儿童基金会的驻地团队与受援国政府合作，并负责在国内运送相关物资。[②]

最后，全球疫苗与免疫联盟还引入新的筹资机制——国际免疫金融工具。有捐赠意愿的国家向其做出具有法律约束力的供资承诺，世界银行则扮演财富经理的角色，将这些未来的资金承诺转化为债券形式出售给私人投资者。通过这种“兑现”机制，国际免疫金融工具创新了全球卫生治理中的融资机制，加速了资金的到位速度，提升了国际机构运作的效率。目前，全球疫苗与免疫联盟所有资金中有19%来源于这一筹资方式。[③]

由此可见，在21世纪，全球疫苗与免疫治理领域的国际机制复合体之中，治理理念得到了统一，不同国际组织之间的关系也在分工的基础上变得更为协调。自成立以来，全球疫苗与免疫联盟在核心使命上表现良好。集中采购的形式极大降低了疫苗价格，并在很大程度上弥合了发达国家与发展中国家之间在免疫率方面的差异。例如，在2000年，只有3%的低收入国家将乙肝疫苗纳入国家免疫计划，而高收入国家中这一数字为73%。而现在，所有的国家，无论经济发展水平高低，都引入了乙肝疫苗。[④]例如，中国于2002年与全球疫苗与免疫联盟达成协议，由全球疫苗与免疫联盟支持3800万美元成立乙肝疫苗免疫及安全注射五年合作项目，极大地推

① UNICEF, “UNICEF’s Engagement with GAVI, the Vaccine Alliance”, https://www.unicef.org/media/65841/file/UNICEF′s%20engagement%20with%20Gavi,%20the%20Vaccine%20Alliance.pdf.

② Margaret Jack and Steven J. Jackson, “Logistics as Care and Control: An Investigation into the UNICEF Supply Division”, p. 2213, https://sjackson.infosci.cornell.edu/Jack&Jackson_LogisticsasCareandControl.pdf.

③ IFFIm, “Impact”, https://iffim.org/impact.

④ Elias Zerhouni, “GAVi, the Vaccine Alliance”, *Cell*, Vol. 179, September 19, p. 16.

动了中国西部省份和中部省份国家级贫困县乙肝疫苗预防接种的工作。[①]

但是，对卫生系统的忽视也成为全球疫苗与免疫联盟招致批评的主要原因之一。2003—2004年，全球疫苗与免疫联盟开展了一项研究，认为发展中国家财政和人力资源上的弱点正在妨碍免疫工作，并建议全球疫苗与免疫联盟扩大活动范围，将强化卫生系统也纳入其中。但全球疫苗与免疫联盟内部在这一问题上存在分歧。其中，挪威和英国政府沿袭了欧洲国家普遍赞同的国家支持卫生体系的做法，而美国国际开发署及盖茨基金会却明确反对投资于卫生体系，担心无法恰当衡量投资产生的效益并转移全球疫苗与免疫联盟的核心使命。比尔·盖茨本人就非常反对这一概念，认为“这完全是浪费钱，没有证据表明它有效”[②]。虽然一些国家政府，包括世界卫生组织都在董事会中占据一席之地，但面对美国政府与盖茨基金会代表，特别是盖茨本人的强势发言时，“他们很难影响决策”[③]。

从2007年开始，全球疫苗与免疫联盟也成立了关注卫生系统强化的项目。有的研究者乐观地称这是一种中和了“垂直模式”与“水平模式”的“对角线模式”，用于疫苗与免疫项目的资源同样能够成为卫生系统的一部分。但是客观而言，全球疫苗与免疫联盟在卫生系统投资问题上的视野非常狭隘，主要集中在加强与疫苗接种密切相关的“冷链”问题上，资金规模也远远不足以改变低收入国家卫生支出。而且，由于捐助者宣称，通过为全球疫苗与免疫联盟投入资金，它们已经对加强发展中国家的卫生系统做出了贡献，这反而进一步压缩了其他更为灵活的加强卫生系统项目所能够获得的资金。卢旺达政府就批评国际捐助者对公共卫生优先事项的扭曲，认为资源分配不当的“主要问题在于发展伙伴”[④]。

---

①《我国儿童乙肝疫苗纳入国家免疫规划工作进展显著》，http://www.nhc.gov.cn/wsb/pwsyw/200804/26081.shtml。

② Katerini T. Storeng, “The GAVI Alliance and the ‘Gates approach’ to health system strengthening”, *Global Public Health*, Vol. 9, No. 8, p. 868.

③ Katerini T. Storeng, “The GAVI Alliance and the ‘Gates approach’ to health system strengthening”, *Global Public Health*, Vol. 9, No. 8, p. 875.

④ Tamara Hafner and Jeremy Shiffman, “The Emergence of Global Attention to Health Systems Strengthening”, *Health Policy and Planning*, Vol. 28, No. 1, p. 46.

此外，这一制度安排还产生了一项很容易为研究者所忽视的后果，就是客观上影响了全球疫苗产业，并尤其有利于大型跨国药企与作为“世界药房”的印度制药业。一方面，联合国儿童基金会覆盖全球的后勤运输系统让疫苗的生产与消费在地理上分割开来。发展中国家无需发展本国的疫苗产业即可获取疫苗。来自国际组织的大额订单集中在少数跨国企业，加剧了全球疫苗生产集中化的趋势。2014年，联合国儿童基金会15.04亿美元的采购总额中，92%都流向了大型跨国企业与印度制药公司。[①]另一方面，除了支付疫苗本身的费用，大型药企还能获得额外补贴。例如，为了鼓励研发用于发展中国家的肺炎疫苗，全球疫苗与免疫联盟划拨了15亿美元的补贴资金，其中12亿美元流向了全球制药的两大巨头公司——辉瑞与葛兰素史克。[②]

尽管如此，全球疫苗与免疫联盟依然被看作全球公共卫生领域中成功实践的典范。《柳叶刀》杂志的评估认为，全球疫苗与免疫联盟对抗击传染病、改善低收入国家儿童健康与整体公共卫生水平产生了重要的积极影响。而挑战主要存在于实施环节，例如需要更好地搜集国家一级的免疫率数据，保证供应链的可靠性，制订个性化的方法来满足低收入国家的需求等。[③]简言之，以市场为基础、以公私伙伴关系为形式、不同国际组织之间分工合作的国际机制复合体，总体上被认为是有效的。

第三节　公共卫生危机对国际机制复合体的考验

全球疫苗与免疫联盟可以被看作一种制度化的国际机制复合体，它将不同国际组织与国际机构组织起来，以统一的原则为基础开展协调。市场

---

① Amie Batson, “Global Vaccine Market”, https://www.who.int/immunization/research/forums_and_initiatives/1_ABatson_Global_Vaccine_Market_gvirf16.pdf.

② MSF, “Gavi must Ensure More Children Get New, More Affordable Pneumonia Vaccine”, https://www.msf.org/gavi-must-work-ensure-more-children-get-new-more-affordable-pneumonia-vaccine.

③ The Lancet, “The GAVI Alliance-successes and Ongoing Challenges”, *The Lancet*, Vol. 382, No. 9901, p. 1310.

逻辑中的规模效应为国际机制复合体提供了理性基础，通过政府与国际组织的推动机制，让疫苗企业达到获利的均衡点之上，从而保证对疫苗的生产。但是，这一在“平时”运作良好的国际机制复合体，在公共卫生危机下却面临重要的挑战。一是发达国家对国家安全的考虑使得疫苗供应的主要矛盾发生了变化；二是人权价值日益冲击市场的成本—收益权衡。这两大挑战是对以全球疫苗与免疫联盟为代表的国际机制复合体治理理念基础的挑战。因而，改革进程也相当缓慢，充满了不同利益的博弈与冲突。

一、国家安全考虑对国际机制复合体的冲击

在重大公共卫生危机中，由于疫情波及面广、传播速度快，社会疏离政策往往会带来巨大的社会经济成本而难以长期维持，通过疫苗接种以形成“群体免疫”通常被各国作为缓解疫情、推进经济复苏的最关键路径。在这种条件下，国际社会的疫苗供需关系发生了根本性的变化：

一方面，在重大公共卫生危机中，国际社会普遍具有脆弱性，无论是发达国家还是发展中国家，对于疫苗的需求都是巨大的。而且，一旦国家将卫生危机定位为国家安全威胁，会大量订购与储备疫苗。在这种情况下，疫苗企业由于缺乏市场规模与盈利前景而不愿意生产疫苗的前提不复存在。另一方面，引发重大疫情的病毒与病原体往往具有非常见性与非常规性，需要研发新疫苗并对现有生产线进行改造。因而，从疫情出现到企业能够提供产品，往往需要经过相当长的时间。在重大公共卫生危机中，疫苗问题不是缺乏需求，而是供给不足。

例如，2009年4月25日，世界卫生组织宣布甲型H1N1流感为“国际关注的紧急公共卫生事件”，这也是2005年修订的《国际卫生条例》生效后的第一次。到2009年5月，发达国家已经与相关疫苗生产商达成预生产合同，以便未来可以有效地将它们生产的所有剂量分配给国内市场。仅美国就谈判获得了购买多达6亿剂甲型H1N1疫苗的选择权，而当时全球大流行疫苗的生产能力据计算在10亿~20亿剂。[①]英国为国内6600多万人口准

---

① David Brown, “Most of Any Vaccine for New Flu Strain Could Be Claim by Rich Nation’ Pre-existing Contracts”, https://www. washingtonpost. com / wp-dyn / content / article / 2009 / 05 / 06 / AR20090603760.html.

备了多达1.32亿剂疫苗，据信到疫情结束时还预留3000万剂，但独立评估机构对英国应对措施的评价却是"非常令人满意"，认为疫苗储备在性价比方面是合理的，因为与挽救生命的价值相比，接种疫苗的成本较低。[①]

由于问题本身的性质发生了变化，国际机制复合体也出现了"药不对症"的问题。这一点在2020年成立的新冠疫苗实施计划（COVAX）中，表现得特别明显。

2020年4月，世界卫生组织与法国总统、欧盟委员会主席及盖茨基金会等合作伙伴联合发起了"获取COVID-19工具加速计划"。该项目联合了疫苗领域内的主要全球性组织，包括盖茨基金会、流行病防范与创新联盟、全球疫苗与免疫联盟、全球基金、世界银行、世界卫生组织等，旨在支持研发和公平分配应对大流行所需的监测工具、治疗方法和疫苗，以减缓疫情影响并推动全球经济与社会交往的恢复。作为计划中的疫苗支柱，新冠疫苗实施计划成立，由流行病防范与创新联盟、全球疫苗与免疫联盟、世界卫生组织共同牵头。一方面，新冠疫苗实施计划向最有希望获得成功的疫苗研发项目投入资金，鼓励其完成临床试验，并支持生产线的建立以期尽快投产。另一方面，为了让稀缺的疫苗资源发挥最大功效，鼓励通过公平和客观的程序进行疫苗国际分配，并设定了在2021年底前公平分配20亿剂疫苗的目标。[②]

在疫苗的采购和国际公平分配方面，新冠疫苗实施计划延续了全球疫苗与免疫联盟的治理模式，以各国未来巨大的市场规模为杠杆，与成功研发疫苗的生产商签订"低价团购"协议，承诺各国根据人口比例公平获取疫苗。为了弥合各国购买能力的差距，新冠疫苗实施计划规定满足条件的中低收入国家可以免费获得新冠疫苗；而其余以自筹资金方式加入的国家，则在缴纳"预付款"的基础上获取未来以较低价格购入疫苗的资格。全球疫苗与免疫联盟是新冠疫苗实施计划中最为核心的成员，对后者的决策和

---

① Jacqui Wise, "UK Response to H1N1 Pandemic was Highly Satisfactory, Indepent Review Says", https://www.bmj.com/content/341/bmj.c3569.full.

② Gavin Yamey, Marco Schaferhoff Richard Hatchett et. al., "Ensuring global access to COVID-19 Vaccines", *The Lancet*, Vol. 395, Issue. 10234, pp. 1405–1406.

有效运作负有“最终责任”，新冠疫苗实施计划的办公室也设立在全球疫苗与免疫联盟秘书处中。[①]世界卫生组织的职责仍主要集中于通过免疫战略咨询专家组制订免疫政策建议，并通过紧急使用列表的方式对疫苗的安全性和有效性进行监测，为会员国提供支持。而联合国儿童基金会则主要负责疫苗的运输、后勤和存储事宜。但从现实情况来看，新冠疫苗实施计划的实际运作却受到了挑战。

首先，新冠疫苗实施计划的最大优势就在于汇聚各国需求与制造商进行集中采购的谈判，但是，富裕国家绕开了新冠疫苗实施计划，单独谈判采购协议。根据杜克大学估计，到2020年8月，虽然各类新冠疫苗尚处于研发阶段，美国就已经与6家制药企业达成了7项双边协议，采购剂量超过8亿剂，是美国国内人口规模的140%。欧盟也通过2项交易确保优先获取5亿剂疫苗；英国采购的疫苗数量则相当于其人口的225%。最终，有30个国家绕过国际多边安排直接与制造商达成交易。与这些国家相比，由于需要时间进行筹资，新冠疫苗实施计划没有参与预购的手段，因而在供货顺序上只能排在后面。[②]但是，新冠疫苗实施计划还需要履行与这些富裕国家签订的自筹资金采购协议。到2021年5月，新冠疫苗实施计划向发达国家提供了2200万剂疫苗，占其全部提供剂量的五分之一。例如，在公布的第一轮分配名单中，加拿大获得162万剂，韩国获得170万剂，新西兰也获得21万剂疫苗。[③]到2021年9月，新冠疫苗实施计划中负责疫苗分配的独立专家组修改了分配规则，优先为疫苗覆盖率不足10%，并且以新冠疫苗实施计划为唯一疫苗来源的国家提供疫苗。[④]

---

① GAVI, “COVAX Facility governance explained”, https://www.gavi.org/vaccineswork/covax-facility-governance-explained.

② Ann Danaiya Usher, “A beautiful idea: how COVAX has fallen short”, *The Lancet*, Vol. 397, No. 10292, p. 2309.

③ The COVAX Facility, “First Round of Allocation: Astra Zeneca/Oxford Vaccine (manufactured by AstraZeneca & licensed and manufactured by Serum Institute of India) Feb-May 2021”, https://cdn.who.int/media/docs/default-source/3rd-edl-submissions/covax-first-round-allocation-of-az-and-sii-az---overview-tablev2.pdf?sfvrsn=85879c81_1&download=true.

④ Ann Danaiya Usher, “Vaccine shortages prompt changes to COVAX strategy”, *The Lancet*, Vol. 398, No. 10310, p. 1474.

其次，全球新冠疫苗的制造商数量非常有限，生产在地理上高度集中，进一步加剧了新冠疫苗实施计划供应链的脆弱性。例如，印度血清研究所是世界上最大的疫苗生产商，也是新冠疫苗实施计划的主要供货商，承诺提供2亿剂疫苗供亚太与非洲国家使用。但是，2021年4月开始，印度国内新冠疫情恶化，每天新增病例数超过20万。这使得印度国内疫苗接种需求增长，血清研究所宣布将“优先考虑印度”，并在当年年底前不向新冠疫苗实施计划提供疫苗。[①]事实上，联合国儿童基金会的简报已经认识到新冠疫苗实施计划机制对印度制药业的依赖。[②]但是，由于欧美等地的产能都已经由高收入国家预定，新冠疫苗实施计划事实上别无选择。

最后，国家安全的考虑使得美国对多边制度安排持消极态度，进一步削弱了新冠疫苗实施计划机制的有效性。2020年4月，时任美国总统特朗普援引《国防生产法》，对疫苗生产原材料实施出口管制，以便美国企业能够优先获得疫苗及过滤器、导管、一次性袋等疫苗生产的必需品。当年12月8日，特朗普又签发行政命令，明确提出了“美国优先”的立场，表示“美国的政策是确保美国人优先获得免费、安全和有效的新冠疫苗”，只有“在确保有能力满足美国人民的疫苗接种需求后”，与国际社会合作分享疫苗才符合美国利益。[③]

拜登政府在很大程度上延续了前任的做法。其发布《国家安全备忘录》将包括抗击新冠疫情在内的大流行防范与其他卫生安全问题作为“国家安

① Julia Hollingsworth, “The World’s biggest vaccine maker is stalling on exports. That’s a problem for the planet’s most vulnerable”, https://edition.cnn.com/2021/05/25/asia/covax-india-serum-institute-intl-hnk-dst/index.html.

② Olivia Goldhill, “‘Naively ambitious’: How COVAX failed on its promise to vaccinate the world”, https://www.statnews.com/2021/10/08/how-covax-failed-on-its-promise-to-vaccinate-the-world/.

③ The White House, “Executive Order on Ensuring Access to United States Government COVID-19 Vaccines”, https://trumpwhitehouse.archives.gov/presidential-actions/executive-order-ensuring-access-united-states-government-covid-19-vaccines/.

全的首要任务”①，并专门发布了疫情应对的“国家战略”，提出将“不遗余力”地保证美国人“快速、有效、平等地”获取疫苗。②因而，当美国国内因为广泛存在的“疫苗犹豫”而导致接种计划迟滞不前时，拜登政府也没有轻易捐赠“多余”的份额。③

中国在新冠疫苗研发与生产上的成功，以及决定将新冠疫苗作为国际公共产品而非一国私有物品的政治智慧，在一定程度上弥补了国际机制复合体的缺陷。2021年7月12日，联合国儿童基金会宣布代表新冠疫苗实施计划与中国国药集团签署预购协议，在当年7—10月购买6000万剂疫苗。此外，协议还赋予联合国儿童基金会在2021年第四季度再度购买6000万剂疫苗、在2022年上半年再购买5000万剂疫苗的选择权。④2021年7月26日，联合国儿童基金会又与中国科兴公司签署长期协议，为新冠疫苗实施计划提供的疫苗数量最高可达3.8亿剂。⑤在应对新冠疫情的过程中，中国在国内开展疫苗接种的同时，一直持续、稳定地向全球提供疫苗，与西方国家将疫苗作为战略物资，采取本国利益至上原则的做法形成了鲜明的对比。

二、对知识产权豁免问题的回避

针对疫苗知识产权豁免的讨论，对以全球疫苗与免疫联盟为代表的国

---

① The White House, “National Security Memorandum on United States Global Leadership to Strengthen the International COVID-19 Response and to Advance Global Health Security and Biological Preparedness”, https://www.whitehouse.gov/briefing-room/statements-releases/2021/01/21/national-security-directive-united-states-global-leadership-to-strengthen-the-international-covid-19-response-and-to-advance-global-health-security-and-biological-preparedness/.

② The White House, “National Strategy for the COVID-19 Response and Pandemic Preparedness”, p. 8, https://www.whitehouse.gov/wp-content/uploads/2021/01/National-Strategy-for-the-COVID-19-Response-and-Pandemic-Preparedness.pdf.

③ The White House, “Fact Sheet: President Biden Announces Historic Vaccine Donation: Half a Billion Pfizer Vaccines to the World’s Lowest-Income Nations”, https://www.whitehouse.gov/briefing-room/statements-releases/2021/06/10/fact-sheet-president-biden-announces-historic-vaccine-donation-half-a-billion-pfizer-vaccines-to-the-worlds-lowest-income-nations/.

④ 联合国:《儿基会与中国国药集团签署新冠疫苗供应协议》, https://news.un.org/zh/story/2021/07/1087832。

⑤ 联合国儿童基金会:《联合国儿童基金会与中国科兴公司签署2019冠状病毒病疫苗供应协议》, https://www.unicef.cn/press-releases/unicef-signs-supply-agreement-sinovac-covid-19-vaccine。

际机制复合体的治理理念构成了另一重挑战。1994年，世界贸易组织框架下通过了《与贸易有关的知识产权协定》（TRIPS，以下简称《知识产权协定》），将知识产权保护的范围扩大到医药产品和方法，并规定了统一的为期20年的专利保护期。专利保护的目的是产生暂时的垄断，以奖励为新技术开发而投入的智力劳动。但是，简单的经济逻辑会在公共卫生领域内产生明显的副作用。许多发展中国家不能合法地生产价格低廉的仿制药物，大型制药企业得以在全球维持着高昂的药物价格。

但是，随着国际社会中关于生命权与健康权的规范兴起，发展中国家对这一规则发起了挑战。2001年，世界贸易组织第四届部长会议通过了《知识产权协定与公共健康多哈宣言》，承认了发展中国家在面临严重的公共健康问题时可以通过"强制许可"手段暂时取消对医药产品的知识产权保护，授权政府代理或经政府同意的第三方在固定期限内利用专利。缺乏药品生产能力的国家还可以"平行进口"的方式购买其他成员方通过强制许可而生产的产品。

2020年，为了应对席卷全球的公共卫生挑战，暂时取消疫苗的知识产权再一次成为被广泛讨论的政策选项。有人提出，尽管制药企业采取了分级定价的措施，发展中国家的疫苗价格低于发达国家，而且印度等世界疫苗制造中心也为降低疫苗价格作出了各种努力，但依然有大量发展中国家人口因为价格问题无法获取疫苗。取消专利保护和其他形式的知识产权规则将进一步降低疫苗价格。而且，发展中国家免疫覆盖率的提高也有助于形成群体免疫，减缓疫情在全球的传播、降低变种出现的可能，从而间接有利于发达国家的利益。[①]因此，应当在世界贸易组织的框架下暂时取消知识产权保护，以加快疫苗生产，缓解低收入国家疫苗获取不足的情况。

2020年10月，印度和南非提出了"豁免《知识产权协定》的某些条款以预防、遏制和治疗新冠"议案，引起了国际社会的激烈讨论。这份议案要求，鉴于目前全球紧急情况，世贸组织成员共同努力，"确保专利、工业

① Olivier J Wouters, Kenneth C Shadlen, Maximillian Salcher-Konrad et.al., "Challenges in ensuring global access to COVID-19 vaccines: production, affordability, allocation, and deployment", *The Lancet*, Vol. 397, No. 10278, pp. 1023-1034.

品外观设计、版权和未公开信息保护等知识产权不会对及时获得负担得起的医疗产品造成障碍”。特别是印度与南非认为，发展中国家在运用《知识产权协定》弹性条款（第31条和第31条之二）时可能会面临体制和法律的困难，导致医药产品进出口过程烦琐且漫长。因而，它们要求在《多哈宣言》的基础上更进一步，豁免《知识产权协定》第二部分的一、四、五、七节相关内容，让具备生产能力的国家无须授权即可自行生产相关产品和设备。

全球350多个民间社会组织和活动家要求世贸组织成员方支持这一联合提案。世界卫生组织、联合国艾滋病规划署、国际药品采购机制、无国界医生组织也表示赞同放松知识产权协议，以便以负担得起的价格向所有人提供新冠疫苗。然而，辉瑞、莫德纳等新冠疫苗的主要研发企业对此明确表示反对，认为取消知识产权保护会导致疫苗生产质量的下降。一份欧洲制药行业和协会联合会的文件表明，大型制药企业在这一问题上的立场高度一致。[①]在行业协会的游说下，美国、英国、欧盟、加拿大、日本、挪威、瑞士等发达国家及巴西也持反对态度。它们主张，没有知识产权的保护，制药企业就不会有开发与投资疫苗生产的动力，并认为阻碍疫苗获取的主要问题不在于知识产权，而在于产能受限。与它们站在同一立场的还有比尔·盖茨本人。在接受媒体采访时，他表示取消知识产权保护无助于提高疫苗产量，因为“没有闲置的工厂”可以投入新冠疫苗或药物的生产。[②]

2021年5月5日，作为企业知识产权强有力的支持者，美国突然转变了在这一问题上的立场，支持豁免相关的知识产权保护规定，允许发展中国家自行生产疫苗。美国的政策转变在一定程度上改变了新冠疫苗知识产权豁免问题上的政治格局。6月4日，欧盟的立场也有所松动，但并没有直接接受印度与南非的议案，而是另外提出议案，建议将“倡导自愿许可+简化

---

① Corporate Europe Observatory, “Big pharma lobby’s self-serving claims block global access to vaccines”, https://corporateeurope.org/en/2021/04/big-pharma-lobbys-self-serving-claims-block-global-access-vaccines.

② Vartika Neeraj, “Patents, Pandemics, and the Private Sector: The Battle Over Public Health Norms During COVID-19”, https://jpia.princeton.edu/news/patents-pandemics-and-private-sector-battle-over-public-health-norms-during-covid-19.

强制许可”作为促进新冠疫苗生产和提高新冠疫苗覆盖率的替代路径。欧盟方案一方面倡导企业自愿向发展中国家转让相关技术，另一方面提出简化强制许可程序，包括明确将新冠疫情定性为《知识产权协定》第31条中的“紧急状态或其他极端紧急的情况”；降低许可费率，以符合人道精神、反映制造疫苗和药品的价格；放宽“有资格进口的成员”的要求，避免一些中高收入国家因缺乏必要资格而无法适用相关优惠条款的情况。

之后，世界贸易组织中又出现了以南非、印度、欧盟、美国相互妥协达成的“四方方案”，进一步放宽了《知识产权协定》弹性条款的实施要求。但与此同时，对于符合豁免要求的发展中国家加以限制，“鼓励具备疫苗出口能力的发展中国家成员退出本协议”，这使得中国、巴西等发展中国家直接失去了合格成员的资格。另外，“四方方案”还将知识产权豁免的范围限定在新冠疫苗专利上，排除了其他抗疫专利药品、医疗设备。①

2022年6月，在世界贸易组织第十二届部长级会议期间，这一问题才最终有所进展。应世界贸易组织总干事要求，《知识产权协定》理事会主席向世界贸易组织总理事会递交了新的豁免决议草案，并最终获得通过。与“四方方案”一样，决议最终文本中仅涉及新冠疫苗专利，但对合格成员的定义有所变化。决议规定，“所有发展中国家均为合格成员。鼓励有能力生产新冠疫苗的发展中成员作出约束性承诺，不使用该决议”。中国支持了决议案，并作出了自愿放弃豁免权利的承诺。总体看来，在知识产权豁免的问题上，世界贸易组织采取的立场是比较保守的。尽管存在重大的全球公共卫生危机，依然将企业知识产权的“私权”置于首要位置。

除了在世界贸易组织框架下最终作出有利于企业知识产权保护的决定，新冠疫苗实施计划中不透明的知识产权安排也饱受诟病。科学技术的研发工作往往需要大量资金投入，在一些国家中，对于政府公共财政资金参与资助的科技成果的知识产权是有限制的。例如，美国《拜杜法案》规定，在公共财政资助的科技成果中，如果知识产权权利人没有合理地满足健康

---

① 彭亚媛、马忠法：《新冠危机下TRIPS协定豁免的法律争议与中国应对》，《国际法研究》2023年第3期。

或者安全需要，政府可以行使“介入权”，防止私营企业滥用知识产权。

但是，新冠疫苗实施计划安排并没有考虑“介入权”问题，虽然企业与研发机构通过“预先市场承诺”的方式获得了大量来自各国政府的预购金用于研发，但是最终权利却完全归属于企业。不仅如此，新冠疫苗实施计划对于向制药企业进行补贴的合同细节大多保密，几乎没有任何关于疫苗制造成本、预付款合同或者补贴的信息被公开。①新冠疫苗实施计划主要负责机构全球疫苗与免疫联盟本身对于豁免知识产权的态度也是负面的，甚至在世界贸易组织已经通过豁免决议后，2023年3月，其首席执行官赛斯·伯克利（Seth Berkley）依然公开表示，豁免专利权对于发展中国家获得疫苗“毫无帮助”，关键问题在于专业知识，否则就“无法进行技术转让并加快疫苗生产”。他还认为，如果说新冠疫苗实施计划应当吸取教训，那就是本可作出更多努力，要求制药企业在疫苗供应方面更加透明，或者努力阻止国家颁布出口禁令。②

国际疫苗供应的机制复合体对知识产权豁免的抵制，究其实质是因为对私营企业利益的偏向。以市场为基础的国际机制复合体要能顺利运作，必然离不开企业的合作。保证企业的支持成为国际机制设计的核心关切。国际机构认为，企业在合作关系中会面临“发展风险、需求风险和竞争风险”，这是因为，企业为了应对大流行而投入的设施“有可能在危机之间闲置，对企业来说那就太危险了”。③因此，国际制度的设计重点成为补贴企业，帮助企业规避任何可能的商业风险与金融风险，而这与基于生命权与健康权理念的知识产权豁免政策产生了根本性的冲突。

另外，不可否认，在知识产权的问题上，发达国家的利益与制药企业

① Felix Stein, “Risky business: COVAX and the financialization of global vaccine equity”, *Globalization and Health*, Vol. 17, No. 112, pp. 7-8.

② Jenny Lei Ravelo, “TRIPS waiver ‘did nothing’ for vaccine access, Gavi’s Seth Berkley says”, https://www.devex.com/news/trips-waiver-did-nothing-for-vaccine-access-gavi-s-seth-berkley-says-105091.

③ GAVI, “The Future of Global Pandemic Security: Navigating shifting landscapes -- a Gavi White Paper”, https://www.gavi.org/vaccineswork/future-global-pandemic-security-navigating-shifting-landscapes-gavi-white-paper.

的利益是一致的，进一步加大了国际机制复合体改革的难度。新冠疫苗的主要生产商都分布在美国与欧洲等高收入国家和地区。它们向疫苗企业投入资金，用以换取优先获取疫苗的权利，而企业的高额利润还间接带来了额外的税收与增加的就业机会。例如，辉瑞疫苗的开发合作伙伴德国企业拜恩泰科（BioNTech）在2021年使得德国的国内生产总值增长了0.5%，贡献了31亿欧元的税收。因而，在世界贸易组织中最激烈反对新冠疫苗专利豁免的国家就是高收入国家。而新冠疫苗实施计划机制虽然声称代表了发展中国家的利益，但最主要的支持者与最主要的决策者依然来自发达国家，新冠疫苗实施计划的管理机构中有81%的人都来自高收入国家。[①]

本章小结

本章讨论了全球疫苗与免疫问题上国际机制复合体的发展与演变历程。面对发展中国家儿童疫苗免疫覆盖率低的问题，国际社会先后采用了两种不同的治理思路——在联合国框架下依靠国际援助与政治动员解决，以及通过“公私伙伴关系”利用市场机制解决。在第一阶段，国际制度复合体在运作上主要表现为联合国儿童基金会与世界卫生组织之间的合作，前者依靠对政策目标的坚持与实地运作的能力成为主导性机构。在第二阶段，在盖茨基金会等强大私人行为体介入的背景下，全球疫苗与免疫问题的核心被重新界定，国际制度复合体的底层逻辑也发生了变化，运用市场力量、与企业合作被认为是解决问题的更好路径。在新的治理结构下，全球治理成为由国际组织、盖茨基金会、发达国家对外援助机构支持的“买方”与由主要制药企业组成的“卖方”之间的协商与谈判，而发展中国家则逐渐失去了决策中的话语权。

这套新的国际机制虽然在“平时”运作良好，降低了全球主要疫苗的价格并让发展中国家有机会引入新的、价格更高的疫苗。但是，在全球性

① Anjali Pushkaran, Vijay Kumar Chattu and Prakash Narayanan, “A critical analysis of COVAX alliance and corresponding global health governance and policy issues: a scoping review”, *BMJ Global Health*, Vol. 8, No. 10, pp. 6–7.

重大公共危机面前，国际制度的不平衡性与脆弱性也暴露无遗。发达国家在国家安全上的考虑主导了疫苗的国际分配。

近年来，国际社会也开始正视发展中国家在公共卫生及获取大流行应对工具等方面所处的不利地位，并试图通过国际制度的再设计缓解问题。2021年11月底，世界卫生大会举行特别会议，决定成立包括194个成员国在内的政府间谈判机构（Intergovernmental Negotiation Body, INB），根据世界卫生组织章程起草“公约、协议或其他国际文书”，以加强大流行的预防、准备和应对。从2023年6月公布的主席团文本来看，“公平”被作为国内与国际层面预防与应对大流行的一项核心原则写入条约草案，它指“不受阻碍、公平公正并及时获取安全有效、优质和负担得起的疫情相关产品、信息、服务、技术与社会支持”。新的条约为问题解决提供了多种政策选项，包括要求缔约方公布得到政府资金支持的产品研发协议条款、促进政府资助的大流行相关产品研发成果的公开传播、在大流行发生时有时限地放弃知识产权以扩大生产规模、向发展中国家提供技术转让、要求从世界卫生组织获取病原体的生产商向国际组织实时提供产量的20%以供向发展中国家公平分配这些产品、保持产品供应链的透明与韧性等。但是，发达国家在知识产权问题上的强硬立场阻碍了国际社会达成更具约束力的条文。在涉及相关问题时，案文中更多采用“酌情”“鼓励”“采取必要措施”“根据国家法律”等软性词汇。假如国际社会再一次面临类似的卫生威胁，健康权利能否超越经济利益与疫苗民族主义的考虑依然是一个问题。

第五章

全球疾病控制领域的国际机制复合体——以艾滋病问题为例

在跨国传染病防控领域，除了突发的国际公共卫生事件，还需要针对一些长期流行、对人类健康产生严重威胁，但难以依靠疫苗等医药手段彻底解决的问题开展治理。全球艾滋病流行就是其中的典型案例。这一传染性疾病在1981年被发现。之后，国际社会应对不力、全球化带来的跨国人员交流、发展中国家社会经济条件的剧变等一系列因素推动这一疾病迅速成为全球卫生治理的首要议题之一。由于艾滋病应对问题的复杂性与长期性，国际社会先后成立了多项国际制度加以应对。这一案例为我们提供了观察全球疾病控制领域内国际机制复合体生成与演变的独特机会。

第一节　世界卫生组织的早期应对与国际机制复合体的形成

当获得性免疫缺陷综合征（AIDS，即艾滋病）在美国被发现时，人们将其看作局限于一国内部少数同性恋群体的疾病。世界卫生组织也认为，这是“富国”的疾病，不如疟疾、结核病、营养不良等问题那样严重威胁发展中国家人民的健康。因而，国际社会在很大程度上错过了及时回应的时机。到20世纪80年代中期，随着国际联合研究项目的开展，公共卫生界认识到，这是一项涉及面广、急迫性强且必须通过国际合作才能成功应对的疾病。[①]世界卫生组织为此专门成立了全球艾滋病规划（Global Program on AIDS, GPA），并发展出一套强调尊重艾滋病患者权利的应对路径。但

① Jonathan Mann, “The World Health Organization's Global Strategy for the Prevention and Control of AIDS”, *The Western Journal of Medicine,* Vol. 147, No. 6, p. 732.

是，到20世纪90年代，随着世界卫生组织总干事的更迭，这一路径发生了扭转，并最终导致联合国艾滋病规划署的诞生。这一新机构的成立也标志着在全球艾滋病控制问题上出现了国际机制复合体现象，使得相关的国际卫生政策制订变得更为复杂。

一、世界卫生组织与艾滋病控制“人权路径”的兴衰

世界卫生组织到1985年时开始正视全球范围内的艾滋病流行问题。在当年召开的第39届世界卫生大会上，各国通过决议，鉴于艾滋病问题引发的“强烈国际关注与关切”，成立世界卫生组织全球艾滋病规划。这一疾病控制项目的负责人是全球最早的艾滋病专家之一乔纳森·曼（Jonathan Mann）。他在1984年受聘于美国疾病控制中心，负责领导扎伊尔（今天的刚果民主共和国）的一个艾滋病研究项目。他们的研究证明，艾滋病会通过异性之间的性接触在一般人群中扩散，而并非如早期认为的那样仅仅发生在男性同性恋群体及少数吸毒女性中。曼提醒国际社会，虽然暂时没有疫苗与治疗方法，仍需要积极应对，否则将面临一场重大流行病。[①]全球艾滋病规划设定了三个任务：预防艾滋病毒传播；照顾艾滋病毒感染者，减少与艾滋病毒感染相关的发病率和死亡率；通过联合国和国际社会的努力来控制全球艾滋病传播。项目的设立极大鼓舞了发展中国家抗击艾滋病的行动。1986年，乌干达在世界卫生大会上公开表示本国急需来自国际社会的帮助以应对国内的艾滋病流行。尽管在启动之初，这个项目的预算只有50万美元，并只配备了曼本人与一位助理这两位工作人员，但到1990年时，全球艾滋病规划已经是世界卫生组织内部规模最大的疾病控制项目了，每年的预算达到1.09亿美元，在全球范围内雇用280多名工作人员。[②]

这一项目的早期成功有多方面的因素。首先，美国在艾滋病应对方面的矛盾心态客观上推进了多边组织的发展。一方面，美国前总统里根在艾滋病问题上惯以保守与否认态度闻名。在很长时间内，他对这一公共卫生

① Elizabeth Fee, Manon Parry, “Jonathan Mann, HIV/AIDS, and Human Rights”, *Journal of Public Health Policy*, Vol. 29, No. 1, pp. 56–57.

② Elizabeth Fee, Manon Parry, “Jonathan Mann, HIV/AIDS, and Human Rights”, *Journal of Public Health Policy*, Vol. 29, No. 1, p. 60.

危机基本上保持沉默，没有作出反应。直到1985年9月才公开提及这一问题。但是，他的这次发言传递出错误的科学信息，暗示日常接触也有可能传播艾滋病。在政治压力下，美国的疾病预防控制中心的工作也备受掣肘。他们关于制订艾滋病预防计划的提案遭到了华盛顿领导人的拒绝，甚至收到“看起来漂亮，但尽量少做”的指示。①但另一方面，艾滋病流行已经成为一项公共卫生危机的事实却难以遮掩。到1987年美国开始采取措施调查国内疫情时，已经有47000人感染。在纽约和旧金山，艾滋病已经成为25~44岁单身男性过早死亡的头号杀手，而每位艾滋病患者的平均住院治疗费用大约在50000美元。②因而，一些政府部门希望能够采取一些行动，但也希望回避独立运营项目可能面临的社会与政治压力。世界卫生组织发起的全球艾滋病规划正提供了这样一个机会。1987年，美国国际开发署为多边计划提供了660万美元，之后又将投入翻番。因而，与世界卫生组织在这一时期捉襟见肘的核心预算状况相比，全球艾滋病规划的资源显得尤为充足。

其次，世界卫生组织的领导层最初也给予了全球艾滋病规划特别的支持。在规划成立时，世界卫生组织总干事马勒与曼一道飞往纽约召开新闻发布会，宣布将秉持“根除天花的精神”向全球艾滋病流行发起挑战。1987年，曼向联合国大会汇报了全球艾滋病规划的结构与活动方式，这也是联合国大会首次听取关于全球艾滋病问题的报告。③在简报中，曼警告国际社会，在未来几年中全球艾滋病流行会变得更为严重，立即采取行动是“无法回避的优先事项”，各国必须“承担起采取行动的集体和历史责任”。

除了给予全球艾滋病规划项目政治上的优先地位，在组织的日常管理中，总干事也尽量“特事特办”。为了避免地区办事处出于政治目的而抵制

① Joseph Bennington-Castro, “How AIDS Remained an Unspoken-But Deadly-Epidemic for Years”, https://www.history.com/news/aids-epidemic-ronald-reagan.

② Jonathan Mann, “Aids-A Global Challenge”, *Health Education Journal,* Vol. 46, No. 2, p. 44.

③ Jonathan Mann, “Statement at an Informal Briefing on AIDS to the 42nd Session of the United Nations General Assembly on Tuesday 20th October 1987”, https://www.nlm.nih.gov/exhibition/againsttheodds/pdfs/OB0855.pdf.

或回避艾滋病问题，特别是在非洲地区，全球艾滋病规划的财务几乎独立于区域办事处。[①]总干事还支持曼绕开烦琐的行政程序，招募合适的项目成员并开展活动。[②]在这种模式下，全球艾滋病规划团队也表现出惊人的热情与工作效率。据曾经的工作人员回忆："我们都在奋起直追，让全球艾滋病规划起步并进入该领域……似乎所有员工每天至少工作15至16小时。"[③]从1987年2月到10月，世界卫生组织与90多个国家合作，提供了250多次技术支持任务。58个国家根据世界卫生组织提供的指导方针，制订了国家艾滋病预防与控制的书面计划。[④]

最后，作为项目负责人，曼强调人权保护与公共卫生措施之间相辅相成的关系，发展出一套在缺乏必要的医疗卫生措施的条件下开展艾滋病防控的治理路径。"人权路径"也成为世界卫生组织一种开创性的公共卫生治理模式。当时，艾滋病尚未有针对性的治疗药物，抗逆转录酶病毒疗法（简称ARV疗法）的正式推广要到1996年才实现。在世界卫生组织介入这一问题前，公共卫生专家的通常做法是警告人们这一新发传染性疾病的危险性，甚至是"恐吓公众，让他们至少了解这一疾病的存在"。例如，当时在英国发起的一场艾滋病宣传活动的主题是"艾滋病：切勿死于无知"[⑤]。全球艾滋病规划刚刚启动时，预防工作更进了一步，把重点放在告知公众哪些高危行为有可能导致感染及如何降低个人风险。但是，这些活动依然是以个体为中心的，强调个人应该承担责任，确保采取负责任的行为保证不被感染。

曼很快就意识到这一治理思路的局限性。一方面，他发现，由于社会

---

① Tine Hanrieder, "Local Orders in International Organizations: the World Health Organization's Global Programme on AIDS", *Journal of International Relations and Development*, Vol. 17, No. 2, p. 230.

② 汤蓓：《试析国际组织行政模式对其治理行为的影响》，《世界经济与政治》2012年第7期。

③ James Chin, *The AIDS Pandemic: The Collision of Epidemiology with Political Correctness*, Abingdon:Radcliffe Publishing, 2007, p. 199.

④ Jonathan Mann, "The World Health Organization's Global Strategy for the Prevention and Control of AIDS", *The Western Journal of Medicine*, Vol. 147, No.6, p. 733.

⑤ Jonathan Mann, "Human Rights and AIDS: The Future of the Pandemic",in Inon I. Schenke eds., *AIDS Education*, New York: Plenum Press, 1996, p. 1.

往往对感染者采取歧视性做法，感染者往往不敢暴露身份，从而使得卫生机构更加难以追踪疾病发展趋势或提供必要的医疗服务。关于疾病的信息传播只有发生在“支持性”环境中，才可能真正带来行为改变，并对预防疾病产生积极作用。另一方面，曼还指出，艾滋病的流行暴露了卫生服务获取和社会经济中广泛存在的其他不平等问题。即便了解艾滋病感染的风险因素，家庭内部的暴力与经济上的依附也可能导致西非国家的已婚女性不敢拒绝丈夫的要求；另外，输血有没有被纳入医疗保健服务，社会能不能有效地打击静脉注射毒品的问题，都有可能对艾滋病传播造成影响。①

曼提出，就全球艾滋病应对而言，社会性的解决方案要优于生物医学的解决思路。艾滋病问题在生物学和流行病学上与其他传染性疾病有很大的不同，因而不能简单采用过去的应对方式。“与从传统健康或生物医学继承的任何框架相比，人权框架为公共卫生提供了一个更加连贯、全面和实用的框架。”要解决艾滋病流行问题，首要的是解决社会经济中广泛存在的不平等问题。②他在向联合国大会介绍全球艾滋病问题时，也特别强调必须同时应对三种“流行病”——艾滋病病毒本身的流行，由于病毒感染而造成的其他疾病流行，以及“对艾滋病的（不当的）社会、文化、经济与政治反应”的流行。③

在这一理念的指引下，世界卫生组织发布了一系列关于消除歧视并通过干预社会经济因素推进疾病预防的声明与战略。1987年3月，全球艾滋病规划召开了一次磋商会，并就对国际旅行者进行艾滋病毒筛查、限制艾滋病感染者乘坐公共交通工具等问题发表了声明。世界卫生组织认为，无论从全球还是国家的角度来看，对国际旅行者进行筛查代价高昂且没有必要；没有理由阻止艾滋病毒感染者乘坐火车、公共汽车、飞机等公共交通

① Elizabeth Fee, Manon Parry, “Jonathan Mann, HIV/AIDS, and Human Rights”, *Journd of Public Health Policy*, Vol. 29, No.1, pp. 62-63.

② Lara Stemple, “Health and Human Rights in Today’s Fight Against HIV/AIDS”, *AIDS*, Vol. 22, No. Suppl. 2, p. S113.

③ Jonathan Mann, “Statement at an Informal Briefing on AIDS to the 42nd Session of the United Nations General Assembly on Tuesday 20th October 1987”.

工具。[1]另外，世界卫生组织还建立了国际层面上的数据、信息、教育项目、病毒与试剂的共享与交换机制，保证发展中国家也能够及时了解相关信息与项目开展中的经验与教训。曼还特别提出，国际社会可以进一步通过提高初级卫生保健质量、设计有效和可接受的公共卫生信息与教育策略，以及呼吁“全球良知”来更好地应对这一全球重大挑战。[2]

由于应对路径突破了单一的公共卫生领域，全球艾滋病规划还与其他国际组织与机构建立了广泛的联系，利用它们在应对社会经济因素方面的专长来补足短板。例如，1988年开始，世界卫生组织与长期在发展中国家开展活动的联合国开发计划署合作应对艾滋病；与联合国教科文组织就在教育机构中宣传艾滋病相关信息开展合作；就预防儿童疾病与联合国儿童基金会密切协调。[3]曼还开创了世界卫生组织与非政府组织关系的新模式。他认识到，民间社会团体在艾滋病疫情暴发初期往往能够发挥特别重要的作用。因此，他邀请红十字会与红新月会国际联盟、国际护士理事会及人权组织一道加入关于艾滋病问题的讨论。

虽然全球艾滋病规划在短期内取得了巨大的成功，但是随着1988年世界卫生组织总干事的更迭，这一项目的指导方针发生了扭转。新任总干事中岛宏是一位受人尊敬的生物医学科学家，是“世界卫生组织的忠实信徒，希望世界卫生组织保持其领导地位，在健康问题上保持技术上的最高质量”[4]。然而，他怀疑世界卫生组织在应对艾滋病流行问题上现行治理路线的可行性。他上任后开始调整在艾滋病问题上的态度与应对策略。中岛宏认为，世界卫生组织过度关注艾滋病这一流行性疾病，而全球范围内还有腹泻、疟疾、结核病等在发展中国家广泛肆虐的疾病缺乏足够的资源。而且，如果全球艾滋病规划要持续开展，就应当被纳入一般性的管理规范与

---

① Jonathan Mann, “Aids-A Global Challenge”, *Health Education Journal*, Vol. 46, No. 2, p. 45.

② Jonathan Mann, “The World Health Organization’s Global Strategy for the Prevention and Control of AIDS”, *The Western Journal of medicine*. Vol. 147, No. 6, p. 734.

③ 汤蓓:《试析国际组织行政模式对其治理行为的影响》,《世界经济与政治》2012年第7期。

④ Stephen Pincock, “Hiroshi Nakajima”, *The Lancet*, Vol. 381, No. 9873, p. 1178.

流程，不能长期处于“特别项目”的地位。

但最为关键的问题是，中岛宏并不认同曼确定的“人权路径”。他在接受法国《世界报》采访时表示，“应当在艾滋病患者的权益与全社会的利益之间恰当平衡”，暗示可以针对病毒感染者采取一些限制行动的措施。曼要求总干事收回发言，否则就在“世界艾滋病日”当天辞职。[①]最终，到1990年3月时，中岛宏与曼的矛盾已经无法调和，并以曼辞去全球艾滋病规划主任一职而宣告结束。从事后媒体透露出的信息来看，双方的紧张关系已经严重影响了全球艾滋病规划的正常运作。总干事否决了曼的用人计划，还将原有的人员调动至其他疾病控制计划，甚至推迟关于在发展中国家进行艾滋病防控项目的决策日程。[②]

在曼辞职后，中岛宏任命了麦克尔·默森（Michael Merson）担任全球艾滋病规划的临时主任。之后，他担任项目负责人直至1995年项目解散。据默森自己的说法，当时他领导着世界卫生组织的腹泻病及急性呼吸道感染规划，对艾滋病问题知之甚少，不了解全球艾滋病规划的发展历史，还不会说法语，考虑到艾滋病问题在非洲的严重程度，这将是候选人重要的个人不足。他认为，自己美国人的身份，以及美国是全球艾滋病规划最大捐助国的事实可能是总干事作出任命的最主要原因。[③]

在总干事和新主任的带领下，全球艾滋病规划的工作方向发生了调转，在很大程度上回归了世界卫生组织传统的生物医药领域，成为一个“典型”的世界卫生组织规划。中岛宏希望全球艾滋病规划更多将资源投入研究领域，默森也认为应该对药物与疫苗研发提供更多支持，并开展与艾滋病防控相关的行为研究。[④]但是，生物医药研发前沿却缺乏进展，而发展中国家

① 汤蓓：《试析国际组织行政模式对其治理行为的影响》，《世界经济与政治》2012年第7期。

② Philip J. Hilts, “Leader in U.N.’s Battle on AIDS Resigns in Dispute Over Strategy”, https://www.nytimes.com/1990/03/17/us/leader-in-un-s-battle-on-aids-resigns-in-dispute-over-strategy.html.

③ Michael Merson, Stephen Inrig, *The AIDS Pandemic: Searching for a Global Respons*, Switzerland: Spriger, 2018, p. 133, 137.

④ Michael Merson, Stephen Inrig, *The AIDS Pandemic: Searching for a Global Respons*, Switzerland: Spriger, 2018, p. 143.

也没有能力开展行为研究，特别是和性行为相关的研究。之前的“人权路径”则被边缘化，也不再强调通过多部门合作的方式应对可能加剧艾滋病流行的社会经济因素。缺乏替代性工具使得全球艾滋病规划缺乏活动，只能依赖一些简单而廉价的治疗药物为发展中国家提供服务。运作效能的下降很快就对国际组织的运作产生了影响。1991年，全球艾滋病规划募集到的资金就出现了3000万美元的短缺。

世界卫生组织对全球艾滋病流行的早期应对提供了一个说明国际组织行政机构如何影响国际公共政策制订的案例。曼领导的全球艾滋病规划扮演了艾滋病问题治理“人权路径”的倡导者与实施者。但是，国际组织内部发生的变化中断了原本成功的治理模式，并为国际机制复合体的出现提供了空间。

二、路径竞争型国际机制复合体与联合国艾滋病规划署的成立

世界卫生组织治理理念的早期成功与突然转向，导致它和成员国及其他国际组织之间产生了紧张关系。一方面，美国等西方国家对世界卫生组织总干事中岛宏的管理风格产生了严重的不满，批评他过于保守且不善沟通。1993年，在他第一任期快要结束前，发达国家很罕见地要求中岛宏撤回连任申请。但是，日本政府坚决支持本国国民担任联合国专门机构领导人，并不惜利用对外援助与经贸关系作为谈判筹码，为中岛宏积极游说。[①] 最终，中岛宏以微弱优势获得连任。由于难以通过正式的制度安排施加影响，西方发达国家开始更多地利用双边项目或者短期的预算外资金开展国际卫生计划。[②]

另一方面，在全球艾滋病规划的第一阶段，世界卫生组织与其他联合国专门机构在“人权路径”下开展了大量合作。例如，联合国人口基金将艾滋病预防作为其在90多个国家的计划生育和母婴健康项目的一部分，联

---

① Nitsan Chorev, *The World Health Organization between North and South*, Ithaca and London: Cornell University Press, 2012, pp. 156–157.

② Tine Hanrieder, “Local orders in international organizations: the World Health Organization’s global programme on AIDS”, *Journal of International Relations and Development*, Vol. 17, No. 2, pp. 231–232.

合国儿童基金会与联合国教科文组织也在发展中国家广泛开展艾滋病教育。[①]联合国开发计划署也与全球艾滋病规划结成了合作联盟，强调艾滋病蔓延所造成的经济社会后果，特别是提请国际社会注意妇女在这一问题上承受的沉重负担。1990年，联合国开发计划署任命了一名顾问，并于次年制订了自己独立的艾滋病计划。[②]

随着世界卫生组织内部的变化，这些合作关系难以为继，因为世界卫生组织已经很难协调针对艾滋病流行的社会经济因素作出的治理安排了。而随着全球艾滋病问题的加剧，资源变得更为稀缺，国际组织间关系的竞争面向更为突出。“发展导向”的国际组织指责世界卫生组织“过于医药化”，而世界卫生组织负责艾滋病项目的主任默森则质疑批评者的动机，认为他们是“希望自己的组织在大流行中占据优势地位并获得更多资金”[③]。可以说，在这一阶段，联合国系统内的艾滋病规划项目已经变得高度分散，不同的机构从不同的角度入手应对，而彼此之间缺乏足够的协调。

这样的状况让成员国，尤其是为这些项目提供主要资金的西方发达国家感到不满。特别是，随着冷战的结束，西方国家为联合国提供资金的意愿大打折扣。斯堪的纳维亚国家发起了“北欧联合国计划”，对现有联合国的各类计划进行评估并提出改革倡议。在艾滋病问题上，它们希望能够合并机构，成立联合国框架下统一的应对机制。1992年，援助国提出重组议程，并希望世界卫生组织的全球艾滋病规划成立一个工作组来负责此事。[④]1993年5月，在世界卫生大会上，加拿大政府正式提议将全球艾滋病规划与其他联合国机构合并。虽然这一项议程并未得到大会通过，但是加强联合国系统内的协调已经是迫在眉睫的任务了。在大会的要求下，总干事中岛宏与其他机构协商，提出了一份加强内部协同的选择方案。中岛宏提出

① Michael Balter, “UN Readies New Global AIDS Plan”, *Science*, Vol. 266, No. 25, p. 1312.

② Mike Bailey, “UNDP-healthy development? The case of HIV”, *Health Policy and Planning*, Vol. 9, No. 4, pp. 445-446.

③ Tana Johnson, *Organizational Progency: Why Governments are Losing Control over the Proliferating Structures of Global Governance*, Oxford: Oxford University Press, 2014, p. 172.

④ Tana Johnson, *Organizational Progency: Why Governments are Losing Control over the Proliferating Structures of Global Governance*, Oxford: Oxford University Press, 2014, p. 174.

了三种不同的协调方案，但成立一个新的正式机构是得到最大多数人支持的方案。当年10月，时任联合国秘书长加利也表示支持成立新机构。由此可见，联合国系统内分散且缺乏协调的艾滋病应对计划是促成联合国艾滋病规划署成立的主要因素。

尽管如此，关于新机构的制度设计依然是艰难的任务。一些批评者认为这只不过是“简单地重新摆放家具”，新机构是换汤不换药。英国希望发挥现有机构的优势，将新机构的角色限定在协调者，美国希望新机构能够作为国家一级的执行机构，而荷兰则希望新机构成为一个资助机构，并为联合国艾滋病规划署最终没有成立筹资机制，因而无法动用“金钱的力量”而感到遗憾。在现有的联合国机构中关于要不要成立新机构、新机构该如何设计的问题上也存在严重分歧。有的机构不希望成立凌驾于自己之上的新协调机构，有的机构坚持新机构的职能是协调现有机构而不是独立执行项目。世界卫生组织坚持自己应当“管理”新成立的机构，而联合国儿童基金会则表明态度：“如果世界卫生组织坚持自己是‘群龙之首’或是‘高人一等’，那联合国儿童基金会就不打算接受这一共同发起的项目。”[①]

1994年联合国经社理事会通过了关于成立联合国艾滋病规划署的决议。在这份决议中，经社理事会指出，艾滋病问题的严峻性和复杂性使其需要一个联合国“特别”方案加以应对，并特别指出，联合国6个相关机构在“共同所有、协作规划与执行以及公平分担责任”的基础上开展联合计划“至关重要”。这一授权暂时平息了要不要建立新机构的争论，同时也使得现有机构在新制度的设计上拥有了特别的话语权。1994年10月，由世界卫生组织、联合国儿童基金会、联合国人口基金、联合国开发计划署、联合国教科文组织和世界银行负责人组成的共同发起组织委员会正式开始运作。不久之后，联合国秘书长任命了彼得·皮奥特（Peter Piot）[②]作为新机构的

---

① UNAIDS, “UNAIDS: The First 10 Years”, pp. 27-28, https://www.unaids.org/en/resources/presscentre/featurestories/2008/november/20081103tfty.

② 皮奥特曾经供职于世界卫生组织的全球艾滋病规划，担任研究和干预发展司司长。他曾与乔纳森·曼一道工作，是最早实地应对艾滋病问题的公共卫生专家之一。但除了专业性，他获得该任命的重要理由是，他的政治争议性较小，反对者较少。参见UNAIDS, “UNAIDS: The First 10 Years”, p. 32.

首任主任与共同发起组织委员会的临时主席，负责尽快确定联合国艾滋病规划署的制度安排。

联合国艾滋病规划署成立的特殊背景，尤其是现有联合国机构在制度设计中发挥的作用，决定了它在决策与运作方面与其他联合国机构的差异。尽管国际机构之间存在不同意见，但它们都希望尽可能地减少成员国对其活动的干预。共同发起组织委员会“希望成立由自己任命的委员会，能够全权决定财务与人事问题”。但是，皮奥特在这一问题上采取了比较现实的态度，劝说其他机构“股东是成员国，（联合国艾滋病规划署）只能对成员国负责”。但是，他也与非政府组织和艾滋病问题上的活动家积极联盟，试图引入新的非国家行为体，扩大决策机构成员的多样性。最终，在联合国艾滋病规划署的主要决策机构项目协调委员会中，第一次设置了5个非政府组织的席位。尽管非政府组织并没有投票权，但是可以通过会议中的议程设置与倡议活动来保证自己偏好的政策得到委员会的通过。[①]此外，虽然成员国在项目协调委员会中拥有22个根据地理位置分配的席位[②]，数量上占据优势，但这些席位会在不同国家之间流转，而共同发起机构的席位则是常设的。目前，除了最早的6个共同发起机构，联合国难民署、联合国妇女署、世界粮食计划署与联合国打击毒品与犯罪办公室也加入共同发起机构，国际组织的席位数量达到10个。从决策规则上来看，项目协调委员会鼓励以协商一致的方式通过决定。可以说，联合国艾滋病规划署不再是传统意义上的“国家间”组织，而是由现有国际组织成立的“国际组织”。

联合国艾滋病规划署是联合国机构改革的一次全新尝试，试图采取更加灵活有效的组织结构，以克服国际官僚机构的固有弊端，通过分工协作的方式提升全球艾滋病问题治理效能。根据最初的设想，联合国艾滋病规划署的定位是“联合国秘书处的秘书处”。它并不单独执行艾滋病项目或取

① Tana Johnson, *Organizational Progency: Why Governments are Losing Control over the Proliferating Structures of Global Governance*, Oxford: Oxford University Press, 2014, p. 179.

② 这22个席位的分配方式是：非洲和亚洲各5个席位，东欧2个席位，拉丁美洲和加勒比地区3个席位，西欧和其他国家7个席位。

代现有机构的活动。相反，它鼓励共同发起机构通过联合国艾滋病规划署制订综合应对艾滋病的规划和方案，帮助在国家一级上加强协调，并筹措资金分配给共同发起机构。[①]此外，它还发挥着促进全球政策共识、进行政治与社会动员、监控艾滋病流行趋势等作用。成立后，联合国艾滋病规划署在鼓励政治承诺方面积极工作并取得了一定的成效。到1996年6月，联合国艾滋病规划署工作人员已经会见了50多个国家的政治、经济和社会领导人，向他们介绍全球艾滋病问题的严重性与联合国艾滋病规划署的工作。[②]另外，联合国艾滋病规划署还积极与非政府组织开展合作，并推动艾滋病问题纳入全球总体发展议程。[③]

但是，由于现有机构之间是路径竞争性的关系，联合国艾滋病规划署在推进机构协调方面依然是困难重重。例如，世界银行就不愿意参与到联合国艾滋病规划署的工作中，其法律顾问路易斯·弗盖特（Louis Forget）和人类发展事务主任理查德·费彻姆（Richard Feachem）在1995年撰写的备忘录中，强调世界银行不会为联合国艾滋病规划署“承担任何责任”，并希望“尽可能少地参与”。[④]此外，世界卫生组织虽然在功能上为联合国艾滋病规划署提供行政方面的支持，但双方的关系却不融洽，因为中岛宏领导的世界卫生组织依然坚持自身在艾滋病问题上的领导地位，对于新机构开展工作并不支持。

与此同时，捐资国对于投资这一新机构还心存疑虑。在第一次项目协调委员会会议上，委员会讨论的预算只有皮奥特请求预算额的三分之一。在皮奥特强烈的要求下，才最终确定了第一个两年期1.2亿~1.4亿美元的预算。之后，联合国艾滋病规划署的预算一直增长缓慢。到2002—2003年才达到1.9亿美元的水平。如此有限的预算水平，加之缺乏专门用于联

---

① Olivier Nay, “What Drives Reforms in International Organizations? External Pressure and Bureaucratic Entrepreneurs in the UN Response to AIDS”, *Governance: An International Journal of Policy, Administration, and Institution*, Vol. 24, Nol. 4, pp. 695-696.

② UNAIDS, “UNAIDS: The First 10 Years”, p. 48.

③ Pam Das, Udani Samarasekera, “What's Next for UNAIDS”, *The Lancet*, Vol. 372, No. 9656, p. 2100.

④ UNAIDS, “UNAIDS: The First 10 Years”, p. 39.

合活动的资金，意味着开展实质性的协作非常困难。2022年，在第十四届国际艾滋病会议的开幕致辞中，皮奥特非常失望地表示："当艾滋病让撒哈拉以南非洲不堪重负时，世界却袖手旁观。"在缺乏可用资源的条件下，联合国艾滋病规划署的功能仅限于搜集共同发起机构分散的活动信息，并帮助在事后将已经提出的决议和政策指导方针正式化，作为"联合国的联合计划"[①]。

从上文的历史回顾不难看出，在世界卫生组织角色收缩、无法继续通过"人权路径"协调联合国各机构之间的活动后，联合国系统内出现了多元治理理念共存、多个治理机构彼此竞争的路径竞争型国际机制复合体。由于冷战结束，能够投资于全球艾滋病治理的资源基础收缩，出现了整合与协调现有机制的努力。但是，路径竞争型的国际机制复合体对于协调性的努力采取的是反抗与抵触的态度，国际制度的改革表现出明显的路径依赖特点。与此同时，也必须认识到，虽然资源基础收缩是国际机制复合体变革的主要原因之一，但整合与协调同样是需要资源投入的。联合国艾滋病规划署虽然得以成立，但资源上的局限性使其并未彻底解决艾滋病治理中的理念之争与组织之争。

第二节 艾滋病问题的安全化与国际机制复合体的扩容与转型

在第一阶段，全球艾滋病治理问题上的国际机制复合体主要由联合国系统内的国际组织与治理安排构成。到20世纪末21世纪初，艾滋病问题上的政治动力机制发生了重大变化，美国将全球艾滋病问题纳入国家安全框架，并为此投入了前所未有的政治、外交与物资资源。在国际制度层面上，美国及其主要盟友不支持联合国框架下的应对努力，认为其效率低下且无法满足美国的战略需求。最终在联合国框架外成立了抗击艾滋病、结核病与疟疾的全球基金。在小布什政府期间，美国进一步投入数百亿美元，发起

① Olivier Nay, "What Drives Reforms in International Organizations? External Pressure and Bureaucratic Entrepreneurs in the UN Response to AIDS", *Governance: An International Journal of Policy, Administration, and Institution*, Vol. 24, Nol. 4, p. 698.

了以向重点国家免费提供抗逆转录病毒药物为主要内容的双边援助计划——总统艾滋病紧急救助计划。美国的国际实践在一定程度上"倒逼"联合国系统调整对艾滋病问题的反应。从国际机制复合体发展的视角来看,这一阶段两种趋势并存:一是国际机制复合体的进一步扩容;二是国际机制复合体的类型转向效率竞赛与路径竞争共存的模式。

一、美国对艾滋病问题的安全化与全球基金的诞生

冷战结束后,美国的国家安全叙事发生了重要的变化。一方面,传统安全的关切暂时退居幕后,另一方面,非传统安全问题在国家安全议程上的地位显著提升。特别是艾滋病问题,随着大众媒体、人权团体与社会活动家的积极倡议,美国政府逐渐改变了之前的回避与压制态度,开始正视问题并积极应对。1997年,克林顿设立了白宫国家艾滋病政策办公室,任命桑德拉·瑟曼(Sandra Thruman)为负责人。在她的推动下,1999年到2000年,美国国会相继组成了两个代表团访问非洲。对非洲艾滋病问题的第一手观察使得国会中形成了关注艾滋病问题的两党合作动力。与此同时,学术界也开始积极参与讨论,从非传统安全与传统安全的关联、人的安全角度对艾滋病问题进行分析的成果大量涌现,使得艾滋病流行这一"低级政治"议题可能造成的政治与安全后果开始出现在人们的视野之中。①

在此背景下,美国在世界各国中率先将艾滋病问题纳入国家安全战略。1999年12月发布的美国国家安全战略报告中,包括脊髓灰质炎、肺结核与艾滋病在内的跨国传染性疾病被视作重要的"环境与健康威胁",将"损害美国公民的福利,破坏我们的国家安全与海外经济、人道主义利益,并持续数代之久"。特别是艾滋病问题,"每天在非洲造成5500多人死亡,已经成为头号杀手"②。在2000年,这一安全威胁再次被提及,被认为是"近年来国际卫生的首要事务"③。

---

① 潘亚玲:《国际规范的生命周期与安全化理论——以艾滋病被安全化为国际威胁为例》,《欧洲研究》2007年第4期。

② The White House, "A National Seucrity Strategy for a New Century", December 1999, p. 3, 13, https://clintonwhitehouse4.archives.gov/media/pdf/nssr-1299.pdf.

③ The White House, "A National Security Strategy for a Global Age", December 2000, https://history.defense.gov/Portals/70/Documents/nss/nss2000.pdf.

在这一时期，美国政府主要将艾滋病流行问题看作国际安全问题，并特别关注它对非洲国家民主化、地区安全与国际维和行动造成的破坏性作用。[①]在对外政策上，也因此强调通过多边机构与同盟友的合作来实现其“领导地位”。“安全化”作为一种议程设置的策略，通过将问题描述为“安全”问题来提升它的政治重要性，并且为政府在该问题上投入更多的资源、获取更大的控制权提供合法性。在美国政府将艾滋病问题看作国家安全问题后，开始更为积极地塑造国际制度环境，使其满足自身的利益偏好。

在全球层面上，美国积极推动联合国安理会讨论艾滋病问题。联合国安理会是联合国负责国际和平与安全的主要机构，历史上主要关注传统安全，特别是战争与冲突问题，从未有过讨论公共卫生问题的先例。但是，美国驻联合国大使理查德·霍尔布鲁克（Richar Holbrooke）积极推动安理会就艾滋病问题举行特别会议。尽管最开始包括联合国秘书长安南都持有怀疑态度，但是，1999年12月，当美国将这一议程提交安理会非正式会议时，得到了非洲国家与英法两个盟友的积极支持。[②]最终，在21世纪安理会召开的第一次会议上，艾滋病问题成为主要议题。这也是一次高级别的会议，美国副总统戈尔主持了会议，24个国家的代表及联合国秘书长、世界银行行长、联合国开发计划署署长、联合国艾滋病规划署主任等重要国际组织的负责人都出席了会议。在这次会议上，联合国秘书长改变了此前认为“艾滋病问题不是安全问题”的看法。2000年7月17日，安理会通过了第1308号决议，再次确认艾滋病流行可能对国家安全与社会稳定造成的破坏性影响，要求秘书长在联合国维和部队中开展关于艾滋病预防的教育活动，并表示“急切希望联合国有关机构、各会员国、从业人员和其他有关组织之间进行更多的讨论，以期特别是在治疗和护理问题上和在预防方面取得进展”[③]。

---

① 汤蓓:《安全化与国际合作形式之选择——以美国在艾滋病问题上的对外政策为例(1999—2008)》,《国际政治研究》2011年第4期。

② PBS, “The Age of AIDS: Interview Richard Holbrooke”, https://www.pbs.org/wgbh/pages/frontline/aids/interviews/holbrooke.html.

③ 联合国安理会:《第1308(2000)号决议》,https://digitallibrary.un.org/record/418823。

在国际社会对艾滋病问题安全与社会后果的意识普遍提高的背景下，调动各方资源，特别是加大财政投入应对危机的时机逐步成熟。美国积极通过富裕国家俱乐部——八国集团峰会来积极讨论应对策略。当时，八国集团国家占据全球经济的48%，提供了全球75%的官方发展援助，它们被认为是解决全球问题最重要的力量。1999年时，八国集团已经通过科隆债务倡议，将为发展中国家减免债务与鼓励它们为应对艾滋病等严重健康挑战投资关联起来。在2000年7月举行的八国集团冲绳峰会上，美国更进一步，将应对艾滋病与其他传染性疾病威胁作为峰会的主要焦点，鼓励各国为此作出“重大新承诺”。这次峰会提出，要“建立一个框架，大幅增加对贫穷国家的双边、多边和私营部门援助”，“动员国际社会采取更全面的应对措施，支持发展中国家在这些问题上发挥国内领导作用”。[①]这次八国集团峰会被认为是全球基金倡议最初被提出的场合，同时也确立了新机制的核心要务是动员“额外”的资源来应对这一重大安全挑战。值得注意的是，在这次峰会上，日本与美国提出，新的机制应该绕开联合国系统，因为这样可以规避联合国官僚主义的沉疴，并将新机制更直接地控制在援助国手中。[②]

由于资金来源是这一阶段国际制度设计要解决的关键问题，富裕国家更容易发挥自身的影响力。联合国最终同意设立独立基金。2001年4月，在非洲领导人峰会上，时任联合国秘书长安南正式使用了“全球基金”一词，提议设立一个新的抗击艾滋病与其他传染性疾病的全球基金。安南提出，要预防并应对艾滋病流行，需要领导力、社区参与、社会革命和强大的医疗保健系统，但这些都“需要钱”。因为，“如果没有足够的资金，抗击艾滋病的战争就不可能取得胜利，而所需资金的规模远远超出了目前的可用水平”[③]。安南还在讲话中提出了关于基金结构设计的三个原则：一是

① National Economic Council, “The Okinawa G8 Summit”, https://clintonwhitehouse4.archives.gov/WH/EOP/nec/html/G8GlobalDevPartnership000722.html.

② Wolfgang Hein, Sonja Bartsch and Lars Kohlmorgen eds., *Global Health Governance and the Fights against HIV/AIDS*, New York: Palgrave, 2007, p. 149.

③ UN Press Release, “Secretary-general Proposes Global Fund For Fight Against HIV/AIDs and Other Infectious Diseases at African Leaders Summit”, SG/SM/7779/Rev.1, April 26, 2001, https://press.un.org/en/2001/sgsm7779r1.doc.htm.

确保满足受影响国家和人民的需求。二是确保专家的参与，这些专家来自联合国系统、政府、民间社会组织以及感染者与受艾滋病影响的群体。三是要广泛动员利益相关者，包括国家领导人、捐助国政府、联合国系统、制药企业及基金会、社会团体等。他特别强调，这个想法是“联合国系统内部以及与会员国、慈善基金会、私营企业、民间社会广泛协商的成果”[①]。两个月后，联合国大会正式通过了《关于艾滋病毒/艾滋病问题的承诺宣言》，呼吁紧急成立全球艾滋病问题健康基金，并呼吁捐助国、基金会、企业与慈善家为此贡献资源。

之后，筹建全球基金的工作紧锣密鼓地开展起来。2001年7月，来自捐助国、发展中国家及公民社会组织的40位代表组成了临时工作小组，商讨全球基金的治理结构。这一工作小组召开了3次会议，并在非洲、亚洲、拉丁美洲和东欧举行了谘商会议。2002年1月，全球基金正式宣告成立，举行了第一次执行委员会会议。全球基金延续了联合国艾滋病规划署广泛接触非政府组织的做法，也采取了公私伙伴关系的形式。但是，由于筹备成立的时间很短，全球基金在成立时并没有明确合作伙伴之间的分工与角色，也没有充分讨论不同行为体的期望，在成立后一年的时间内基本上处于“边学边做”的状态。[②]

不可否认的是，全球基金确实创立了一种全新的援助模式。首先，全球基金保证了稳定的资金来源。在成立后20多年的时间里，它每年筹资并用于应对艾滋病、疟疾与结核病的资金超过50亿美元，已经成为全球卫生领域最大的投资者之一。[③]但是，从它的筹资结构来看，政府提供的资金依然是主要来源。非政府组织，特别是私营企业，作出的贡献依然是非常有限的。例如，2020—2022年，全球基金收到来自50个国家提供的资金，而

① UN Press Release, “Secretary-general Proposes Global Fund For Fight Against HIV/AIDs and Other Infectious Diseases at African Leaders Summit”, SG/SM/7779/Rev.1, April 26, 2001, https://press.un.org/en/2001/sgsm7779r1.doc.htm.

② Wolfgang Hein, Sonja Bartsch and Lars Kohlmorgen eds., *Global Health Governance and the Fights against HIV/AIDS*, New York: Palgrave, 2007, pp. 150-151.

③ The Global Fund, “History of the Global Fund”, https://www.theglobalfund.org/en/about-the-global-fund/history-of-the-global-fund/.

捐资的私营企业仅有2家。[1]

其次，它并未采取传统的双边或多边援助模式，直接在国家一级实施项目。相反，全球基金采取回合制的融资模式，要求发展中国家内部的各类相关组织，包括政府与非政府组织在内，每年提供项目提案，说明其需要额外资金以补充国家应对战略的情况。在经过独立的专家小组评审后，全球基金通过拨款的方式提供与之相匹配的资源，并依靠外包的当地监督机构（主要是会计师事务所）来远程管理捐款。[2]全球基金试图通过这种模式来实现专注于治理目标、不受政治因素干预的初衷。曾经担任全球基金执行主任的理查德·费切姆（Richard Feachem）提出，全球基金的工作方式强调自主性、多部门参与及技术权威指导，这使得基金“真正与政治动态隔绝。……我们能够作出原则性和技术性的决定，因为我们不受在联合国可能产生的政治的影响”[3]。

但从另一个方面来看，所谓的“去政治化”的治理设计，实质上恰恰是政治化的，因为排除联合国的影响本身就包含着权力关系的考虑。[4]虽然引入包括制药企业在内的私营部门，但事实上它们对全球基金的贡献非常有限，全球基金依然主要依靠西方发达国家的捐赠。全球基金的主要捐助者常常在基金的董事会会议之前召开会议，这些讨论往往比它与受援国或者相关非政府组织之间的互动更为频繁。美国作为全球基金的最大捐助方，还指示其驻瑞士日内瓦的联合国代表团成员代表美国直接与全球基金联系。因而，

① The Global Fund, “The Global Fund Annual Financial Report 2022”, https://archive.theglobalfund.org/media/12891/corporate_2022annualfinancial_report_en.pdf, pp. 25-27.

② Andrew Rogerson, Adrian Hewitt and David Waldenber, “The International Aid System 2005-2010:Forces For and Agianst Change”, Working Paper 235, https://www.researchgate.net/profile / A-Hewitt-3 / publication / 242233614_The_International_Aid_System_2005-2010_Forces_For_and_Against_Change / links / 5b5c39f3aca272a2d670d767 / The-International-Aid-System-2005-2010-Forces-For-and-Against-Change.pdf.

③ Amy Barnes, Garrett Wallace Brown, “The Global Fund to Fight AIDS, Tuberculosis, and Malaria: Expertise, Accountability, and the Depoliticisation of Global Health Governance”, in Simon Rushton, Owain David Williams eds., *Partnerships and Foundations in Global Health Governance*, London: Palgrave Macmillan, 2011, p. 53.

④ Wolfgang Hein, Sonja Bartsch and Lars Kohlmorgen eds., *Global Health Governance and the Fights against HIV/AIDS*, New York: Palgrave, 2007, pp. 70-73.

全球基金在这些疾病治理方面的观点和政策，常常与美国保持高度一致。①

从给出的解决方案来看，全球基金也并没有对现有的国际机制做出充分的补充。由于全球基金本身并不实地运作项目，发展中国家往往需要自己去寻找技术援助的提供商，而这往往是不容易的。另外，如这一基金的名称所示，它重点关注的还是三个主要的跨国传染性疾病，在很大程度上忽略了发展中国家迫切需要的卫生系统强化问题。全球基金无法帮助发展中国家详细定义卫生系统强化的要素，而专家小组也没有能力从整个卫生系统的角度对这些提案进行评估，“全球基金现有的结构不是为了产生强有力的卫生系统强化提案，也不是为了有效评估这些提案”②。

全球基金的成立表明了主要大国对原有国际机制的不满和在疾病控制领域创新全球治理模式的努力。在这一阶段，新机制与原有联合国框架下的艾滋病合作模式相比，最大的差别在于项目开展方式的不同。与此同时，在安全化的推动下，主要大国，特别是美国，开始以战略视角看待艾滋病问题并加大了对这一领域的投入。

二、总统艾滋病紧急救助计划与国际机制复合体的转型

全球基金的诞生让国际机制复合体增加了新的成员。与此同时，2000年，世界银行也发起了针对非洲地区的多国艾滋病计划，旨在提供为期10~15年的长期贷款，支持非洲国家中政府部门与非政府组织共同开展的艾滋病计划。这是第一个关注非洲国家艾滋病计划的主要捐助倡议，也是联合国系统内针对艾滋病问题规模最大的捐资计划。可以看到，在世纪之交，国际社会对艾滋病流行这一全球公共卫生问题的关注度迅速提高，相关的国际制度与国际组织数量也在增加。更为重要的是，在21世纪初期，随着美国政策的进一步变化，这一全球治理领域的政策重心发生了转移，进而带来了国际机制复合体类型效率竞赛的类型转变。

---

① Chelsea Clinton, Devi Sridhar, “Who Pays for Cooperation in Global Health? A Comparative Analysis of WHO, the World Bank, the Global Fund to Fight HIV/AIDS, Tuberculosis and Malaria, and Gavi, the Vaccine Alliance”, *The Lancet*, Vol. 390, No. 10091, p. 4.

② Michel Sidibe, Ilavenil Ramiah and Kent Buse, “The Global Fund at five: what next for universal access for HIV/AIDS, TB and malaria?”, *Journal of the Royal Society of Medicine*, Vol. 99, No. 10 , pp. 498-499.

在全球基金的筹备期间，“9·11”事件发生，深刻改变了21世纪美国对国家安全问题的认知。小布什政府将国家安全战略和外交政策围绕反恐这项核心任务展开。除了使用政治、外交与军事手段保障美国安全，美国还围绕铲除恐怖主义滋生土壤的目标，重塑在全球艾滋病问题上的政策。由于美国在国际体系中的主导地位及在艾滋病问题上的空前投入，其双边政策还深刻影响了国际社会应对艾滋病流行的方式与开展活动的重点领域。

首先，“9·11”事件发生后，美国开始重新理解艾滋病流行与美国国家安全之间的联系，认为艾滋病肆虐会成为滋生恐怖主义的温床，从而直接影响美国的国家安全。2002年的美国《国家安全战略报告》中写道：“疾病、战争、极端贫穷……既威胁到美国的核心价值——保护人的尊严，也威胁到我们的战略优先事务——打击全球恐怖主义。”[①]在美国政府看来，艾滋病流行可能在发展中国家造成人口结构的空心化与经济长期停滞的局面，从而为恐怖主义产生提供“基本条件”。而且，艾滋病还侵蚀发展中国家的军队、警察这一类核心机构，加剧“失败国家”问题，并可能造成新生民主政府的失败。小布什总统甚至将艾滋病流行称为“疾病轴心”，以类比反恐重点“邪恶轴心”的方式来强调应对这一威胁的强烈决心。[②]

其次，美国在应对全球艾滋病问题上的目标设定发生了变化。在这一时期，美国的决策者们开始认为，全球艾滋病防控不应当仅仅满足于阻止疾病蔓延的目标，而应当“扭转局势”，通过向广大的艾滋病患者群体提供治疗药物的方式，让这一疾病变得“可防可治”。这一决定的作出，一方面与美国将艾滋病流行看作国家安全威胁、因而必须予以消除的基本认知密不可分；另一方面，美国药企大幅度降低艾滋病治疗药物价格也为此提供了现实基础。

美国拥有世界上规模最大的制药行业，吉利德、葛兰素史克、雅培、默克等企业的产品在全球艾滋病治疗市场上的销售额长期占据前列。2000

---

① The White House, *The National Security Strategy of the United States of America*, September 2002, p. 10, https://georgewbush-whitehouse.archives.gov/nsc/nss/2002/.

② David P. Fidler, “Fight the Axis of Illness: HIV/AIDS, Human Rights, and U.S. Foreign Policy”, *Harvard Human Rights Journal*, Vol. 17, Spring 2004, p. 102.

年，克林顿政府发布“行政指令”，强调通过各种手段在全球范围内防治艾滋病“符合美国利益”，不再“谋求通过谈判或其他手段，改变有利于撒哈拉以南非洲国家的知识产权法律或政策”。此举使得美国企业生产的艾滋病药物价格应声而降，从每年人均1万美元以上调整到1800美元。小布什政府上台后也明确表示不会废除这一行政命令，并在2003年的国情咨文中明确指出，药物价格的下降为战胜全球艾滋病流行提供了巨大的可能性。[①]

自此，美国将通过为发展中国家提供艾滋病治疗药物作为国际合作战略的核心。从2004年开始，美国选定博茨瓦纳、科特迪瓦、埃塞俄比亚、肯尼亚、莫桑比克、纳米比亚、尼日利亚、卢旺达、南非、坦桑尼亚、乌干达、赞比亚、圭那亚、海地、越南15个“重点国家”，为其提供抗逆转录病毒药物。到2015年9月，这一项目在全球支持950万人的抗逆转录病毒治疗，为6820万人提供艾滋病毒监测和咨询，并为550万名孤儿和处于脆弱状态的儿童提供护理和支持。另外，这一计划还通过卫生工作者的培训计划加强受援国提供公共卫生服务的能力。[②]总统艾滋病紧急救助计划也再次让艾滋病防治问题成为全球卫生治理的焦点议题。据统计，在该计划发起后，全球官方发展援助的32%都投入到了艾滋病的防治工作中。[③]

总统艾滋病紧急救助计划是针对单一疾病的规模最大的全球卫生计划，深刻改变了全球艾滋病治理的模式。如前所述，在很长一段时间内，由于技术局限与缺乏可用药物，全球艾滋病治理采用的是强调充分保障艾滋病患者社会经济权利的“人权路径”，往往要求多个部门协同运作。这一现实客观上有利于可以同时影响多个部门的国际机制，例如，联合国艾滋病规划署可以在分属不同部门的专业性国际组织之间进行协调，世界银行的多

① [美]苏珊·塞尔：《知识产权》，[英]戴维·赫尔德、安东尼·麦克格鲁编：《治理全球化：权力、权威与全球治理》，曹荣湘、龙虎等译，社会科学文献出版社，2004年，第252页。

② Corrina Moucheraud, Susan Sparkes, Yoriko Nakamura et.al., “PEPFAR Investment in Governance and Health System Were One-Fifth of Countries’ Budgeted Funds, 2004-2014”, *Health Affairs*, Vol. 35, No. 5, p. 747.

③ Aziza Mwisongo, Juliet Nabyonga-Orem, “Global health initiatives in Africa-governance, priorities, harmonisation and alignment”, *Health policy Dialogue: Lessons from Africa*, Vol. 16, Supplement 14, p. 249.

国艾滋病规划则可以贷款为杠杆，通过鼓励社区与非政府组织的参与将干预措施扩大到社会经济的多个方面，并要求国家将应对艾滋病流行与更广泛的减贫计划联系在一起。①现在，美国大规模的投入则让聚焦单一疾病、主要依赖医疗系统的治理模式展现出吸引力。无论是从受援国，还是从援助国与国际组织的视角来看，与多部门计划相比，以提供药物为主要内容的项目操作更容易产生直观与量化的“绩效”，尤其是为晚期患者提供了延续生命的机会，从道德与公共关系的角度为项目提供了强大的吸引力。在全球范围内，自2005年以来，治疗取代预防成为全球艾滋病治理领域内主要的资金去向。②这从客观上反映出这一时期美国权力与政策偏好对全球治理格局的塑造能力。

美国的双边项目直接激发了联合国系统内的多边行动。2003年9月22日，新任的世界卫生组织总干事李钟郁博士与联合国艾滋病规划署主任皮奥特共同宣布，缺乏对抗逆转录病毒药物的获取是一项“全球卫生紧急事态”。2003年12月，世界卫生组织发起“3×5”计划，打算到2005年底为低收入与中低收入国家中的300万艾滋病患者提供治疗药物。不可否认，美国宣布发起总统艾滋病紧急救助计划是这一决定的重要基础。世界卫生组织开展的评估指出，美国政策表明，“应对艾滋病毒流行的政治意愿空前高涨”，并且“有越来越多的证据表明（治疗艾滋病患者）也可以在发展中国家实现”③。它也被视作全球艾滋病规划结束后世界卫生组织试图在该议题上重获发言权的尝试。时任世界卫生组织总干事李钟郁聘请了后来成为世界银行行长的金墉来领导这一项目。为了便利治疗项目的开展，世界卫生组织还专门修订了艾滋病治疗的标准方案，使其更为简易与可操作，并将抗逆转录病毒药物列入基本药物目录。2014年，在澳大利亚墨尔本举行

---

① Sophie Harman, “The World Bank: Failing the Multi-Country AIDS Program, Failing HIV/AIDS”, *Global Governance*, Vol. 13, No. 4, p. 486.

② Matthew T. Schneider, Maxwell Birger, Annie Haakenstad, et.al., “Tracking development assistance for HIV/AIDS: the international response to a global epidemic”, *AIDS*, Vol. 30, No. 9, pp. 1475-1479.

③ WHO, “Evaluation of WHO’s Contribution to ‘3 by 5’”, p. 4, https://www.oecd.org/derec/canada/3by5-Evaluation-WHO.pdf.

的第20届国际艾滋病大会上，联合国艾滋病规划署提出了“90—90—90”目标，即到2020年，90%的艾滋病毒感染者了解自身状况、90%的艾滋病毒感染者接受持续的抗逆转录病毒治疗、90%接受治疗的患者的病毒状况得到抑制。这一目标在2020年又进一步被提升为“95—95—95”。在联合国系统内，多部门、强调社会经济因素的治理路径在悄然发生转变。

新成立的多边机构，特别是全球基金，虽然并未在赠款条件中明确提出，但实际也更为偏爱以提供药物为主要手段的项目，使之成为一种“隐形”条件。根据全球基金的统计，到2007年底，全球基金批准资助为140万人提供抗逆转录病毒治疗。从2002年到2010年，全球基金用于艾滋病防治的资金中，有36%（约66亿美元）用于治疗，远远超过用于预防、卫生系统加强、减少社会歧视等其他方面的资金数额。①在坦桑尼亚等非洲国家，全球基金还拒绝了国家提出的孤儿与儿童照护提案，要求其转而开展抗逆转录病毒治疗计划。②当然，也并非所有的国际机制都走向同样的方向，世界银行依然坚持多部门艾滋病计划的初衷，把资助的重点放在社区反应与能力建设上。③但是，由于世界银行的贷款金额与用于艾滋病治疗的国际制度相比规模很小，无法改变全球治理的政策重心发生转移的现实。

与治理理念变化相伴而生的，是国际组织成功开展活动的成本急速上升。加之美国将主要资源投入本国发起的双边计划，国际组织活动赖以存在的资源基础缩小，国际组织之间的竞争与协调性差的问题也随之加剧。虽然21世纪初期抗逆转录病毒药物的价格出现大幅度的降低，但是考虑到发展中国家艾滋病感染群体的庞大规模，以及提供药物、监督服药和病毒耐药性监测所需的配套项目及基础设施投入，国际组织开展活动所需的资

---

① Olga Avdeeva, Jeffery V Lazarus, Mohanmed Abdel Aziz, et.al., “The Global Fund's Resource Allocation Decisions for HIV Programmes: Addressing Those in Need”, *Journal of the International AIDS Society*, Vol. 14, No. 51, p. 3.

② Aziza Mwisongo, Juliet Nabyonga-Orem, “Global health initiatives in Africa-governance, priorities, harmonisation and alignment”, *Health policy Dialogue: Lessons from Africa*, Vol. 16, Supplement 14, p. 250.

③ Regien G Biesma, Ruairi Brugha, Andrew Harmer et.al., “The Effects of Global Health Initiatives on Country Health Systems: A Review of the Evidence from HIV/AIDS Control”, *Health Policy and Planning*, Vol. 24, No. 4, p. 241.

金规模依然出现了快速增加的趋势。据估计，“3×5”计划预计需要投入51亿~59亿美元的资金[①]，而世界卫生组织2002—2003年度的双年度预算总额仅有22.3亿美元。全球基金在筹资上同样存在困难，为发展中国家艾滋病患者持续提供治疗药物的项目前景让不少捐助国认为这是一个巨大的无底洞。时任联合国秘书长安南原本期望全球基金每年能够募集到70亿~100亿美元的资金，但是事实上全球基金启动2年后到位的资金仅有30亿美元。虽然安南出面积极对美国与欧盟开展游说工作，但并未成功。出于国家利益考虑及对多边主义的怀疑，美国政府依然偏好于通过双边项目实施计划，并刻意压低贡献给全球基金的预算份额。[②]

资源限制加大了国际组织之间进行协调的难度，因为维系组织生存成为国际组织的当务之急，国际组织不愿意轻易终结已有活动，并且国际组织往往缺乏开展协调工作的额外资源。例如，由于许多发展中国家能力有限，在为全球基金制订提案时往往需要寻求联合国艾滋病规划署和世界卫生组织的技术协助，但这进一步加大了后两个机构的工作量，但没有提供额外的资源。这也导致了国际机构在全球层面的冲突。经过世界卫生组织和全球基金秘书处的谈判，全球基金呼吁捐助国向世界卫生组织与联合国规划署提供额外的资金，以弥补其为协助发展中国家提交提案而开展的支持工作。[③]联合国艾滋病规划署的协调能力依然没有得到提高。2005年、2007年与2009年的评估显示，共同发起机构之间的活动重复问题仍然存在，特别是在国家一级，联合国机构“不清楚谁应该领导哪些活动”[④]。虽然世界银行也是全球艾滋病治理领域重要的出资机构，但牢固地保持着对本组织资金的控制能力。世界卫生组织与联合国艾滋病规划署之间也依然

① Juan Pablo Gutierrez, Benjamin Johns, Taghreed Adam, et. al., “Achieving the WHO/UNAIDS Antiretroviral Treatment 3 by 5 Goal: What Will It Cost?”, *The Lancet*, Vol. 364, No. 9428, pp. 63-64.

② 汤蓓:《安全化与国际合作形式选择:以美国的艾滋病问题援助为例(1999—2008)》,上海人民出版社,2014年,第160~162页。

③ Wolfgang Hein, Sonja Bartsch and Lars Kohlmorgen eds., *Global Health Governance and the Fights against HIV/AIDS*, New York: Palgrave, 2007, pp. 131-132.

④ Erin R. Graham, “The Promise and Pitfalls of Assembled Institutions: Lessions from the Global Environment Facility and UNAIDS”, *Global Policy*, Vol. 8, No. 1,p. 58.

会因为争取稀缺的资源而展开竞争。[①]

除了资源上的竞争，国际组织之间各异的治理结构也在国家层面造成了重复与混乱，并且客观上加大了发展中国家与国际组织开展合作的成本。世界银行的多国艾滋病计划在国家层面组建国家艾滋病委员会（National AIDS Council），世界银行通过与受援国政府及国家艾滋病委员会的谈判来确定资金用途。全球基金覆盖的疾病范围除了艾滋病还包括疟疾与肺结核，它与发展中国家的沟通是通过独立的国家协调机制。这两个国际机制在国家层面均强调政府、市民组织与社区的共同参与。世界卫生组织在成员国传统的对口部门则是卫生部门，在政策规划上政府的力量占据主导地位。而美国的双边计划则通过本国驻外大使馆来协调，接受资金的主要也是美国在当地运作的国际非政府组织。如此，为了与不同的国际组织合作，发展中国家需要同时成立多个独立的、复杂的、彼此间重复但不完全一致的机构。虽然不同的国际组织都表示愿意与其他合作伙伴进行协调，但是实际上很少发生有意义的行为转变。例如，世界银行多国艾滋病计划的审查报告建议它与其他援助者采用联合国艾滋病规划署提出的“三个一”原则，即针对艾滋病问题的一个战略框架、一个国家机构和一个监测和评估系统，但世界银行并没有调整做法，而是继续要求发展中国家政府遵循本组织要求的范围广泛且程序复杂的报告要求。针对全球基金的审查报告也显示，它与现有的规划与筹资机制之间几乎没有任何协调。[②]

这带来了两方面的后果。一方面，由于缺乏必要的资金与机构间协调，在效率竞赛型的国际机制复合体内部，单个国际机构的治理绩效没有完全达到预期的目标。财政约束与实地运作能力弱一直是困扰世界卫生组织治理有效性的问题。事实证明，“3×5”计划实际覆盖的人口规模、国家数量及世界卫生组织为之投入的人力资源都远远低于预期。从2003年12月到

① Erin R. Graham, “The Promise and Pitfalls of Assembled Institutions: Lessions from the Global Environment Facility and UNAIDS”, *Global Policy*, Vol. 8, No. 1, p. 138.

② Regien G Biesma, Ruairi Brugha, Andrew Harmer et.al., “The Effects of Global Health Initiatives on Country Health Systems: A Review of the Evidence from HIV/AIDS Control”, *Health Policy and Planning*, Vol. 24, No. 4, pp. 244-245.

2006年8月，发展中国家接受抗逆转录病毒治疗的患者从40万人增加到100万人，并未实现到2005年底为300万艾滋病患者提供治疗的目标。而且，这一项目也没有持续开展下去。世界卫生组织转而制订了到2010年在卫生部门普遍获得艾滋病预防、护理、治疗和支持的综合性框架。世界卫生组织的评估报告指出，“3×5”计划的目标虽然很有吸引力，但是需要大幅度增加财政支持，这是“在现有限制下无法实现的承诺”，世界卫生组织和国际社会都没有真正做好充分准备来实现这一目标。[①]世界银行的多国艾滋病计划虽然在发起时是联合国系统内规模最大的艾滋病援助规划，但是随着新合作项目不断涌现，其影响力相应地下降了。而且，由于世界银行的资金按季度支付，资金发放速度比较慢，很多机构因而放弃了项目。[②]对联合国艾滋病规划署这一“组合性机制”的评估也表明，虽说并非完全没有起到协调作用或提升联合国系统治理的效能，但是存在明显的挑战与不足。

另一方面，虽然在政治上极具吸引力，但片面强调以治疗为中心的治理路径本身也具有局限性。联合国艾滋病规划署、全球基金和美国的总统艾滋病紧急救助计划都依赖各国定期报告的艾滋病毒数据，这在逻辑上是说得通的，个人只有得知自身的健康状况，才愿意并且能够获得治疗。但在政策执行上，这一路径却有严重的局限性。在许多发展中国家，容易感染艾滋病毒的关键人群如同性恋群体、注射吸毒者、性工作者等，由于社会中存在道德谴责，或可能因为公开身份而获刑治罪，会拒绝公开身份与“被统计”。这就导致相关卫生数据质量不高，无法准确反映出全球艾滋病流行的动态，也很难评估治疗项目真正的治理绩效如何。[③]甚至在美国，这一问题也不容忽视。[④]

---

① WHO, “Evaluation of WHO’s Contribution to ‘3 by 5’”, p. 24.

② Sophie Harman, “The World Bank: Failing the Multi-Country AIDS Program, Failing HIV/AIDS”, *Global Governance*, p. 489.

③ Sara L. M. Davis, “The Uncounted: Politics of Data and Visibility in Global Health”, *The International Journal of Human Rights*, Vol. 21, No. 8, pp. 1144–1163.

④ Kathie Hiers, “Implementing the Trump Administration’s ‘Ending the HIV Epidemic’ Plan in the Southern United States, *American Journal of Public Health*, Vol. 110, No. 1, pp. 32–33.

另外，由于艾滋病治疗项目往往意味着巨额的资金投入，发展中国家通常无力负担，客观上进一步加剧了对外国援助资金的依赖。当资金断流，卫生服务的可持续性就无从谈起。例如，从2018年开始，美国特朗普政府就强调，在加强对国内艾滋病计划投入的同时大幅度削减海外防治项目。这引发了非洲国家的忧虑，纳米比亚时任卫生部部长就表示："对于许多非洲国家来说，这实际上是生死攸关的问题。"①即便如此，美国总统的决定也并未发生动摇。2019、2020年美国政府的国际艾滋病防治项目资金继续下降。

除了造成援助依赖，大规模的艾滋病治疗项目在发展中国家吸纳了大量资源。针对尼日利亚的案例研究表明，国际机构的项目很少在发展中国家培训新的卫生工作者，相反，它们利用更高的薪酬将卫生工作者从公共部门吸引到非政府组织，加剧了公共卫生体系内的人才流失。而且，在国际机构的艾滋病计划的政策导向、战略规划及协调问题上，发展中国家政府都缺乏发言权，限制了外部援助能够发挥的积极效应。②

综上，在21世纪初期，随着国际社会应对艾滋病问题政治意识的强化，特别是美国出于国家安全目的发起以提供免费治疗药物为亮点的新双边计划，全球艾滋病治理的政策方向发生了重大变化。在这一问题上的主要国际组织跟随美国的脚步，也将治疗视为解决全球艾滋病问题的主要方法。与此同时，这一政策转向也意味着国际公共政策的执行成本更为高昂。趋同的治理理念与加剧的组织竞争同时出现，使得这一时期国际机制复合体的类型表现出效率竞赛的特点。

本章小结

艾滋病问题上的国际机制复合体演化进程，代表着国际社会面对一种

① Jason Beaubien, "Praise For The Global HIV Program That Trump Wants To Cut", https://www.npr.org/sections/goatsandsoda/2018/07/25/632395250/praise-for-the-u-s-hiv-program-that-trump-wants-to-cut.

② Charles Chikodili Chima, Nuria Homedes, "Impact of Global Health Governance on Country Health Systems: The Case of HIV Initiatives in Nigeria", *Journal of Global Health*, Vol. 5, No. 1, p. 1.

新出现的传染性疾病所作出的应对努力。与紧急公共卫生事件具有的突发性不同，艾滋病是一种“慢病”，并且由于其传播上的特点，是一种在很大程度上长期被忽略和被否认的疾病。从20世纪80年代中期至今，该领域内的国际机制复合体在形态上经历了从多元协调型到路径竞争型的转变，并在联合国系统内试图协调不同国际组织的努力失败后，在美国政策的引领下走向效率竞赛型的国际机制复合体类型。

在这一案例中，有两股力量交替发生作用，塑造了国际机制复合体的形态与国际公共卫生政策。在全球艾滋病问题的发展早期，由于缺乏明确的应对方案与国内的政治敏锐性，大国，特别是美国，主要通过对国际组织授权的方式来采取行动。不难看出，这一时期国际组织在艾滋病防控问题上具有较大的自主性，国际官僚有效塑造了国际机制复合体的形态，其中又以世界卫生组织的行政模式为最主要的影响因素。

随着医学研究的进步，特别是比较成熟的口服药物疗法的问世，这一公共卫生问题与政治议程之间的关系发生了变化。它不再是政治家们讳莫如深、避而不谈的“隐疾”，反而在反恐战略的催化下，被美国决策者视为大有可为的慈善事业。美国的双边行动使得国际机制复合体赖以生存的资源基础发生了重要变化，也显著压缩了国际组织自由裁量的空间。具体来说，一方面，国际组织资源使用的优先事项发生了变化，治疗压倒了预防与干预社会经济因素，成为主流的标准做法；另一方面，大国投资于多边行动的可用资源数量却在相对缩减，使得单个国际组织的治理效能更加难以获得充分地发挥，国际组织之间的协调工作也愈发困难。这一案例也表明，在全球公共卫生问题的解决过程中，大国应当承担更大的责任、发挥更大的作用，但如果大国是以一种单边的、自行其是的方式来行动，也可能会对全球行动带来负面影响。

|第六章|

生物技术治理领域的国际机制复合体

生物技术是近年来快速发展的新领域。一方面，生物科技、生物产业迅猛发展，已经成为推动经济发展的有生力量。《时代周刊》甚至认为，生物经济时代将成为人类继信息经济时代之后迈入的下一个革命性产业经济时代。世界各主要发达国家和新兴经济体都已经就生物产业发展作出了战略部署。[①]另一方面，传统生物安全问题和新技术带来的风险相互叠加，特别是在2001年的"9·11"事件后，以美国为代表的西方国家对生物技术的两用性问题产生了安全焦虑。梳理国际社会在生物技术治理领域的国际机制及其演变发展，不仅对于维护国际安全与人类健康十分重要，也有助于中国认清面临的风险挑战，科学规划生物技术发展战略。

第一节　防止生物武器扩散的国际机制复合体

生物技术最早进入国际合作治理的视野，是与国际社会对生物武器的警惕联系在一起的。在参照核武器管控经验的基础上，国际社会通过多边军控条约与技术出口限制机制对生物技术进行治理。在禁止生物武器的框架下，不同国际制度的目标是一致的，彼此间的关系也是协作性的。随着生物恐怖主义危险的上升及该领域中非国家行为体重要性的凸显，国际机制复合体进一步扩容了。但总体看来，国际机制复合体中不同机制的理念基础是一致的、巩固的，功能上则是互补的，形成了比较协同的治理格局。

---

① 白京羽、林晓锋、尹政清:《全球生物产业发展现状及政策启示》,《生物工程学报》2020年第8期。

一、军备控制与《禁止生物武器公约》

早在19世纪，国际社会就先后在布鲁塞尔与海牙通过了禁止使用有毒武器的国际宣言。但是，这些条约没有规定控制手段，未能阻止国家开发与使用生物武器。德国在第一次世界大战期间曾经使用炭疽和鼻疽病毒进行秘密行动，到第二次世界大战爆发之前，欧洲各国都拥有了自己的生物战计划。1925年在日内瓦签署的《禁止在战争中使用窒息性、毒性或其他气体和细菌作战方法的议定书》第一次就战争中禁止使用生物与化学武器作出了明确规定。但是，大部分缔约国都保留了将此类武器用作报复性手段的权利，从而使这一议定书成为一份“不首先使用”的国际条约。尽管如此，在第二次世界大战期间，日本依然在中国实施了臭名昭著的生物战计划。战争期间，日军向中国村庄的水井中投毒，以研究霍乱和斑疹伤寒的暴发情况；日本飞机还将感染鼠疫的跳蚤投放到中国城市上空，引发的流行病持续多年。①

在日本战争举动的刺激下，美国也于1943年开始了生物武器计划。这些试验延续到战后，甚至以毫无防备的普通民众为测试对象。例如，20世纪50年代，美国在纽约、旧金山、南达科他州、明尼苏达州，甚至在加拿大，都开展过释放病原体的试验。在朝鲜战争期间，美国参谋长联席会议允许科学家开发和使用任何生化武器。到1966年，美国每年用于生物武器开发的经费达到3800万美元。美国陆军化学军团（U.S. Army Chemical Corps）运营的美国生物武器综合设施包括位于马里兰州德特里克堡的研发实验室、位于犹他州杜格威试验场的露天实验基地及位于阿肯色州派恩海崖兵工厂的生产设施。炭疽热、土拉巴斯德氏菌、球芽孢杆菌等微生物被制成武器，并装入炸弹与喷雾罐。②美国将核武器威慑的理论应用于生物武器，认为对致命生物武器的存储是对敌方生物攻击的威慑。与此同时，苏

① Friedrich Frischknecht, “The History of Biological Warfare”, *EMBO Reports*, Vol. 4, Suppl. 1, p. S47.

② Jonathan B. Tucker, Erin R. Mahan, “President Nixon's Decision to Renouce the U.S. Offensive Biological Weapons Program”, https://ndupress.ndu.edu/Portals/68/Documents/casestudies/CSWMD_CaseStudy-1.pdf.

联也在秘密开展自己的生物战计划。冷战的意识形态对抗使得大国都不遗余力地开发更具优势的军备，而不去从道德角度考虑武器可能对平民造成的巨大伤害。[①]

但是，随着20世纪60年代美国发生露天化学武器实验导致家畜死亡事件，以及传言美国军方在秘密处理过时与发生泄漏的化学武器，美国国会对化学和生物武器计划进行审查的呼声越来越高。而美国在越南战争期间使用化学制剂加强常规军事行动的做法，也在国际社会中引发了强烈的谴责，尼克松政府正式提出了对生物武器计划进行跨部门审查的要求。

与此同时，在联合国框架下禁止生物武器多边规则的谈判也出现了新的动力。1969年7月10日，在日内瓦的联合国军控谈判论坛的十八国裁军委员会上，英国率先提出了一项禁止生产、存储与使用生物武器的条约草案。英国的立场除了道德上的考虑，更为重要的原因在于，和化学武器不同，生物武器事实上“没有什么军事用途”。英国认为，从军事角度来看，生物武器虽然制造成本低，但是作用较慢、不太可靠、影响不可预测，生物制剂的存储寿命还比较短，在进行威慑与报复方面效力有限。因此，和前者相比，禁止生物武器的条约谈判应该更加容易。[②]

不久之后，1969年9月19日，苏联外交部部长安德烈·葛罗米柯在联合国大会上的发言也提及了这一问题。苏联联合波兰、匈牙利、蒙古、保加利亚、罗马尼亚、捷克斯洛伐克等社会主义国家，向大会提交了“缔结一项关于禁止发展、生产和储存化学及细菌（生物）武器和销毁此种武器的公约”的议程，并提交了公约草案。[③]3天后，在与美国国务卿威廉·罗杰斯的会谈中，葛罗米柯再次强调了苏联的建议，表示这“不仅是苏联一国感兴趣的问题”，并建议罗杰斯“客观对待，看看是否能够达成共同语

---

① [美]劳丽·加勒特：《失信：公共卫生体系的崩溃》，张帆等译，国际文化出版公司，2021年，第525页。

② Jonathan B. Tucker, Erin R. Mahan, “President Nixon’s Decision to Renouce the U.S. Offensive Biological Weapons Program”, https://ndupress.ndu.edu/Portals/68/Documents/casestudies/CSWMD_CaseStudy-1.pdf.

③ United Nations General Assembly, “Twenty-Fourth Session: Offical Records”, 19 September, 1969, https://digitallibrary.un.org/record/748776?ln=zh_CN.

言”。而且，葛罗米柯表示，希望尽快讨论该问题，“因为随着时间的推移，这个问题的解决会变得更加困难”[①]。

美国在生物武器上的态度最终发生了转变。1969年11月25日，尼克松宣布：“生物武器具有巨大、不可预测且可能无法控制的后果。它们可能会引发全球流行病并损害子孙后代的健康。”因此，美国放弃使用致命生物制剂和武器，以及其他生物战方法，将把生物学研究限制在免疫和安全措施等防御措施上，并要求国防部就现有细菌武器库存的处置提出建议。他在声明中表示：“人类已经拥有了太多自我毁灭的种子。通过我们今天树立的榜样，我们希望为国家之间、人与人之间营造和平与理解的氛围作出贡献。”[②]在声明发表的当天，美国国家安全委员会的国家安全决定备忘录中，特别将生物武器与化学武器区分开，并指出储备化学武器作为一种报复手段是有意义的。这种区分也使得美国更容易支持英国在日内瓦提出的关于禁止生物武器的倡议。[③]

美国政策的转变极大地推动了《禁止生物武器公约》的谈判。1971年8月5日，美国和苏联在裁军委员会会议上分别提交了版本相同的《禁止生物武器公约》草案，这标志着公约谈判进入最后阶段。1972年4月10日，《禁止生物武器公约》正式开放签署，并于1975年3月26日正式生效。这份公约的核心内容在于，缔约方承诺在任何情况下不发展、生产、储存非和平用途的生物制剂、毒素及其武器或运载工具，并销毁现有以上所述项目或转用于和平目的，并且不对外扩散以上所述对象。公约不妨碍和平或民用生物技术研发与国际合作。[④]到目前为止，《禁止生物武器公约》有183个缔约国和5个签字国。

---

① FRUS, “Memorandum of Conversation Between Secretary of State Rogers and Soviet Forieng Minister Gromyko”, September 22, 1969, https://history. state. gov / historicaldocuments / frus1969-76ve02/d148.

② FRUS, “Statement on Chemical and Biological Defense Policies and Programs”, November 25, 1969, https://2001-2009.state.gov/r/pa/ho/frus/nixon/e2/83597.htm.

③ National Sexurity Council, “National Security Decision Memorandum”, November 25, 1969, https://irp. fas.org/offdocs/nsdm-nixon/nsdm-35.pdf.

④ 刘磊、黄卉：《尼克松政府对生化武器的政策与〈禁止生物武器公约〉》，《史学月刊》2014年第4期。

但是，《禁止生物武器公约》存在遵约上的难题。1981年，美国指控苏联向老挝与柬埔寨提供真菌毒素用于对付国内的反对力量。联合国秘书长派遣了两个专家组前往该地区进行调查，但都无法得出确切的结论。另外，公约规定，缔约国应当每五年召开一次会议，审查和改进条约的执行情况。但是，针对第二次、第三次审查会议提出的建立信任措施要求，包括公布与该公约有关的立法、法规和“其他措施”、公布自1946年1月1日起存在的进攻性或防御性生物研究和开发计划、申报疫苗生产设施等，绝大多数缔约国始终没有提交相关声明。①更为重要的是，会议责成一个“特设小组”就《禁止生物武器公约》谈判一项具有法律约束力的议定书以便加强公约的努力遭遇了失败。

从1995年到2001年，特设小组定期在日内瓦召开会议，但是进展缓慢。特设小组设想，各国应当向国际机构提交声明，公布与条约相关的设施和活动。国际机构可以对已申报的设施进行例行现场视察，也可以对可疑设施和活动进行检查。但是，由于生物武器与核武器甚至化学武器性质上的差异，这种监督实际上是非常困难的。

首先，生物病原体除了可以用来发展生物武器，也可以用于和平的用途，例如科学研究或者疫苗研发。对条约遵守情况的判断将在很大程度上取决于对国家意图的主观评估。其次，生物武器只需要少量制剂就可能造成极大的破坏。如果不能做到彻底核实，议定书的实际效果就可能存疑。最后，生物武器开发的掩盖活动也很容易。先进的生物制药厂采用“就地清洁”系统，使用杀菌化学品和热水冲洗发酵罐和管道，可以在几个小时内消除生产生物武器的所有痕迹。因此，即便是临时通知的检查也可能无法发现非法生产的确凿证据。

2001年7月，在特设小组最后一次会议上，美国拒绝就该草案和任何进一步的议定书进行谈判，声称其无助于《禁止生物武器公约》的遵守，并且有可能损害美国的国家安全和商业利益。根据谈判规则，议定书草案

① Arms Control Association, “The Biological Weapons Convention (BWC) At A Glance”, https://www. armscontrol.org/factsheets/bwc.

必须得到所有56个参与国的一致同意才能通过。虽然有的国家认为，尽管议定书存在缺陷，但可以起到增信释疑的作用，但是特设小组主席蒂博尔·托特（Tibor Tóth）认为，在美国缺席的情况下继续谈判没有意义，因为它拥有世界上最大的生物技术产业。[①]

虽然议定书的谈判未能取得成功，但并不意味着《禁止生物武器公约》完全没有取得成效。首先，禁止生物武器作为一项基本原则已经深入人心。尽管对于公约的具体条款及其执行存在不同意见，但是，禁止开发、存储和使用生物武器的原则都没有受到过公开质疑。其次，根据第二次审议大会的决定，从1987年开始，《禁止生物武器公约》引入“信任建立措施”(Confidence Building Measures, CBM)。信任建立措施的目标是防止或减少歧义、疑虑和猜疑的发生，并改善为和平目的开展的生物活动领域的国际合作。缔约国应于每年4月15日之前向《禁止生物武器公约》实施支持小组提交国家“信任建立措施”报告，报告内容包括：关于研究中心与实验室及国家生物防御研究和开发计划的信息交换；交换有关毒素引起的传染病暴发和类似事件的信息；鼓励成果发表和促进知识利用；立法、法规和其他措施的声明；关于曾经开展的进攻性和/或防御性生物研究和开发计划的声明；疫苗生产设施的申报。[②]进入21世纪后，每年提交“信任建立措施”报告的成员国数目稳步提升。2023年，98个国家提交了报告，占所有缔约国的53%。其中三分之一国家的报告完全公开。[③]另外，关于《禁止生物武器公约》的讨论也开始更加强调国际合作、援助与能力建设、对科学和技术发展进行审查等各个方面。2006年，在《禁止生物武器公约》第六次审议大会上成立了实施支持单位，由三名全职工作人员组成，旨在为审议大会决定的“信任建立措施”及公约的总体实施提供行政支持。在2022年的第九次审议会议上，不仅延长了对这一机构的授权，而且又增加了一名工

---

① NTI, “Biological Weapons Convention (BWC) compliance Protocol”, https://www.nti.org/analysis/articles/biological-weapons-convention-bwc/.

② United Nations Office for Disarmament Affairs, “Confidence Building Measures”, https://disarmament. unoda.org/biological-weapons/confidence-building-measures.

③United Nations Office for Disarmament Affairs, “Confidence Building Measures”, https://disarmament. unoda.org/biological-weapons/confidence-building-measures.

作人员。

简言之,《禁止生物武器公约》虽然存在不足之处,但依然是全球生物技术治理中的核心机制之一。它的主要目的是限制国家对生物技术的滥用,在制度设计上明显参考了国际社会的核军控经验。但是,生物技术自身的特性决定了它在执行上存在重大困难。

二、《禁止生物武器公约》的补充:澳大利亚集团与生物技术出口限制

澳大利亚集团的成立在很大程度上是为了弥补《禁止生物武器公约》缺乏执行机制的缺陷。1985年4月,澳大利亚政府以两伊战争期间伊拉克使用化学武器为由,联合15个相关国家,发起了非正式的出口管制协调安排。刚开始,出口管制对象是生产化学武器的前体,之后扩展到具备双重用途的化学生产设备上。到1991年时,出于担心在海湾战争期间受到伊拉克生化武器攻击,澳大利亚集团的活动范围进一步扩展到有可能被用于制造生物武器的材料与设备上。至今,澳大利亚集团已经拥有43个成员方。①

澳大利亚集团活动的依据是《禁止生物武器公约》的第一条与第三条。第一条禁止缔约国发展、生产、储存或以其他方式获取或保有生物用品和毒素,或相关的生物武器或设备。第三条要求缔约国阻止可能协助制造或获取生物武器的原料的转移。为了实现该目的,澳大利亚集团每年在巴黎举行会议,协调出口管制政策,讨论"控制清单"的制订和修改,并分享有关全球生物与化学武器扩散的情报。澳大利亚集团实施出口管制的范围包括六大类:化学武器前体,化学两用品制造设施、设备及相关技术和软件,生物两用设备及相关技术和软件,生物制剂,植物病原体,动物病原体等。澳大利亚集团将管制物项制成手册,包括《与化学武器相关的一般管制清单》和《与生物武器相关的一般管制清单》。②澳大利亚集团的决策都以协商一致的方式作出。值得注意的是,虽然澳大利亚集团是一个非正

① 这43个国家分别是:阿根廷、澳大利亚、奥地利、比利时、保加利亚、加拿大、克罗地亚、塞浦路斯、捷克、丹麦、爱沙尼亚、芬兰、法国、德国、希腊、匈牙利、冰岛、印度、爱尔兰、意大利、荷兰、日本、拉脱维亚、立陶宛、卢森堡、马耳他、墨西哥、荷兰、新西兰、挪威、波兰、葡萄牙、罗马尼亚、斯洛伐克、斯洛文尼亚、韩国、西班牙、瑞典、瑞士、土耳其、乌克兰、英国和美国。

② 澳大利亚集团:《澳大利亚集团一般管制清单》,https://www.dfat.gov.au/publications/minisite/theaustraliagroupnet/site/ch/controllists.html。

式组织，其决定并不具备国际法效力，成员国在实施出口管制时事实上拥有相当的自由裁量权，但是，其成员往往会制订比澳大利亚集团建议更加严格的控制措施。[①]

另外，出口控制的国际安排还必须解决“最短木板”的问题。当某国实施比较严格的出口管制措施时，进口方将寻求其他实施比较宽松政策的来源。为了解决这一问题，1996年，澳大利亚集团通过了美国提出的“不削弱政策”（No Undercut Policy）。根据该政策，当某一成员国出于防范生物与化学武器扩散的理由而拒绝出口申请时，其他成员国也将得到通知，应同样采取拒绝申请的措施，或与最初拒绝申请的成员国开展协商。

2001年“9·11”事件中的炭疽信件袭击进一步提升了国际社会的生物安全与防范生物恐怖主义的意识，澳大利亚集团也进一步调整了出口管制清单，增加了几种新的生物制剂和毒素，并更新了两用生物设备清单与部分参数，以实施更为严格的出口控制。与此同时，澳大利亚集团还采纳了原本仅由美国一国单方面实施的“包罗万象”（Catch-all）条款，即某一物品与技术即便不符合受管制物项的参数，但只要出口商得知其将被用于与相关武器扩散相关的目的，即可对其实施管制。这一条款允许对本来不受管制的化学和生物物品实施出口管制，并推动美国等澳大利亚集团成员国审查此类潜在敏感商品的最终用户。例如，美国确定了“受关切的扩散问题国家”，并列出具体实体。[②]新的防控形势也让澳大利亚集团的成员国认识到，随着化学与生物技术产业的全球化，出口管控体制的有效性日益来自国际社会的整体防范意识和防范水平。为此，澳大利亚集团开始向非成员国通报会议成果，并鼓励所有出口国和中转国采取类似措施。

要准确地评估澳大利亚集团的有效性并不容易。但不可否认，它对《禁止生物武器公约》作出了重要的补充。澳大利亚集团所有的成员都是《禁止生物武器公约》的缔约方。澳大利亚集团设置了较高的入会门槛，要求所有

① Daryl Kimball, “The Australia Group at a Glance”, https://www.armscontrol.org/factsheets/australiagroup.

② James I. Seevaratnam, “The Australia Group: Origins, Accomplishments, and Challenges”, *Nonproliferation Review*, Vol. 13, No. 2, p. 405

申请加入的国家都应遵守公约并接受以集团名义开展的实地审查，确保不具备开发、生产与储备生物武器的计划。另外，还要求新成员通过国内立法手段来规范与管制相关物项的出口。在澳大利亚集团以外，中国与俄罗斯也通过了相应的出口管制法律，对相关敏感材料与设备的出口进行审查与管理。

大国在这一问题上基本一致的立场，降低了生物与化学武器扩散的可能性。但不可否认，出口管制措施也引发了一些希望从相关物项的国际贸易中获利的国家的不满。有研究认为，尽管澳大利亚集团的出口控制措施涉及的贸易额非常小，但欧盟国家在此问题上依然与美国之间存在矛盾，出于贸易方面的考虑，前者希望以构建“投票集团”的方式否决澳大利亚集团采取更严格出口管制措施的决定。①

不难看出，澳大利亚集团遵循的原则与《禁止生物武器公约》是高度一致的，双方的关系是合作性与补充性的，形成了一种嵌套协同型的国际机制复合体。另外，这一套国际规则体系，仍以主权国家为主要行为体，管制的对象也相对比较清晰，即可能被用作生物与化学武器研发与生产的物项。

三、生物恐怖主义威胁与新的治理倡议

2001年美国发生的炭疽袭击事件凸显了新安全环境对传统军控机制的挑战。它表明，尽管作为战争手段或威慑工具的生物武器很可能是不可靠的，但极端分子或者恐怖组织却有动机也有能力选择性地培养一些危险的病原体，并将无辜的平民作为攻击对象。与传统意义上的生物战不同，生物恐怖主义袭击无需借助复杂的运载工具与大规模的生物武器库存。相反，它很可能由“独狼”式的恐怖分子通过小型炸弹或喷雾罐来投放，而且可能模仿自然发生的疾病并延迟对袭击的识别，因而具备很强的隐蔽性。安装中央空调系统的大型购物中心，或人来人往的公共交通设施，都有可能成为生物恐怖袭击的发生地。另外，还有人担心，恐怖分子还有可能出于政治目的而对牲畜使用由动物病原体构成的生物武器以诱发重大动物疾病，

---

① James I. Seevaratnam, “The Australia Group: Origins, Accomplishments, and Challenges”, *Nonproliferation Review*, Vol. 13, No. 2, pp. 412-413.

从而对经济社会和公共卫生造成严重影响。[①]生物技术和生命科学的进步与相关知识的扩散也加大了出现更新、更危险、更难应对的病原体的风险。2004年美国小布什政府发布的《21世纪的生物防御》报告就指出："预防和控制未来的生物武器威胁将更具挑战性。"[②]

最初，美国政府将关注点放在有可能被生物恐怖主义利用的已知病原体上，包括炭疽、肉毒杆菌、鼠疫、天花、土拉菌病及可能导致病毒性出血热的丝状病毒和沙粒病毒。美国疾病控制与预防中心根据这些病毒的传染性、死亡率与所需的公共卫生准备将它们划分为三类。[③]但是，随着基因编辑技术和合成生物学的快速发展，美国关注的重点也逐步发生了变化。

在生物安全领域，近年来与基因编辑技术相关的问题中，最受关注的莫过于所谓"功能获得"研究。生物体中的基因突变会为其带来"功能获得"或"功能丧失"，这种变化往往是自然发生的，但也可以通过实验来诱导生物体发生变化。"功能获得"研究的一个关键领域是通过研究更好地了解病毒的传播、感染和发病机制。如此，可以提高对人类和病原体相互作用的理解，帮助评估潜在的大流行病原体，并进一步做好防范与应对的准备。

但是，这类研究也引发了一些忧虑，有观点认为，此类诱导病毒进化的研究可能会产生新的病原体并引发大流行。科学界将这种研究称为"值得关注的功能获得研究"，因为其研究产物可能是增强型潜在大流行病原体。[④]2011年，美国威斯康星大学的河岗义裕（Yoshihiro Kawaoka）和荷兰鹿特丹伊拉斯姆斯大学医学中心的罗恩·富希耶（Ron Fouchier）宣布，他们分别修改了H5N1禽流感病毒，使其能够在雪貂之间传播。这一研究发现震惊了科学界，病毒能够在哺乳类动物间传播的潜力有可能使得病原体对

① RAND Corporation, "Agroterrorism: What is the Threat and What Can Be Done About it?", https://www.rand.org/pubs/research_briefs/RB7565.html.

② The White House, "Biodefense for the 21st Century", https://georgewbush-whitehouse.archives.gov/homeland/20040430.html.

③ Lt Col S Das, Brig VK Kataria, "Bioterrorism: A Public Health Perspective", *Medical Journal Armed Forces India*, Vol. 66, No. 3, p. 256.

④ Congressional Research Service, "Global Pandemics: Gain-of-Function Research of Concern", https://crsreports.congress.gov/product/pdf/IF/IF12021.

人类造成伤害的潜力引发了极大的争议，包括实验室是否应当自愿暂停实验及研究的结果是否应该公开发表。[①]尽管上述两项实验最终都得以继续并在《科学》和《自然》杂志上发表包括完整基因序列数据在内的研究结果，但也使得美国政府加强了相关监管政策，并推动科学界提出利用低致病性菌株进行相关研究，或者仅进行功能丧失研究的替代性方案。

另一个值得关注的科学研究领域是合成生物学。合成生物学通过设计组装生物元件或生物系统，使生物体按照新的规则运作，被视作生命科学领域的一种颠覆性技术。合成生物学的出现意味着人类不再"坐视"自然界发生变化，而是能够人为干预这种变化，并为很多问题提供了新的生物解决办法。例如，有人制造能够消化水上泄露石油的生物，还有人利用这种方法制造能够开发为疫苗的生物。[②]但是，它也带来了新的监管难题与潜在的风险。例如，客户可以通过生物公司定制DNA（脱氧核糖核酸）的序列与长度，生物公司合成后将其运送给客户。理论上，供货商可以判断这些DNA片段是否属于病毒的一部分，但现实中它们往往不能准确及时地识别风险。2018年，加拿大阿尔伯塔大学的病毒学家戴维·埃文斯（David Evans）合法采购了一些遗传基因片段，并利用其成功合成与天花病毒相似的马痘病毒。[③]近年来，合成DNA的制造设备又有了新的发展，DNA合成台式机改变了以往集中式的生物材料生产机制。现在，科学家可以在自己的实验室中很容易地"打印"所需要的DNA片段。分散化的生物材料生产方式显然进一步增加了监管的难度，也使得传统的出口管制机制无法适应新的需要。[④]

防范生物恐怖主义的需要带来了新的国际应对策略，重点也从关注国

---

① Jocelyn Kaiser, "Exclusive: Controversial experiments that could make bird flu more risky poised to resume", *Science*, https://www.science.org/content/article/exclusive-controversial-experiments-make-bird-flu-more-risky-poised-resume.

② 联合国:《生物科技发展"双刃剑"对人类安全构成威胁》, https://news.un.org/zh/audio/2013/11/304092。

③ 丁迪:《两用生物技术的治理挑战》,《现代国际关系》2022年第9期。

④ Sarah R. Carter, Jaime M. Yassif and Christopher R. Isaac, "Benchtop DNA Synthesis Devices: Capabilities, Biosecrity Implications, and Governance", May 2023, https://www.nti.org/wp-content/uploads/2023/05/NTIBIO_Benchtop-DNA-Report_FINAL.pdf.

家行为体转变为关注非国家行为体的活动可能带来的安全后果。目前，国际层面上存在三类相关的机制。第一类相关机制是通过国际刑警组织生物恐怖主义预防小组加强关于生物恐怖主义的情报监测与执法能力。国际刑警组织在该领域的活动包括：开发新的生物事件分析平台，为成员国提供分析支持和情报共享；就涉及生物制剂的事件向成员国执法部门发出警告或分享关键信息；开展生物恐怖主义风险与控制研讨会；提供打击暗网上的生化恐怖主义活动的培训课程；开展“犀牛计划”，强调应对疫情过程中执法部门与卫生服务部门之间的合作与协调；开展生物恐怖主义事件的桌面演习；召开国家生物安全工作组会议等。①2018年10月，国际刑警组织还与世界动物卫生组织和联合国粮农组织共同发起“增强抵御农业恐怖主义和农业犯罪能力”的联合项目，建立有针对性的动物疾病监测能力，包括发现和调查涉及人畜共患病原体的潜在恐怖主义或犯罪事件。

第二类相关机制是生物材料与设备企业的行业自律制度。2009年，全球五大基因合成公司蓝鹊生物（Blue Heron Biotechnology）、“DNA2.0”、“GeneArt”、金斯瑞生物科技（GenScript）和埃德特（Integrated DNA）共同创建了国际基因合成联盟，并提出了“基因序列和客户筛选协调规定”。这五家基因合成公司提供了全球80%的合成基因。它们约定，根据联盟开发的受监管病原体数据库和若干国际基因序列参考数据库，对订单中的每个合成基因序列进行筛选，同时还将筛选每个潜在的基因合成客户，以确定其身份和从事相关工作的许可。当发现生物安全风险时，这些公司保留拒绝交付订单并通知相关政府的权力。②2010年，美国卫生与公众服务部也发布了指南，建议基因供应商根据指南提供的基因序列列表对订单进行筛选。2023年，美国政府更新了指南，要求供应商不仅根据受监管的病原体和毒素列表进行筛选，而且还应该寻找不在列表内，但可能具有毒性或致病性的基因序列。虽然美国政府发布的指南不具备法律约束力，但大部分企业

① INTERPOL, “Bioterrorism”, https://www.interpol.int/Crimes/Terrorism/Bioterrorism.

② Genetic Engineering & Biotechnology News, “Gene-Synthesis Firms Set Up Biosecurity Protocol”, https://www.genengnews.com/news/gene-synthesis-firms-set-up-biosecurity-protocol/.

都会遵守这些准则。[①]显然，这一类行业自律制度延续了生物武器控制的基本治理规范，即防止相关生物材料落入潜在的恐怖分子手中。

第三类相关机制是科学界的研究伦理规范。生物技术领域具有很高的技术门槛，科学家与专业从业人员在防范技术滥用方面发挥着特别重要的作用。2021年，在《禁止生物武器公约》生物科技审议专题会议上，中国介绍了《科学家生物安全行为准则天津指南》，并得到国际科学院组织的正式认可。这份指南在生物安全领域提出了坚守道德基准、遵守法律规范、倡导科研诚信、尊重研究对象、加强风险管理、参与教育培训、传播研究成果、促进公众参与、强化科研监管、促进国际合作十大准则，涵盖了生物技术研究的各个环节，对于防止生物技术的滥用具有重要意义。[②]2023年12月，美国智库防范核威胁倡议（Nuclear Threat Iniative，NTI）联合国际利益相关者建立的生物安全倡议组织“国际生物安全科学倡议”得到巴黎和平论坛接受，被列为其支持的加速器计划之一。该组织将重点关注防止DNA合成技术的滥用，并可能进一步扩大职责范围。[③]

需要注意的是，虽然生物技术的发展加大了生物技术滥用及其带来的安全风险，但是国家层面的监管水平依然有待提高。根据约翰霍普金斯大学发布的“全球卫生安全指数”，到2019年时，在国家层面上对滥用生物技术进行监管的国家不到5%，没有任何国家立法要求对合成DNA序列进行筛查，92%的国家缺乏对接触危险生物材料或毒素的人员的安全核查。[④]

综上，从维护国家与国际社会安全的角度出发，禁止并防范危险病毒

---

① Robert F. Service, “U.S. Urges DNA Synthesis Firms to Ramp up Screening for Biosecurity Threats”, *Science*, https://www.science.org/content/article/u-s-urges-dna-synthesis-firms-ramp-screening-biosecurity-threats.

② 张朋辉：《全球生物安全治理领域的中国倡议得到广泛支持》，《人民日报》2021年9月13日。

③ NTI, “International Biosecurity and Biosafety Initaitve for Science, IBBIS”, https://www.nti.org/about/programs-projects/project/international-biosafety-and-biosecurity-initiative-for-science-ibbis/.

④ Center for Health Security, “Global Health Security Index: Building Collective Action and Accountabiltiy”, p. 12, https://reliefweb.int/report/world/global-health-security-ghs-index-october-2019.

被用作武器是国际社会的广泛共识，无论是被国家所用还是被恐怖分子所用。这形成了国际机制复合体的坚实理念基础。为了克服生物武器具有隐蔽性高、核查困难、难以与自然暴发的疾病所区分的治理困难，在这一问题上形成了几个核心原则一致、功能上相互补充的国际机制复合体。但是，不难发现，随着生物技术的发展与生物恐怖主义威胁的上升，对国家与相关利益方的政策要求变得更高，政策落实的难度也加大了。

第二节　规范基因工程的国际机制复合体

上一节中讨论的是故意开发、储存与使用生物武器的行为。这一类生物技术因为其使用者的意图而被界定为有害和危险的。然而，随着生物技术，特别是转基因技术的发展，技术发展带来的不确定性引发了新的生物技术治理问题。这一问题的微妙之处在于，生物技术确实有可能对自然环境与人类健康造成不可逆转的威胁，但在很多情况下，基因工程技术的恰当应用也能够缓解人类痛苦，带来健康与福祉。如何在发挥技术潜力的同时最大限度地规避环境、健康和伦理上的风险，成为这一领域国际制度设计中的难题。与生物武器问题上存在稳定一致的治理理念不同，在规范基因工程的问题上，不同观点与利益考量推动着不同原则之间的权衡与较量，最终塑造了国际制度复合体的形态与发展方向。

一、对“改性活生物体”的管理与控制

对基因工程进行管制的讨论首先发生在科学家团体中。1975年，这一领域中的科学家齐聚美国加利福尼亚，为基因重组领域正在萌发的实验设定限制措施。科学家们最初的态度非常谨慎，这一类型的研究将自动地被设定限制，直到能够更好地鉴别其风险。次年，美国国立卫生研究院在研究指南中特别要求实验室限制基因重组技术微生物的物理存在，并严禁将其暴露在环境中。

然而，随着时间的推移，科学家们发现，基因重组技术并未带来新的超级病菌。相反，经过基因改造的新物种往往不如自然出现的那么强健，技术的风险有可能被高估了。于是，美国国立卫生研究院开始放松

对实验室培育新微生物并将其暴露在环境中的限制，这一政策变化加快了农业生物技术产业的出现。1983年，美国第一次允许进行转基因作物的实地实验。①

对转基因技术生物安全性的评估分为若干层面，如食品安全、动物健康、动物福利、环境安全等。其中，转基因技术的环境影响是最为核心的问题之一。“木马基因效应”（Trojan Gene Effect）形象地描述了转基因动物可能对环境造成的毁灭性影响。例如，有研究表明，快速生长的转基因鱼虽然具有繁殖优势，但死亡率很高。在计算机模拟的环境里，如果有60尾转基因鱼进入60000尾野生鱼群中，只要40代时间就可导致该种群灭绝。②尽管目前还没有实验证据证实这一假设，但转基因生物释放于环境的潜在风险依然引起了国际社会的警觉，并带来了相应的管制措施。

在国际层面上对该问题进行规制的多边公约是《生物多样性公约》框架下的《卡塔赫纳生物安全议定书》，针对的就是由于生物技术进步而产生的“改性活生物体”的安全国际转运、处理和使用。所谓“改性活生物体”，是指通过生物技术而获得了新的基因组合的活生物体。这一略显拗口的术语本身就是谈判中相互妥协的产物。它不包括那些已经经过加工因此无法转移或复制遗传物质的转基因生物，以尽可能减少监管可能对创新技术带来的阻碍。

《卡塔赫纳生物安全议定书》的核心原则就是防范转基因生物对特定物种和整个生态系统造成潜在影响，为此，它针对有意引入环境的“改性活生物体”的进口制订了预先知情协议程序，要求建立“生物安全审查机构”，对所谓“改性活生物体”被批准上市前15日之内提交上报信息，建立一套包括种子在内的、有关转基因生物首次运输的完备协议程序。如果仅仅是“过境”或用于封闭环境的“改性活生物体”，或者被认定为“药品”的“改性活生物体”，则不适用该议定书。由此可见，就监管生物技术及其应用的范围而言，《卡塔赫纳生物安全议定书》的覆盖面其实是比较有

---

① [美]弗朗西斯·福山：《我们的后人类未来：生物技术革命的后果》，黄立志译，广西师范大学出版社，2022年，第195~197页。

② 许建香、李宁：《转基因动物生物安全研究与评价》，《生物工程学报》2012年第3期。

限的，针对的主要是转基因生物可能对环境造成破坏的问题。

《卡塔赫纳生物安全议定书》生效后，产生的最大争议集中在与世界贸易组织下《卫生与动植物检疫措施协定》的关系上。《卫生与动植物检疫措施协定》被用以保护成员国境内的动植物生命健康免受虫害、病害、带病或致病有机体的传入或传播。作为世界贸易组织框架下的协定，《卫生与动植物检疫措施协定》旨在对国际贸易设置最低限度的生物技术壁垒。就转基因农作物而言，除非能够证明其具有致病与致害的可能性，世界贸易组织成员方就不应该施加更为严格的进口要求，否则就有理由怀疑这是不公平的贸易限制措施。

《卡塔赫纳生物安全议定书》试图与《卫生与动植物检疫措施协定》兼容。它要求限制进口的决定必须基于“现有的科学证据，以便识别和评估‘改性活生物体’可能产生的不利影响”及“以科学合理的方式进行风险评估”。《卡塔赫纳生物安全议定书》第二十条专门规定了建立生物安全信息交换机制，用以促进有关释放“改性活生物体”的科学、技术、环境和法律信息的交流。而且，针对环境危害较小、无法转移或复制其遗传物质的“改性活生物体”，《卡塔赫纳生物安全议定书》还设置了简化程序，无须书面许可即可出口。但与此同时，《卡塔赫纳生物安全议定书》中还规定了“预防权”，即如果缺乏足够的科学信息，成员国可以依靠理论上的关切来证明限制进口的合理性。由此设定的更加严格的贸易标准就可能与世界贸易组织的规则出现抵触。[①]

“预防权”的规则设计与欧盟在该问题上的立场息息相关。欧洲委员会在订立相关法规时就采取了“审慎原则”，即在实践中先将产品假定为有害的，直至证明它对环境或公共健康没有危害。在转基因食品的标签问题上，它也采取了较为严格的政策。但是，美国却反对欧盟的立场，坚持认为证明转基因食品有害的责任应该在作出如此声明的人身上，而不是声称其无害的人身上。而且，美国还希望避免应用标签系统对转基因产品进行追溯。

---

① Barbara Eggers, Ruth Mackenzie, “The Cartagena Protocol on Biosafety”, *Journal of International Economic Law*, Vol. 3, No. 3, p. 540.

欧美之间之所以出现这种差异，主要还是由于它们在农产品贸易问题上的不同利益。美国是世界上最大的农产品出口国，而且很早就在农业上采用了转基因技术。出口导向决定了美国不希望以包括规范生物技术理由在内的任何理由干扰自由贸易。相反，欧洲农民则更加倾向于贸易保护主义，并且因为强劲的环保运动而对生物技术更为反感。①由于美国并非《生物多样性公约》的缔约国，欧盟的立场最终在《卡塔赫纳生物安全议定书》的谈判中占据了上风。

与前文讨论的《禁止生物武器公约》类似，《卡塔赫纳生物安全议定书》在遵约机制方面也存在一些困难与漏洞。首先，美国作为积极开展基因工程的大国，并不是《生物多样性公约》及其《卡塔赫纳生物安全议定书》的缔约方。其次，虽然2004年《卡塔赫纳生物安全议定书》的缔约方第一次会议期间就设立了遵约委员会，但是由于生物技术格局的快速变化与出口转基因生物的国家数量增加，《卡塔赫纳生物安全议定书》的实施率持续偏低。另外，协议规定，缔约国可以与非缔约国在“改性活生物体”的越境转移方面达成双边、区域或多边的协议或安排。如果这些协议与安排在《卡塔赫纳生物安全议定书》生效后达成，那么其保护标准不应当低于该议定书。但事实上，这方面没有任何遵约机制。一些工业化国家利用双边或多边贸易协定作为削弱该议定书条款的间接手段。②另外，议定书还允许缔约国在进口“改性活生物体”时“考虑社会经济因素”，以减轻对土著族群和当地社区的社会和其他影响。但是，在实践中，社会经济理由的恰当范围是什么？如何区分合理的关切与故意设置的贸易壁垒？这些问题并没有得到清晰的回答。

更加值得注意的问题是，随着基因改造技术在全球卫生领域虫媒控制问题上的应用，《卡塔赫纳生物安全议定书》的适用性与管辖范围也出现了

---

① [美]弗朗西斯·福山：《我们的后人类未来：生物技术革命的后果》，黄立志译，广西师范大学出版社，2022年，第199页。

② OJ Lim Tung, “Transboundary Movements of Genetically Modified Organisms and the Cartagena Protocol: Key Issues and Concers”, *Potchefstroom Electronic Law Journal*, Vol. 17, No. 5, p. 1758.

新的争议。蚊子是疟疾、登革热等重要跨国传染性疾病的传播媒介。虽然通过常规的疾病防控项目能够取得一定的防控效果，但无法彻底解决问题，在许多发展中地区，这些疾病依然构成重要的疾病负担。2010年11月，位于英国的生物技术公司牛津昆虫技术公司（Oxitec Ltd.）宣布已经在开曼群岛测试了一种转基因按蚊“OX513A”。这种按蚊利用了“木马基因效应”，被释放到环境中后，将与正常的埃及按蚊交配，但产下的虫卵极难在正常条件下成熟，因而将极大地降低传播登革热的埃及按蚊的种群数量，起到改善公众健康的作用。试验的消息引发了科学家与环保组织的不安，他们谴责牛津昆虫技术公司没有充分评估在岛上释放转基因按蚊可能造成的生态风险，并可能违反《卡塔赫纳生物安全议定书》第八、十和十二条关于处理“改性活生物体”跨境转移的程序。因为，被释放到环境中的变异按蚊最终可能会分布到世界各地，包括那些本可能拒绝在本国测试转基因按蚊的国家。

但是，转基因按蚊技术的支持者则认为，不应将其产品视作一般的环境生物技术，而应当根据其用途将其归类为生物医学技术，或者说是一种“治疗药物”，因此不在《卡塔赫纳生物安全议定书》的管辖范围内。而且，鉴于该项技术能够为人类健康带来的好处，仅仅评估风险而不考虑收益的政策评估框架也是有失公允的。特别是驳回此类技术测试的欧盟风险评估程序，被外界批评为“缓慢、昂贵、不可预测，并阻碍了该领域的创新和技术转让”[①]。

国际制度核心原则差异导致的规则冲突问题再一次出现了。2014年，世界卫生组织开始参与到该问题的治理中，其下的热带病研究和培训特别规划受到美国国立卫生研究院基金会的委托，制订了评估转基因昆虫安全性和有效性的质量标准。值得注意的是，在标准的制订过程中，牛津昆虫技术公司的内部科学家及与之有着密切联系的科学家积极参与了政策的咨询与建议过程，包括作为核心工作组成员“实质性参与指导框架的编写、

① Anusha Panjwani, Anthony Wilson, “What is Stopping the Use of Genetically Modified Insects for Disease Control?”, PLOS Pathogens, https://journals.plos.org/plospathogens/article?id=10.1371/journal.ppat.1005830.

编译和编辑”[1]。尽管世界卫生组织强调，这份文件“不代表世界卫生组织或美国国立卫生研究院基金会的观点，也不提供有关行动的建议”，但它制订规则的标准是“提出与其他公共卫生工具测试所使用的标准相当”[2]。换言之，通过推动制订一项“软法”，支持该项技术的力量成功地重新界定了转基因蚊子的性质，即“公共卫生工具”，并将其置于世界卫生组织这一新的治理框架下。

之后，将这项技术界定为公共卫生技术“进步”的话语日益主导了讨论，世界卫生组织也开始在这一议题上发挥更大的作用。特别是2016年世界卫生组织宣布寨卡病毒流行构成“国际关注的紧急公共卫生事件”，而蚊子正是这一病毒的主要传播媒介。寨卡病毒对胎儿健康构成重大威胁，可能增加包括“小头症”在内的出生缺陷风险。世界卫生组织发表声明，表示“鉴于寨卡危机的严重性”，鼓励使用“新型与传统的”方法来控制蚊子，作为应对公共卫生危机的第一道防线。[3]基于类似的理由，英国上议院科学技术专责委员会认为，英国政府“有道德义务”测试这项技术的潜力。2017年，法国生物技术高级委员会也发表了对使用埃及伊蚊“OX513A”进行病媒控制的支持性立场。同年，非洲联盟新兴技术高级别小组建议对转基因技术进行彻底审查，以便将其作为有效控制和消除疟疾的工具选择。2019年，非洲科技部长会议与非洲联盟执行理事会建议非盟成员国在其发展计划中考虑使用转基因昆虫技术。[4]2021年，世界卫生组织进一步发布立场声明，公开欢迎包括转基因蚊子在内的创新病媒控制工具的开发，并发布了第二版《测试转基因蚊子的指导框架》，鼓励对这一技术“进行知情和

---

① Sandra Schwindenhammer, “The Rise, Regulation and Risks of Genetically Modified Insect Technology in Global Agriculture”, *Science, Technology & Society*, Vol. 25, No. 1, pp. 132-133.

② World Health Organization, “The Guidance Framework for Testing Genetically Modified Mosquitoes: Overview”, https://fctc.who.int/publications/i/item/2014-06-26-the-guidance-framework-for-testing-genetically-modified-mosquitoes.

③ Tim Radford, “WHO Paves Way for Use of Genetically Modified Mosquitoes to Combat Zika”, https://www.theguardian.com/world/2016/feb/16/who-paves-way-for-use-of-genetically-modified-mosquitoes-to-combat-zika.

④ Target Malaria, “International Policy Framework for Genetically Modified Mosquitoes”, https://targetmalaria.org/wp-content/uploads/2022/08/Reg_FS_EN_InternationalPolicy-_Aug22.pdf.

严格的评估”。

随着支持转基因蚊子作为公共卫生工具的国家增多，国际社会开始对《卡塔赫纳生物安全议定书》进行调整，以便与全球公共卫生的制度框架衔接与协调。2016年12月，议定书的缔约方决定制订关于“改性活生物体”风险评估的附加指南，“重点关注转基因蚊子环境释放可能需要特别考虑的具体问题”。两年后，缔约方大会决定以谨慎的态度推进转基因昆虫试验，前提是研究人员必须证明转基因昆虫不会构成威胁，并且，任何现场测试都必须得到受影响地区居民事先的知情同意。换言之，国际环境治理的框架，特别是针对环境风险的“预防性原则”在一定程度上让步于全球卫生安全的考虑。

转基因蚊子的案例再一次表明了多项国际制度共存的政策环境如何为国家提供了更大的选择空间，而这又反过来重塑了国际机制复合体的类型。欧盟主导的《卡塔赫纳生物安全议定书》以环境保护的“预防性原则”对转基因昆虫技术发展形成制约，但是生物技术公司和美国推动在世界卫生组织与全球虫媒疾病控制的背景下重新界定问题，借助人类健康的道德原则改变了对生物技术风险与收益的判断。这一原则也反作用于全球环境机制，影响了管制红线设定的阈值，为生物技术的发展和应用留下了更大的政策空间。

需要说明的是，公共卫生的考虑并不是唯一可能的问题界定方式。随着转基因昆虫技术的发展，也可能出现新的管制框架。例如，2016年10月，美国国防国际研究计划局宣布开展为期4年的“昆虫盟友”（Insect Allies）项目。该项目宣称的目标是，通过媒介昆虫向靶标植物传播经过基因改造的植物病毒，以便增强成熟植物抵御各种灾害的能力，保障美国农业安全。但是，2018年10月，来自德国与法国的科学家在《科学》杂志上刊文，认为这一项目具有明显的两用性潜力，并呼吁就此开展广泛的社会、科学和法律方面的讨论。[①]虽然目前禁止生物武器以及防范生物恐怖主义的

---

① 王盼盼、田德桥：《DARPA昆虫盟友项目生物安全问题争议》，《军事医学》2019年第7期。

辩论还没有出现在这一政策领域内，但如果在科学界或国家之间出现相关的动力，国际机制复合体仍然有进一步演变的可能性。

二、对人类生物技术的管控

与对农作物或昆虫进行基因编辑相比，针对人类的生物技术的开发与应用无疑面临着更大的政治敏感性与伦理争议性。在第二次世界大战期间，全世界目睹了纳粹德国种族主义的“优生学”与日军在中国进行人体实验所犯下的反人类罪行，推动了1947年《纽伦堡法典》的诞生。这是纽伦堡国际军事法庭规定的在进行人体试验时必须遵守的10项标准，也成为规制日后为了促进医学科学发展必须进行的人体实验的最基本规范与准则。[①]《纽伦堡法典》的主要内容包括：试验对象全体一致同意的绝对必要；试验应当收到利用其他研究方法或手段无法达到的对社会有利的丰厚成果；试验的设计，应以动物实验的结果和对疾病的自然历史或其他待研究问题的了解为基础，使预期的结果证明试验的合理性；在试验进行时应避免身体上和精神上不必要的疼痛和创伤；如果事先有理由相信试验会造成死亡或残疾，则不得进行试验，但做试验的医生自己也作为试验对象时可免于这一条的限制；试验所面临风险的程度，不能超过试验所要解决的问题的重要性；做好准备并提供适当的设施，保护受试者免除哪怕是极少的创伤、残疾和死亡的可能性；试验只能由科学上具有资质的人员进行，应要求进行或参与试验的人员在所有阶段都保持最好的技艺和细心程度；在试验过程中，如果受试者达到肉体或精神上无法忍耐的状态，应当具有令试验停止的自由；在试验过程中，如果主持试验的科学家判断试验继续进行可能给受试者造成创伤、残疾或死亡时，必须随时准备在任何阶段终止试验。[②]

1964年，在《纽伦堡法典》的基础上，世界医学协会制订并发布了《赫尔辛基宣言》。作为行业规范而非国际法，这份宣言面向的主要是医生，但“鼓励其他参与涉及人类受试者的医学研究的人员采纳这些原则”。《赫

---

① 王德国:《探讨〈纽伦堡法典〉中人体实验的伦理原则与规范》,《中国医学伦理学》2016年第2期。

② 国际科研合作信息网:《纽伦堡法典》, http://www.ircip.cn/web/993898-993919.html?id=26645&newsid=824248。

尔辛基宣言》与《纽伦堡法典》的基本精神一脉相承，将人权置于首要位置，具体而言指人体受试者的权利。其第五条明确规定："在涉及人体对象的医学研究中，应优先考虑人体对象的健康幸福，其次考虑科学和社会的利益。"而在涉及实验方案设计、知情同意、发表规范等问题时，《赫尔辛基宣言》做出了更加全面、具体和完善的规定。[①]1982年，国际医学科学组织理事会与世界卫生组织合作，公布了《涉及人的健康相关研究国际伦理准则》。这份伦理准则进一步详尽解释了《赫尔辛基宣言》的正确运作方式。2016年，这份准则还进行了更新，表明在今天这些基本原则依然是重要和具有生命力的。

毫无疑问，人权的价值与关于人体试验的国际规则同样适用于新的生物技术。2003年，联合国教科文组织通过了《国际人类基因数据宣言》，强调采集、处理、使用和保存人类基因数据、人类蛋白质数据和提取此类数据的生物标本方面必须"确保尊重人的尊严、保护人权和基本自由"，并指出此类活动都应当遵守国际人权法。[②]2005年联合国教科文组织制订的《世界生物伦理与人权宣言》中同样充分体现了这一点。这份宣言将"人的尊严和人权"作为首要原则，并指出"个人的利益和福祉高于单纯的科学利益或社会利益"。宣言要求，只有在当事人事先、自愿地作出知情同意后才能实施任何预防性、诊断性或治疗性的医学措施，或者开展相关的科学研究。而且，当事人可以随时撤回这种同意。宣言还指出，必须对弱势的、没有能力表示同意的人给予特殊的保护。[③]

但是与此同时，生物技术的突飞猛进又带来了全新的道德问题，而且是"完全不同类型"的问题。以前，人类是技术的创造者，但生物技术在某些方面已经使人类成为技术的对象。当人类因为生物技术的发展而成为"可供开采、利用和商品化的自然资源"时，人的尊严、人类的尊严和作为

---

① 中国疾病预防控制中心:《赫尔辛基宣言》，https://ncaids.chinacdc.cn/xxgx/zcwj/201804/t20180419_164357.htm。

② 联合国教科文组织:《国际人类基因数据宣言》，http://www.moe.gov.cn/srcsite/A23/jkwzz_other/200310/t20031016_81412.html。

③ 联合国教科文组织:《世界生物伦理与人权宣言》，http://www.moe.gov.cn/srcsite/A23/jkwzz_other/200510/t20051019_81410.html。

物种的人类本身又意味着什么呢？[①]

在对生物技术进行国际管制的问题上，发展最成熟的当数克隆技术，或称体细胞核移植技术。科学家取下一个成熟的体细胞核并将其移植到一个无核卵，然后用电流或化学品刺激驱使细胞分裂。之后将由此产生的胚泡移植到母体子宫，如果顺利着床并发展至足月妊娠，由此产生的个体将携带与成熟体细胞供体相同的核遗传物质。1996年，在苏格兰诞生了世界上第一只克隆山羊“多利”，随即引发了克隆技术的研究热潮及关于将该技术用于人类的科学和伦理问题的讨论。

在这一领域中，有较强国际共识的问题是反对为生殖目的而使用克隆技术。一方面，克隆技术的安全性是成问题的。到目前为止，通过克隆技术诞生的所有哺乳动物物种，如老鼠、兔子、猪、牛、绵羊，都产生了不可预知的遗传和表观遗传问题，不仅导致畸形率和产前死亡率高，而且还对大多数生下来的动物造成健康问题。[②]克隆羊多利只存活了不到7年，而正常情况下绵羊的寿命可以达到11~12年。另一方面，将克隆技术用于人类也挑战了人类尊严的底线。1997年11月11日，联合国教科文组织大会以鼓掌的方式通过了《世界人类基因组与人权宣言》，其中第十一条非常明确地指出：“违背人的尊严的一些做法，如用克隆技术繁殖人的做法，是不能允许的。”[③]德国哲学家于尔根·哈贝马斯（Jürgen Habermas）在论及这一问题时写道：“一旦成年人将其后代的理想遗传特征视为一种产品，可以根据自己喜欢的设计来塑造，他们就对经过基因操纵的后代行使了某种控制，干预了另一个人自发形成的自我概念与道德自由的身体基础。这种控制只能施加于物、不能施加于人。”[④]因此，用世界卫生大会就该问题讨论的结论来说，克隆技术繁殖人的做法先天地贬损了克隆人的尊严，并与“人类

---

① Donal P. O' Mathuna, “Bioethics and biotechnology”, *Cytotechnology*, Vol. 53, No. 1-3, p. 117.

② 世界卫生组织:《生殖性克隆人:关于联合国大会讨论的情况》,https://apps.who.int/gb/ebwha/pdf_files/EB115/B115_ID2-ch.pdf。

③ 联合国:《世界人类基因组与人权宣言》,https://www.ohchr.org/zh/instruments-mechanisms/instruments/universal-declaration-human-genome-and-human-rights。

④ Jürgen Habermas, *The Future of Human Nature*, Cambridge: Polity Press, 2016, p. 13.

尊严和完整性相悖”。[①]

但是，在另一方面，不产生克隆人，而是利用体细胞核移植技术进行科学研究并潜在地用于疾病治疗的做法，在国际社会中还存在一定的争论。这一技术在克隆胚胎进入胚泡阶段（受精之后5天左右），就将产生干细胞系的内细胞群提取出来，用来培养干细胞系。而胚胎则随之遭到破坏。2004年2月，韩国的科学家报告从克隆人类胚胎中制造干细胞系。6个月之后，英国人类受精及胚胎学管理局颁发了欧洲地区的第一份许可证，使研究人员能够利用通过体细胞核移植进行克隆开展胚胎干细胞研究。制造干细胞系的技术被认为具有医用前景。因为如果在移植中使用的材料与患者自身的DNA一致的话，将降低排异出现的风险。另外，还有科学家认为使用该技术开展基础研究将有助于开发针对帕金森病、阿尔茨海默病和糖尿病的基因疗法。[②]支持者认为，治疗性克隆并不会引起严重的道德、伦理、社会和法律问题。在严格监管下开展的治疗性克隆，不会损害人类尊严，相反，却对挽救人类生命和增进人类健康有巨大的助益。

尽管具有良好的目标，部分国家依然认为应当全面禁止包括研究性与治疗性克隆在内的所有人类克隆活动。在2004年联合国大会第六委员会针对该问题的讨论中，哥斯达黎加代表包括美国在内的其他60多个国家提出草案，要求将所有形式的克隆人类胚胎活动宣布为非法。它们主张，胚胎并非“毫无特征的细胞束”，或与一般的实验物品无异，可以在研究中使用或销毁。相反，应该将胚胎视为一个“人”，将其视作达到其他人目的的手段是不道德的。例如，德国就于1990年通过《胚胎保护法》，禁止以研究目的杀死人类胚胎。[③]另外，这些国家还认为，如果允许为其他目的克隆人类胚胎，那么要控制生殖性克隆是不可能的。但以比利时为代表的另一派则认为，必须立刻制订法律禁止生殖性克隆，但也应当考虑到成员国之间

---

① 世界卫生大会：《人类健康中克隆问题的伦理，科学和社会影响》，https://apps.who.int/gb/ebwha/pdf_files/WHA51/ca42.pdf。

② 世界卫生组织：《生殖性克隆人：关于联合国大会讨论的情况》。

③ 曲彬、张映、周琪、李伟：《人类胚胎基因编辑——科学与伦理》，《科学与社会》2016年第3期。

在治疗性克隆方面存在的意见分歧，允许国家自行通过法律框架来确定控制的范围。最终，联合国大会在2005年3月8日以84票赞成、34票反对、37票弃权的结果通过了关于人的克隆的宣言。但是，宣言文本并没有从根本上解决成员国之间的分歧，而是含糊地将禁止的范围设定于“禁止违背人类尊严和对人的生命的保护的一切形式的”人的克隆，并要求成员国“采取必要措施，禁止应用可能违背人类尊严的遗传工程技术”，并特别提及“采取措施防止在应用生命科学方面剥削妇女”[①]。鉴于各国对于治疗性克隆的态度差异，可以想见的是，这一宣言的文本事实上可以从不同角度进行解读。

可见，随着生物技术及其应用前景的发展，国际社会虽然依然认同“人的尊严与人权”这一基本伦理共识，但在涉及对人类胚胎的研究时，不同国家的态度就出现了分化。

为了规范这一领域内的研究与技术开发活动，2015年底，中国科学院、美国国家医学院、美国国家科学院和英国皇家学会联合主办了为期3天的国际人类基因组编辑峰会。峰会发表的声明表示：“除非相关的安全性和有效性问题得到解决……并且对应用的适当性达成广泛的社会共识，否则进行任何生殖细胞系编辑都是不负责任的。”[②]峰会还提出，基因编辑技术不应当应用于修改旨在用于怀孕生殖的胚胎，并且应当谨慎开发体内基因编辑的医疗应用，如纠正导致镰状细胞病的突变或者修改免疫细胞以对癌症进行免疫治疗，以避免发生不可预见的影响。

但是，这一声明的约束力显然值得怀疑。2016年2月1日，英国人类受精和胚胎管理局就批准对编辑人类胚胎基因组进行研究。这也是世界上第一个国家监管机构批准此类研究的案例。研究人员在健康人类胚胎中使用基因编辑技术“CRISPR-Cas9”，以探寻人类胚胎早期发育的机理，帮助研究人员开发不孕不育的治疗方法。研究人员在7天后停止实验，并将胚胎

---

① 联合国大会:《联合国关于人的克隆的宣言》,https://www.un.org/zh/documents/treaty/A-RES-59-280。

② Sara Reardon, “Gene-editing Summit Support Some Research in Human Embryos”, *Nature*, 03 December 2015, https://www.nature.com/articles/nature.2015.18947.

销毁。[①]事实上，各国在这一问题上的监管政策五花八门，存在着极大的差异。日本、中国与印度在这一问题上出台了指导方针，但并不具备法律约束力。俄罗斯与阿根廷的规则模棱两可。美国虽然禁止联邦资助涉及人类胚胎的研究，但是研究者完全可以寻求其他资金来源开展实验，而且美国并没有禁止在临床中使用该技术。法国和澳大利亚虽然禁止临床使用，但是只要不试图产生活产，并不禁止开展相关研究。[②]

如果各国在监管和遵守国际生物伦理标准方面的规则和法规存在很大差异的话，那么科学家和患者都可能选择移民到法规或道德标准不太严格的国家。因而，许多研究人员希望制订一份国际指导方针，即使不能强制执行，也可以指导国家立法者。目前，国际干细胞研究会发布的《干细胞研究和临床转化指南》在一定程度上发挥了这一作用。这一指南最早发布于2006年，并随着科学技术的不断更新进行修订，以涵盖新的伦理、社会和政策问题。2021年更新的版本描述了涉及干细胞和人类胚胎的基础研究、临床转化的伦理原则和最佳实践，并包括了对胚胎、基于干细胞的胚胎模型、嵌合体、人类器官和基因组编辑的最新科学进展的新建议。[③]

指南对不同类型的研究在伦理上的可行性进行了等级划分。例如，假设实验涉及的是将干细胞转移到出生后的动物体内，这一般不需要额外的伦理审查，就属于1A类型的研究；如果将多能人类干细胞转移到（非人类的）哺乳动物胚胎中并进行体外培养，则属于1B类的研究，它们同样是可开展的，因为这类研究对人类有益而且通常不会带来伦理问题。但是，如果将人类干细胞引入动物（例如猕猴）囊胚，并最终将其植入非人类动物的子宫，就需要特殊审查和监督程序。人类细胞可能对动物的中枢神经系统有重大贡献时更是如此。另外，指南还根据应当禁止的原因区分了两类不被允许的研究活动，一类是因为研究的安全性仍然受到质疑及/或可能引

① Ewen Callaway, "UK scientists gain licence to edit genes in human embryos", *Nature*, Vol. 530, p. 18.

② Heidi Ledford, "The Landscape For Human Genome Editing", *Nature*, Vol. 526, p. 310, https://www.nature.com/articles/526310a/.

③ ISSCR, "ISSCR Guidelines for Stem Cell Research and Clinical Translation: The 2021 update", https://www.ncbi.nlm.nih.gov/pmc/articles/PMC8190668/pdf/main.pdf.

发道德问题，例如人类种系基因组编辑、线粒体基因组编辑的研究，以及利用人类干细胞分化而来的人类配子进行受精和人类繁殖的研究。这一类研究在当前的条件下是不被允许的。另一类则是在任何条件下都应当禁止的，因为这类研究缺乏令人信服的科学原理，并被广泛认为是不道德的。例如人类生殖克隆、培育可能含有人类配子的嵌合体及将人类胚胎移植到动物子宫等研究领域。①

与生物技术在农业和环境领域的运用相比，针对人类的生物技术规制更为复杂。尽管尊重人权的基本原则被广泛认可，并在生殖性克隆问题上形成了强共识，但在涉及人类胚胎研究时，不同文化背景的国家在这一问题上采取的立场差异性很大，能够形成的国际共识比较有限。虽然国际干细胞研究会发布了研究指南，但治理效果仍有待观察。

一方面，生物技术领域是大国竞争的重要角力场。许多国家加大生物技术研发与产业发展投入，生物经济发展呈现加速发展的态势。因而，对于新的技术领域，大国越来越不愿意轻言放弃。要在国际层面上形成管制共识也越来越困难。另一方面，随着生物行业在近年来的不断成长，民间投资大量涌入，企业等私人行为体发挥的作用越来越大，加大了该领域内的监管难度。过去，只要美国政府宣布联邦资金不得用于某项研究，就可以获得很好的监管效果。但今天，研究者可以寻求其他类型的资金来源。即便是国际性学会制订的标准，可能也不足以监管当前的生物技术产业。不仅因为行业协会或者科学家共同体并不具备强制执行的权力与能力，也是因为研究人员群体已经变得更为多样化并且与商业利益更为紧密地联系在一起。②

① ISSCR, "ISSCR Guidelines for Stem Cell Research and Clinical Translation: The 2021 update", https://www.ncbi.nlm.nih.gov/pmc/articles/PMC8190668/pdf/main.pdf.

② [美]弗朗西斯·福山：《我们的后人类未来：生物技术革命的后果》，黄立志译，广西师范大学出版社，2022年，第214页。

本章小结

这一章讨论了生物技术管制领域的国际机制复合体。与前文讨论的几个领域相比，生物技术治理出现较晚，但是日益受到国际关注。防范生物恐怖主义、管制生物技术的环境风险及规范针对人体的生物技术发展是其中涉及的主要问题。生物技术固有的两用性问题、生物技术对人类带来的巨大益处与潜在风险之间的模糊界限，使得治理规范成为决定国际机制复合体形态的最主要因素，也是国家间博弈的重点领域。

当国际社会对治理的主要理念形成比较广泛的共识时，例如在防范生物恐怖主义的问题上，国际制度复合体往往表现为嵌套协同的模式。多项国际制度围绕一个治理目标、遵循一套治理理念彼此配合互补。在管制生物技术的环境风险问题上，不同国家对风险偏好与治理理念存在分歧，国际制度复合体更多表现为路径竞争的模式，直到围绕新的治理理念形成广泛共识，国际社会重新进行谈判来协调规则冲突。最后，人类生物技术管控领域内，不同具体问题上形成了差异化的制度安排。在最具争议性的人类胚胎研究问题上，难以形成统一的规范标准，国际制度的约束力较弱。

今天，与人类健康相关的技术发展脚步仍在加快。特别是随着人工智能技术越来越多地应用于卫生领域，既带来了改善全球卫生保健和药物提供的希望，也存在着不负责任地运用技术从而产生严重后果的风险。2021年6月，世界卫生组织首次发布了关于人工智能设计和使用的6项指导原则。这项指南的基本精神与此前在生物技术运用领域所涉及的人类尊严、人权保护、确保包容、安全可靠等一系列原则一脉相承。特别值得注意的是，世界卫生组织警告，不要高估人工智能对健康的益处，尤其是在以牺牲实现全民健康覆盖所需的核心投资和战略为代价时。[①]2023年5月，世界

① 世界卫生组织:《世界卫生组织发布第一份关于卫生领域人工智能的全球报告》,https://www.who.int/zh/news/item/28-06-2021-who-issues-first-global-report-on-ai-in-health-and-six-guiding-principles-for-its-design-and-use。

卫生组织再次呼吁谨慎使用人工智能生成的大型语言模型工具。[①]但是，也可以预见，在这一问题上同样存在监管困难、国家竞争加剧、非政府行为体众多等一系列难题。虽然科学技术是人类文明的产物，但是要用国际共同规则“驯化”科学技术，要它的力量始终服务于人类的福祉，却依然还有很长的路要走。

① 世界卫生组织:《世界卫生组织呼吁注重健康，确保人工智能安全且合乎伦理》，https://www.who.int/zh/news/item/16-05-2023-who-calls-for-safe-and-ethical-ai-for-health。

|结论|

国际机制复合体与更有效的全球卫生治理

国际机制复合体现象在全球卫生治理中持续存在，这是全球卫生治理的福音还是障碍？目前，在这一问题上，也存在不同的看法。例如，阿米塔夫·阿查亚（Amitav Acharya）认为，全球治理架构的碎片化是不可避免甚至可能是创造性的，因为它反映了世界政治中存在的广泛变革性力量，有效的全球治理必须适应世界在思想与权力现实上的多元化现实。[①]而且，国际机制复合体并不必然带来全球治理的失败，而是能够产生"足够好"的全球治理。[②]然而，不可否认的是，主流观点大都认为提升国际机制之间的协调与协作至关重要。

本章将从两个层面针对这一问题进行分析。首先，通过对上述四个具体议题领域中国际机制复合体的发展与演变进行归纳，提出化解治理理念冲突与国际组织竞争要克服的关键问题与对应的国际制度设计原则；其次，从国家外交政策出发，探讨为了实现全球卫生的目标，应当建立何种卫生外交政策工具箱。

第一节　国际机制复合体中的协调问题

从全球卫生治理领域中国际机制复合体的发展历史来看，国际组织之间并不缺乏合作的意愿。与强调协作本身相比，更为重要的是寻找到有效

---

① Amitav Acharya, "The Future of Global Governance", *Global Governance: A Review of Multilateralism and International Organizations*, Vol. 22, No. 4, 2016, p. 454.

② Stewart Patrick, "The Unruled World: The Case for Good Enough Global Governance", *Foreign Affairs*, Vol. 93, No. 1, pp. 58-73.

开展协调的路径，并为有效的协作提供必要的政治与物质支持。本节将首先对现有关于国际机制复合体中如何进行协调的观点进行梳理与评述，进而结合本书对国际机制复合体的分析提出对已有观点的补充。

一、关于国际机制复合体协调的现有观点

在全球卫生领域，增强国际机制之间的协调、促进治理效率与成效已经成为一项普遍共识。但是，不同视角对于协调问题的界定与给出的解决方案又存在差异。

第一种观点认为，全球卫生治理领域中的国际制度协调，关键是要解决“碎片化”问题。所谓“碎片化”问题，强调的是参与全球卫生治理的行为体数量与类型快速增加。为了更好地满足捐资者的问责要求，它们往往不是加入现有的国际行动，而是选择启动自己的全球卫生项目，遵循不同的组织规则和管理流程，从而导致了协调难题。对国际机制协调问题的这一理解带有很强的管理主义色彩，认为全球卫生行动者无论其理念或活动方式如何，都是致力于全球公共物品提供的。它们之间的协调不足，是由于彼此之间及与国家之间缺乏沟通与一致的决策流程。其主要危害在于消耗了受援国有限的资源，迫使其花费大量精力用于了解不同行为体的偏好、优先事项与规章制度。例如，世界卫生组织总干事谭德塞认为，国际制度的“碎片化”问题已经成为实现与健康相关的2030年可持续发展目标的重要障碍：“……现实是，我们在2030年实现这些雄心勃勃的目标方面偏离了轨道。碎片化、重复和低效率正在破坏进步。”[①]

基于这种对协调问题的理解，联合国艾滋病规划署提出“三个一”原则来协调国家一级的应对活动，并认为最大的挑战在于协调结构重复重叠，且磋商与决策程序之间缺乏联系。[②]2019年，在总干事针对“碎片化”问题的上述表态后，世界卫生组织牵头制订了“全民健康生活和福祉全球行动

① Neil Spicer, Irene Agyepong, Trygye Ottersen, et.al., “It's far too complicated: why fragmentation persists in global health”, *Globalization and Health*, https://globalizationandhealth.biomedcentral.com/articles/10.1186/s12992-020-00592-1.

② 穆罕默德·优素福:《审查联合国系统各组织在实现与艾滋病毒/艾滋病作斗争的千年发展目标6具体目标7方面取得的进展》, https://www.unjiu.org/sites/www.unjiu.org/files/jiu_document_files/products/zh-hans/reports-notes/JIU%20Products/JIU_REP_2007_12_Chinese.pdf。

计划”。这一行动计划旨在推进“工作方式的改变”，汇集了13个多边卫生、发展与人道主义机构，加强机构之间的合作来为各国实现与健康相关的可持续发展目标提供支持。[①]具体说来，这一行动计划锚定“可持续发展目标3”，通过发展监测框架的方式来评估相关机构对会员国需求的响应程度与加强合作所带来的增益，并鼓励参与各方通过共同学习的方式进一步加强协作。[②]2022年，行动计划发布的数据表明，虽然成员国对于相关机构之间的合作总体上评价积极，但是仍有不少低收入国家认为国际机构关注的优先事项与国家的实际需要之间存在错位。[③]

事实上，这种关于国际机制协调的看法，强调的更多是国际机构“对齐”发展中国家需求，而不是国际机构之间在优先事项、治理理念及规则体系方面的协调化。但是，正如前文分析的，全球卫生治理领域中的国际机制复合体类型是多样的，而且有时国际机制之间的治理政策是难以兼容甚至相互抵触的。因此，不能简单地将国际机制协调问题全部归结为管理问题，认为依靠建立联合工作队的方式就可以轻松化解。事实上，正如我们在关于联合国艾滋病规划署成立与运作的分析中看到的那样，当不同国际机制之间处于路径竞争的关系模式时，试图通过建立协调机构的方式解决政策冲突的效果是非常有限的。可以说，碎片化难题仅仅是国际机制协调要解决的问题之一，还存在其他涉及治理理念、利益偏好等更为根本和实质性的难题。

关于协调难题的第二种观点强调关键在于缺乏一个有力的协调机构，或者更具体地说，认为世界卫生组织未能有效地担负起协调责任是当前国际机制之间缺乏协调的主要原因。这种观点指出，虽然世界卫生组织的法律任务是协调全球卫生努力，并领导全球卫生领域的法规与标准制订，但是，世界卫生组织“站在拥挤的舞台上”，在履行其协调作用方面存在明显

① WHO, “SDG3 Global Action Plan”, https://www.who.int/initiatives/sdg3-global-action-plan.

② 世界卫生组织:《人人享有健康生活和福祉全球行动计划(可持续发展目标3全球行动计划)监测框架:2021年5月》,https://cdn.who.int/media/docs/default-source/global-action-plan/gap-monitoring-framework-may-2021-zh.pdf?sfvrsn=df6a7c7d_33&download=true。

③ WHO, “SDG3 Global Action Plan: Monitoring framework”, https://www.who.int/initiatives/sdg3-global-action-plan/progress-and-impact/monitoring-framework.

的困难。一方面，在冷战结束后，国家之间的竞争结构发生巨大变化，加之技术变革使得物质能力向非国家行为体扩散，参与国际关系的门槛大大降低了。美国作为没有面临严重生存威胁的主导国家，不必仔细审查每一项规范创新或者跨国运动，客观上促进了非政府组织的涌现与新的治理理念的兴起。[①]这些新理念与新行为体，例如盖茨基金会，极大地冲击了世界卫生组织的权威，有时甚至能够反向影响世界卫生组织在公共卫生领域的知识生产与规范制订。另一方面，世界卫生组织内部面临很多问题，地区办公室与总部的协调问题一直未能得到解决，财政危机难以化解，实地开展活动的能力也长期难以得到有效加强。[②]要化解全球卫生治理中的协调难题，就需要一个在规范设置、政策指导与合作协调方面强有力的中心机构。拓宽资金的获取渠道、促进联合国卫生治理机制的内部改革、与联合国系统外的国际机构深化具体合作、加强议题间联系并推进全球卫生伙伴关系的构建，不仅对于世界卫生组织而言至关重要，而且有助于构建全球公共卫生领域内的包容型治理关系。[③]

将强化世界卫生组织作为解决全球卫生治理协调难题的处方，可能忽略了国际机制复合体的成因之一，那就是，很多新机制的成立，恰恰是成员国，特别是西方大国对世界卫生组织不满的结果，而新机制的成立替代了世界卫生组织的部分职能，与世界卫生组织形成路径竞争或者效率竞赛的机制复合体模式，削弱了大国继续投资于世界卫生组织建设的意愿。因而，在世界卫生组织的能力不足与分散化的全球卫生治理架构之间形成了一种“恶性循环”。如前文分析的，这一现象在全球艾滋病问题上表现得尤为突出：联合国艾滋病规划署的成立是以削弱世界卫生组织的治理权威为代价的，而当世界卫生组织打算“重返”该领域时，它已经无力扮演协调者的角色，而只能成为美国引领规范的跟随者与治理资源的争夺者。与改

① David Fidler, “A Theory of Open-Source Anarchy”, *Indiana Journal of Global Legal Studies*, Vol. 15, No. 1, p. 274.

② 晋继勇、郑鑫：《世界卫生组织的区域化治理结构改革缘何困难》，《世界经济与政治》2021年第10期。

③ 杨娜：《“包容—竞争”视角下联合国卫生治理机制的效用分析》，《探索与争鸣》2023年第5期。

革世界卫生组织相比，成立各种新机制作为解决全球健康赤字的方案显得更有吸引力。因为，改革世界卫生组织需要团结大多数成员国，而成立新机制需要协调的对象往往数量更少，而且新机制的设立本身就可以看作国家在外交上的成果。

因而，世界卫生组织能力不足既是国际机制复合体现象的成因，同时也是其结果。在国际机制复合体背景下，以世界卫生组织为中心协调全球卫生治理未必是所有国家的必然选择。西方国家就提出要在二十国集团框架下成立全球卫生委员会与专门基金作为未来预防与应对大流行的核心机制。[①]而且，结合国际机制复合体的演化过程研究，我们也应该认识到，实现国际机制协调这一目标的过程也必然是渐进的，需要在国际与国内两个层面多管齐下，并且必须考虑到改革行动在国际机制复合体内部引发的系统效应。

关于解决协调难题的第三种观点，聚焦于发展中国家与发达国家在特定议题上的利益分歧而造成的协调困难，最为典型的例子就是在药物获取问题上健康权规则与知识产权规则之间的冲突。从一定程度上看，由于涉及利益分配，这也是最为困难的一类协调难题。在已有文献中，很多研究者诉诸全球卫生安全或者健康权利的规范扩散作为解决问题的答案。发展中国家抓住国际论辩的政治窗口进行规范倡议，或者以人类命运共同体为理念推进全球治理体系向更加公正合理的方向发展，都被认为是解决协调难题的方式方法。[②]结合本书对国际机制复合体类型的研究来看，这提出了解决全球卫生治理中理念之争的一种路径，即以更加符合国际社会长远利益与共同利益的方式来区分治理理念的优先程度，或者提出新理念调和不同路径的冲突。

但是，与此同时，我们也必须认识到，这一过程将会是渐进的与曲折

---

① 汤蓓：《“全球卫生委员会”倡议为何遇冷》，https://opinion.huanqiu.com/article/45NFSU3XNvq。

② 刘宏松、吴桐：《国家间论辩、关键节点与国际制度改革》，《世界经济与政治》2021年第9期；夏玮：《疫苗公平可及与知识产权全球治理：冲突调适与中国方案》，《上海交通大学学报（哲学社会科学版）》2023年第10期。

的。在上述议题内，虽然发展中国家倡导的关于健康权利的国际规范在不断强化，但是国际规则的制订却是落后的，这一问题在第三章中进行了较为详细的讨论。事实上，健康权与知识产权之间关系的讨论远远没有画上句号。在未来发生大流行时如何处理知识产权问题，特别是当制药企业的产品研发得到公共资金的资助时如何公正分配产品收益，依然是全球卫生安全体制改革的重要议题。换言之，通过新规范的确立来化解国际机制协调问题的观点，虽然从长远来看是可行的，但也必须应对短期内的制度竞争问题。

简言之，虽然现有关于国际机制间协调的观点都有一定的道理，但这些观点或者未能触及国际机制复合体形成的根本原因，或者仅仅给出前进方向而没有指出具体的行动路径。而本书的研究，可以为这一问题作出补充。

二、本书对已有观点的补充

对国际机制复合体的类型进行分类，并对不同议题领域内国际机制之间关系的演进进行考察，能够对国际机制间协调的问题提供重要启示。国际机制复合体类型不同，对机制间协调的需求不同，能够有效进行协调的路径也不同。因此，寻求单一方式开展全球卫生治理协调的路径是走不通的。在不同议题上，需要根据当前国际机制复合体的具体形态来分析应当如何开展协调。

在四种类型的国际机制复合体中，嵌套协同型的国际机制复合体的协调需要是最低的。在这一类型的国际机制复合体中，不同国际机制往往具有相同或相似的成员，在治理议题上有共同的利益，倾向于避免不相容的承诺。因而，国际机制复合体内部的规则体系是相对清晰的。甚至有研究者提出，在这种机制复合体类型中，“即使没有协调机构，也会驱使机构朝着协调的方向发展”[①]。无论国际机制之间是根据政策的制订过程来进行分工，如一个国际机制负责规则制订，另一个负责执行，还是根据政策的不同组成部分进行分工，不同国际组织都能够寻找到恰当的生态位。而生态

① Sebastian Oberthür, Thomas Gehring, “Institutional Interaction in Global Environmental Governance: The Case of the Cartagena Protocol and the World Trade Organization,” *Global Environmental Politics*, Vol. 6, No. 2, 2006, pp. 1-31.

位一旦稳定下来，国际官僚也没有强烈动机要改变分工模式。

与之相比，效率竞赛型的国际机制复合体虽然也不需要应对规则冲突问题，但国际机制之间面临着资源竞争问题。从国际社会总福利的角度来看，国际机制的建立与维持是有成本的，其本身就是治理资源投入的一部分。因而，当存在多个采取相同或相似治理政策的国际组织同时存在，并且覆盖的地理区域发生重叠时，往往意味着国际机制的“重复建设”与相应的投资浪费，特别是当它们还拥有各自的行政程序与办事流程时，更加会消耗发展中国家宝贵的资源。国家试图增强自身在国际机制中的话语权而开展“国际制度竞争”，或出于国家利益考虑采取双边与小多边方式开展国际卫生治理行动，往往是这一类国际机制复合体的成因。此时，从改善国际制度安排的角度来看，应减少重复性，遏制国际机制复合体进一步扩大的趋势。在全球卫生治理领域，由于世界卫生组织是专门性国际组织，成员资格又最具有普遍性，以其为中心进行建设对整个国际社会而言是理论上的最优方案。为此，一方面应当推进世界卫生组织的内部改革，特别是强化总部对全球范围内的政策规划能力与资源调配能力，以“重建”成员国的信心；另一方面，有必要提高新机制设立的成本，限制重要成员从已有国际机制中退出，或者防止成员消极应对，进行所谓的“机制转换”。

从这一角度出发，我们还可以得到另一项重要启示，那就是大国因为不满某个国际组织的内部管理，就退出或者转而成立新机制的做法，虽然被某些学者认为是主权国家拥有的“固有的退出权”[①]，甚至从国家短期利益的角度出发也许是理性的，但从改善国际社会总体治理绩效的角度而言却是低效甚至无效的。社会科学家艾伯特·赫希曼（Albert O. Herschman）的“退出—呼吁”模型有助于我们理解这一问题。当国际组织的绩效出现下降的趋势时，国家有两种选择——放弃原有机制转而建立新机制，或者留在国际组织内部持续呼吁以寻求改革。这两种调节性“压力阀”一般而言具有此消彼长的性质。当主要国家更愿意选择退出时，国际组织内部的

① Catherine M Brölmann, Richard Collins, Sufyan Droubi, and Ramses A Wessel, “Exiting International Organizations: A Brief Introduction”, *International Organizations Law Review*, https://brill.com/view/journals/iolr/15/2/article-p243_243.xml.

改革呼声就会下降，致力于改革的力量被削弱，其不尽如人意的表现也可以经久地维持下去。[①]竞争的环境未必会带来绩效的提升。正如我们在案例分析中看到的那样，在20世纪90年代中期，发达国家与其他国际组织将艾滋病业务从世界卫生组织内部“剥离”出去，并成立新的联合国艾滋病规划署的做法，并没有解决引发矛盾的根源——国际组织内部的行政管理不善，或更为具体地说，无法妥善处理重大的新兴传染性疾病治理与常规疾病控制项目之间的关系问题。这一问题仅仅是被暂时搁置了。然而，世界卫生组织凭借其在公共卫生领域内拥有的广泛授权就可以很轻易地重回艾滋病治理领域，进而引发与加剧重复性问题。可以说，将全球卫生治理领域国际机制林立看作“正常”现象，或者一旦对治理成效不满就提议建立新机构的思维倾向，是值得警惕的。

在后两种国际机制复合体类型中，由于涉及治理理念之间的冲突，协调问题也更为复杂。在多元协调的国际机制复合体内部，共同的治理目标是国际机制协调的强大动力，国际组织虽然在实现治理目标的理念上存在分歧，但彼此间认可其目标的善意性质，承认对方服务于国际社会的总体福祉。因而愿意在一定程度上开展组织之间的协同与合作。尽管如此，由于不同国际机制所服务的社会价值之间存在排序上的差别，或者对于技术性问题的理解有差异，就有可能带来不同国际机制实施规则与政策之间的冲突。在多元协调的国际机制中，需要防止内部的合作关系因理念分歧而滑向“有名无实”的空壳，或叠加国际组织争夺治理领域内的“主导地位”而转变为路径竞争型的国际机制复合体模式。

可以通过多种方式为多元协调的国际机制复合体创造积极的合作条件。第一，成员国内部可以建立跨部门的协作机制，从而加强在不同国际机制内部偏好的一致性。联合国系统内不同议题领域的国际组织，在成员国内部对口不同的部门。例如，世界卫生组织对口的是各国的卫生部门，而联合国粮农组织则对口农业部门。虽然都是服务于国家利益，但不同部门的

---

① [美]艾伯特·O. 赫希曼：《退出、呼吁与忠诚：对企业、组织和国家衰退的回应》，卢昌崇译，上海世纪出版集团，2015年，第48~49页。

关注重点却有差别，并反映在国际组织实施的规则上。由此产生的规则冲突并非不可调和的，而是可以通过跨部门的对话与国际组织之间的协作寻找到“中间路线”与解决方案。

第二，当国际社会的大多数成员都认可治理目标，但是对于最佳的目标实现路径存在不同意见时，多元协作的国际机制复合体也许是可行的探索性、过渡性的国际制度安排。通过实践检验的更优方案可以成为未来走向协调治理的样板。但要实现这一效果，成员国应当精心设计国际制度安排。一是应当要求国际机制保持彼此间的对话，特别是强化其行动与治理目标之间的关联性；二是至少在短期内为不同的国际机制都提供相对充裕的资金，防止国际组织争取资源演变为“地盘之争”；三是提供临时性而非稳固的授权，以便在关于治理路径的共识达成后能够重构国际机制复合体形态。

第三，在成员国偏好较为一致的前提下，国际组织的行政机构之间通过多种形式开展政策对话，如开展联合行动计划、成立联合专家组、进行行政首脑的联席会议等，协商开展不同政策领域交界处的规则制订，将有助于增强全球治理架构的一致性。

在路径竞争型的国际机制复合体内部开展协调是最为困难的。如果说，在多元协调型的国际机制复合体中，合作的需要超过了理念上的分歧，在最后一种类型中，理念上的分歧则被赋予了更高的政治性意义，不同国际机制中的主导国家或国际官僚认为对方所实施的政策不仅本身是无效甚至有害的，而且会危及治理目标的实现，或者从根本上动摇理想社会的秩序基础。在这种情况下，“胜过对方”的竞争性思维将压倒协调与协作的考虑。在权力与资源许可的情况下，国家及代表其利益的国际组织官僚将争取使私有信念或被少部分国家共享的信念转变为国际社会共有信念，建立符合自身偏好的普遍制度。①此时，政策调整或者让政策变得相容的努力将很难实现。

综上，对国际机制复合体进行分类有助于丰富对全球卫生治理架构

① 田野:《走向整合的国际竞争理论构建:地缘竞争、技术竞争与国际制度竞争》,《国际政治研究》2024年第1期。

“碎片化”与国际机制间协调问题的讨论。首先，我们应当更为准确地定义所谓“碎片化”现象。“碎片化”这一概念试图反映出的国际机制规则体系的零散与不一致现象，不能简单地等同于国际机制复合体的存在。在嵌套协同型国际机制复合体中，多国际机制的现象不一定会带来“碎片化”。而在其他三种不同类型的国际机制复合体中，也需要区分不同的协调需要与相应的协调手段，并不存在单一的解决方案。其次，高度竞争的国际制度环境或者统合的国际规则都未必是全球卫生治理的福音。归根结底，治理绩效与全球健康目标的实现才是评判特定国际机制复合体优劣的标准。国际机制协调需要真正解决的问题，是重叠带来的资源浪费与目标一致而规则差异所导致的国际机制间“内耗”。有时，多元化的治理理念与国际机制并存也能够成为有效全球治理的保证，包括通过实验和灵活的安排促进更好的政策效果，并且可以在缺乏国际共识的情况下局部地开展行动。①在国际机制复合体背景下，推进优化全球治理体系变革需要更为细致地确定具体领域与具体任务。

第二节 中国的国际制度战略选择

全球卫生领域内的国际制度复合体是一个不容否认的事实。那么，在这样的背景下，国家如何制订政策？又应当如何推动国际机制复合体朝着更加有利于全球卫生安全实现的方向发展？有研究认为，国家为了在谈判中获得最佳结果，要考虑国家身份、国际制度的授权范围、决策过程、执行机制、国际组织的文化与历史发展、秘书处的能力、资金安排、制度的约束力及国际制度之间的关联性等一系列因素。通常而言，发达国家会偏好于决策与物质贡献挂钩的国际制度，而发展中国家则希望推动问题纳入联合国系统，并通过一国一票的决策方式来获得更大的发言权。另外，当一项国际谈判未能满足所有国家的需要时，就会出现新的谈判，或者国家

① Rie Kijima, Phillip Y. Lipscy, “Competition and Regime Complex Architecture: Authority Relations and Differentiation in International Education”, *Review of International Political Economy*, Vol. 30, No. 6, p. 2150.

会转换论坛继续谈判。①

当前，中国正积极参与全球治理体系改革与建设，推进构建人类命运共同体。在全球卫生治理领域，中国提出："要加强和发挥联合国和世界卫生组织作用，完善全球疾病预防控制体系，更好预防和应对今后的疫情。"而且，中国特别强调必须尊重发展中国家的合理诉求与能力建设要求，携手共建人类卫生健康共同体。②在国际机制复合体的结构中推进完善全球治理体系，与在单个组织内部进行倡议并推进改革仍有很大区别。讨论中国在全球卫生治理国际机制复合体内的选择，不仅对于中国的卫生外交，而且对于全球福祉的实现都具有重要意义。因此，在这一节，本书将回顾中国参与全球卫生治理的制度路径，并结合全球卫生治理领域内国际机制复合体的发展趋势，总结若干经验与启示。

一、中国参与全球卫生治理的制度路径选择

卫生健康领域的国际合作交流一直是中国外交的重要组成部分，而世界卫生组织是中国参与全球卫生治理的最主要平台。中国在1972年恢复了在世界卫生组织的合法席位和所有合法权利，1973年首次担任世界卫生组织执委会成员。在与世界卫生组织合作的初期，在"独立自主"的原则指导下，中国的参与是非常有限的。虽然是发展中国家，但中国并没有接受世界卫生组织提供的医疗技术援助，仅承担缴纳会费的义务而不享受会员权益。在改革开放后，中国与世界卫生组织的合作逐步变得活跃起来，中国开始利用世界卫生组织提供的技术支持服务于自身卫生事业的发展。但不可否认的是，这一阶段中国对国际制度与国际组织的塑造能力依然是非常有限的。③

2003年是中国与世界卫生组织关系的转折点。严重急性呼吸综合征凸显了跨国公共卫生问题对国民生命安全与社会经济发展的巨大威胁，也表

① Clare Wenham, "Forum Shifting in Global Health Security", *Bulletin of the World Health Organization*, https://cdn.who.int/media/docs/default-source/bulletin/online-first/blt.23.290480.pdf?sfvrsn=1a67ad17_3.

② 习近平：《携手共建人类卫生健康共同体——在全球健康峰会上的讲话》，https://www.gov.cn/gongbao/content/2021/content_5612964.htm。

③ 刘久畅：《浅析中国和世界卫生组织合作发展及策略》，《中国卫生产业》2018年第14期。

明世界卫生组织这一专业性国际组织在协调国际应对方面扮演着举足轻重的角色。之后，中国日益重视通过多边制度平台与各国开展合作，特别是进一步加强了与世界卫生组织的合作，双方的技术合作扩展到更广泛的领域。中国政府积极参与了2005年《国际卫生条例》的修订工作与《烟草控制框架公约》的谈判；2004年，当时的卫生部（现国家卫生健康委员会）与世界卫生组织签署了加强合作与交流的谅解备忘录，就公共卫生、传统医学、跨国传染性疾病防控等重大问题达成了合作共识；世界卫生组织还成为中国国内医疗体制改革的重要顾问。2011年3月，中国疫苗国家监管体系首次通过世界卫生组织评估，标志着中国生产的疫苗已具备申请世界卫生组织预认证的资质。

进入新时代以后，中国与世界卫生组织的关系进入了全新阶段。中国以更加自主与积极的姿态参与国际规则制订，参与全球卫生治理的能力进一步提升。中国在世界卫生大会中，先后就传统医学、基本药物获取、癫痫、儿童用药安全等问题提出决议草案并最终获得通过。2016年开始，中国在世界卫生大会期间牵头举办以发展中国家卫生服务体系建设为主题的技术边会，受到广泛关注。中国还与世界卫生组织在上海合作举办第九届全球健康促进大会，发布《上海宣言》，被世界卫生组织赞誉为“历史上影响最大”的一次全球健康促进大会。①

中国还积极支持世界卫生组织应对国际突发公共卫生事件的行动。2014年，西非地区暴发埃博拉疫情，迅速扩散蔓延为历史上最大规模的埃博拉疫情。中国迅速行动，先后向13个非洲国家提供4轮援助，总金额达到7.5亿元人民币，并先后派遣1200名医务工作者前往当地参与疫情防控。在当地的卫生基础设施建设方面，中国运送了先进的移动生物安全三级实验室、援建了西非地区第一个固定生物安全三级实验室，并在一个月内为利比里亚建成拥有100张床位的现代化传染病诊疗中心。②并且，技术创新也成为中国帮助应对国际公共危机的重要内容。2015年1月，中国的澳柯

① 国家卫生健康委员会国际合作司:《新中国70年卫生健康国际合作交流进展与成就》,《中国卫生资源》2019年第4期。

② 张玉雯:《征战埃博拉》,http://www.mofcom.gov.cn/article/beltandroad/sl/chnindex.shtml。

玛公司研发出专门用于保存埃博拉疫苗的储存箱“Arktek”，为世界卫生组织在疫区的疫苗冷冻储存提供了解决方案。中国还成为继美国与俄罗斯之后第三个成功研发埃博拉病毒疫苗的国家。之后，在刚果（金）暴发埃博拉疫情后，中国也积极在资金与物资上支持世界卫生组织的应对行动。简言之，世界卫生组织是中国参与全球卫生治理的最主要平台，双方关系经历了从逐步融入积极贡献的不同阶段。

另外，在地区层面上，中国也积极将公共卫生纳入双边与区域性多边合作平台，形成了更全面的国际卫生合作格局。在双边层面上，中国通过中俄人文合作委员会、中德政府磋商、中以科技创新合作机制开展卫生合作，并与美国、英国、法国、印尼、南非等国通过高级别人文交流机制开展对话合作。在区域层面上，2009年开始，公共卫生信息共享与医疗互助成为上海合作组织合作的重要内容，在这一地区性机制下，还专门定期召开防疫部门领导人会议。2011年开始，全球卫生议题成为金砖国家合作的重要内容，金砖国家卫生部长会议机制建立，各国还针对结核病建立药品开发的研究网络。公共卫生还相继成为中非合作论坛、中阿合作论坛、中拉合作论坛上的重要议题。这些地区性合作机制已经成为中国与广大发展中国家开展卫生合作的重要平台。中国在构建地区性合作平台的过程中，也充分重视与世界卫生组织的协调与合作。虽然中国与不同地区和国家卫生合作基础不同，合作内容上有不同的侧重点，但中国参与的多边健康倡议提出的合作愿景与重点领域与世界卫生组织高度一致。世界卫生组织作为观察员参加了中非部长级卫生合作发展会议与中国—中东欧国家卫生部长论坛。2017年，中国与世界卫生组织签署了关于“一带一路”卫生领域合作的谅解备忘录。从制度建设的路径来看，中国基本上形成了“WHO+”的合作布局。①

在这些地区性的多边合作平台上，中国采取务实合作的基本政策，充分调动相关主体的合作积极性，优势互补、互惠互利，已经超越了传统上

① 汤蓓:《中国参与全球卫生治理的制度路径与未来选择——以跨国传染性疾病防控为例》,《当代世界》2020年第5期。

中国与发展中国家之间以提供卫生援助为主要内容的合作关系。以中国与中东地区国家的合作为例，根据2015—2017年的“一带一路”卫生交流合作3年实施方案，中国在该地区规划的重点项目除了在苏丹实施的“光明行”行动属于卫生援助范畴，其余的项目涉及合作机制建设（中阿卫生合作论坛）、传统医药（第三届中国宁夏传统医药博览会、阿曼中医孔子学院建设项目）及健康产业发展（阿联酋中阿友好医院建设项目）。中国与部分中东地区国家的技术合作已经涉及诊疗与生命科学的前沿领域。在2019年的中阿博览会上，中国科技医疗企业翼展医疗集团与“一带一路”国家在“互联网+医疗健康”方面签署合作协议；在基因技术领域，华大集团参与了阿联酋阿布扎比的全球最大综合基因组计划，输出其基因测序技术，以建立基于基因组数据的个性化医疗体系。①可以说，中国“政—企—医”紧密结合的海外卫生医疗合作模式正在逐步成型，地区卫生合作机制不断做深、做实。

最后，中国还开始逐步参与全球卫生领域内新兴的公私合作伙伴关系机制，但总体上参与程度有限。对中国的国际制度路径选择而言，这些新机制起到的主要是辅助性、补充性的作用。例如，在中国与全球基金的关系上，在2014年之前，中国兼具受援国与捐赠国的双重身份，但主要以受援国的身份开展合作，从全球基金获得了8.02亿美元的拨款；2014年之后，中国从全球基金项目“毕业”，以捐赠国的身份持续提供资金。但总体而言，中国提供的资金额度有限，对全球基金治理的参与也非常有限。②与全球疫苗与免疫联盟等其他新兴机构的合作也存在类似的模式。在全球与地区层面上通过政府间合作的形式构建中国参与全球卫生治理的制度网络，依然是中国的主要选择。鉴于这类新兴国际机制在全球卫生治理中的作用不断上升，也有研究者建议，中国应当加大对它们的资金投入与专家选调，并将与这类国际机制之间的合作纳入国际合作发展的总体布局，以撬动更

① “一带一路”生命科技促进联盟：《BGI华大集团参与位于阿布扎比的全球最综合基因组计划》，http://www.brlsea.org/article/。

② 冯浩然、梁笛、黄葭霞：《抗艾滋病、结核病和疟疾全球基金与主要捐赠国的合作及其对中国的启示》，《中国卫生政策研究》2022年第9期。

大的资源，最大化对外卫生合作的产出。[1]

可以说，中国已经充分认识到积极参与全球卫生治理的重要性。在《“健康中国2030”规划纲要》中，中国明确提出，要“积极参与全球卫生治理，在相关国际标准、规范、指南等的研究、谈判与制订中发挥影响，提升健康领域国际影响力和制度性话语权”[2]。积极参与国际制度建设是实现这一目标的必由之路。目前，中国已经基本形成了全球性与区域性卫生合作机制协调发展的国际制度建设布局。

二、国际机制复合体发展对中国的启示

虽然公共卫生已经成为中国外交与对外合作中的一个专门领域，但从机制复合体的视角来看，除了要实现公共卫生部门与总体外交战略之间的协同发展外，还需要协调公共卫生领域内的不同国际机制及公共卫生与相关领域内国际机制之间的关系，以实现最佳的合作效果并提升国际规则的塑造能力，积极推动构建人类卫生健康共同体。

第一，必须密切关注世界卫生组织的角色与地位变化，处理好支持世界卫生组织领导地位与丰富制度选项之间的关系。正如本书反复指出的那样，世界卫生组织虽然依然是全球卫生治理规则的主要谈判平台与重要的指导者，但卫生议题与社会经济问题的复杂交织、新兴多边机制的兴起将使得国际规则的制订变得更为复杂，近年来紧张的地缘政治局势也会对国际组织的运作造成干扰。例如，在2024年5月底召开的第七十七届世界卫生大会上，虽然各国的谈判代表在大会闭幕前就修订《国际卫生条例》的案文达成了一致，但新的资金协调机制是否能够真正建立、在“大流行病突发事件”这一最高级别警报出现时各国是否能够遵从世界卫生组织的建议，依然有待进一步观察。另外，在巴勒斯坦问题、乌克兰问题上的地缘政治博弈，以及在堕胎等性别问题上的分歧也影响到了技术性合作。各国在相关议题上进行了多轮投票，一些国家认为这浪费了处理卫生技术问题

① 冯浩然、梁笛、黄葭霞：《抗艾滋病、结核病和疟疾全球基金与主要捐赠国的合作及其对中国的启示》，《中国卫生政策研究》2022年第9期。

② 《中共中央 国务院印发〈“健康中国2030”规划纲要〉》，https://www.gov.cn/zhengce/2016-10/25/content_5124174.htm。

的时间和精力；在以色列代表当选执行委员会成员后，一些阿拉伯国家表示了反对。这些现象反映出，改善全球健康的诉求难以弥合政治上的分歧与裂痕。[①]

中国支持世界卫生组织的工作，是第二大会费缴纳国，而且，根据2022年世界卫生大会通过的关于可持续筹资的决议，各国缴纳的评定会费额度还会进一步增加。对中国而言，需要进一步加强与世界卫生组织的合作，特别是积极推动其治理改革，强化世界卫生组织在国际公共卫生，尤其是应急领域内的领导力和权威性，并防止政治性操弄损害世界卫生组织的专业性与有效性。另外，当全球层面的制度完善暂时面临困难时，参与区域层次的合作与制度建设，以及加强对新兴治理机制的参与，如二十国集团框架下的“大流行基金”，可以为中国的国际卫生合作提供更多的选择。但这种参与应该遵循两条原则：一是保证这些机制不与世界卫生组织的政策相抵触，二是应当始终保持世界卫生组织的参与与合作。在全球卫生治理中，模仿或跟随美国建立小集团边缘化世界卫生组织的做法是不可取的。

第二，必须更好地协调不同国际组织中的相关规则制订，加强领域之间的整体规划能力。从国际机制复合体的视角来看，不同领域内的国际规则出现联动、互动甚至相互冲突的现象并不罕见。而且，在许多情况下，这反映出的是处于不同发展水平的国家之间以及不同价值取向之间的矛盾，无法通过简单的技术性手段加以解决。例如，虽然世界卫生组织成员方同意继续进行《大流行条约》的谈判工作，但是在医疗对策的公平获取问题上，发达国家强调的知识产权保护原则与发展中国家要求的公平获取之间依然存在难以调和的矛盾。而且，在2024年5月13日，世界知识产权组织框架下的知识产权、遗传资源和传统知识外交会议启动了一项国际法律文书的谈判工作，发展中国家积极推动专利持有人披露使用的遗传资源与传统知识信息，并寻求建立自愿性质的信息系统，作为遗传资源和相关传统

① Priti Patnaik, Yiyao Yang, “Countries Voted More Than Eight Times in a Politicized World Health Assembly Revealing Geopolitical Fissures”, https://genevahealthfiles.substack.com/p/palestine-israel-wha77-eb-vote-icj-who-geneva-24.

知识的数据库，供知识产权局进行搜索和审查。这一谈判与世界卫生组织框架下进行的谈判同时进行，并有可能对“惠益与分享”条款的制订产生影响。可见，全球卫生治理领域内的国际规则制订越来越需要国家使用“广角镜头”，全面了解不同国际平台上的政策进展，及时建立国内跨部门的协调机制，制订整体性的应对方案。

第三，国际机制复合体的现实也对国内公共管理提出了更高的要求。一方面，我们必须认识到，国际层面的规则与政策冲突可能诱发相应的国际政策不协调问题，国内对政策目标和优先级的排序与国际层面规则制订的发展未必一致，从而会增加统筹国内国际两个大局的难度。在国际制度建设与中国实际需要存在差距的情况下，要维护国家卫生安全、推进健康中国建设、实现人民健康与社会经济协调发展的国家战略，就需要增强“内功”，建立健全有效的公共卫生体系和重大风险防范与预警机制。

另一方面，国际层面上新的治理理念提出与国际机制复合体的建立，也对国内机构在管理和决策上的协调提出了更高的要求。例如，在遏制细菌耐药性方面，随着“一体健康”概念的提出与2016年世界卫生组织、世界动物卫生组织以及联合国粮农组织“三驾马车”机制的建立，中国也采纳了这一原则，并在《遏制微生物耐药国家行动计划（2022—2025年）》的制订中体现了这一点。该行动计划中的8项主要任务涉及国家卫生健康委、农业农村部、教育部、生态环境部等13个部门，需要建立多部门的协调联系机制，做到各司其职、形成合力。[①]另外，中国还以“同一健康”为理念引领，建立了多渠道检测和智慧化预警系统，以加强对人畜共患病的防控，并促进各级疾控、兽医部门间的技术交流和信息共享。[②]

最后，要进一步推进构建平衡和包容的全球卫生治理框架，减少发展中国家与发达国家话语权不平衡的问题。从本书的分析中不难看出，发达国家迄今为止尚未在实现人类健康福祉的问题上向国际社会交出令人满意

①《遏制微生物耐药国家行动计划（2022—2025年）》，http://www.nhc.gov.cn/yzygj/s7659/202210/2875ad7e2b2e46a2a672240ed9ee750f.shtml。

② 中国疾病预防控制中心：《“同一健康”在重要人畜共患病防控领域的理念和相关技术培训班在青岛成功举办》，https://www.chinacdc.cn/yw_9324/202309/t20230917_269549.html。

的答卷，以发达国家自身发展路径为模板的全球治理构架设计，在实践中存在大量失灵问题，也促使发展中国家更多地追求在这一领域中的平等权利与话语权。必须认识到，如果发展中国家的合理诉求不能得到满足，将进一步造成国际机制的“增生”。因为国家会尝试发起新的谈判进程，或者进行“论坛选择”与“论坛转移”。一套国际规则体系下的话语权与规则制订权越是被垄断，就越有可能出现利用其他规则体系对其发起挑战的情况。就全球卫生领域的现状而言，一个结构复杂、纵横交叠的国际机制复合体，并不能代表有效的治理，相反，是国家偏好差异大、治理机制碎片化的表征。

总而言之，要真正实现全球公共卫生安全，实现“人人享有健康”的目标，需要国际社会开展真正意义上的平等对话，真正重视来自发展中国家的声音，尊重它们的诉求与治理经验。需要重新确认政策制订的原则与根本出发点，并在不同价值取向发生冲突时，以国际社会的整体性福祉与全人类共同价值进行调和。在制订国际卫生政策和标准时，必须确保发展中国家能够充分表达自己的意见，拥有平等的话语权。另外，还应当鼓励和促进全球范围内的卫生知识和治理模式交流与互鉴，发挥不同国际机制的比较优势，使得全球治理结构体真正走向协同、合作、有效的方向。

参考文献

一、中文文献

（一）中文论著

1．［美］保罗·法默、金墉、马修·巴西利科编著：《重新想象全球健康：导论》，常姝译，上海译文出版社，2020年。

2．蔡毅、徐彤武、祝捷、薛杨：《全球健康视角下的公共卫生安全治理》，社会科学文献出版社，2022年。

3．［美］弗朗西斯·福山：《我们的后人类未来：生物技术革命的后果》，黄立志译，广西师范大学出版社，2022年。

4．晋继勇：《全球公共卫生治理中的国际机制分析》，上海人民出版社，2019年。

5．卢静等：《全球治理：困境与改革》，社会科学文献出版社，2016年。

6．鲁新、方鹏骞：《全球健康治理》，人民卫生出版社，2016年。

7．［加拿大］马克·扎克、塔尼亚·科菲：《因病相连：卫生治理与全球政治》，晋继勇译，浙江大学出版社，2011年。

8．［瑞士］马蒂尔德·布里尔等：《全球公共卫生治理：社会科学的视角》，甘钧先、余潇枫译，浙江大学出版社，2024年。

9．［美］迈克尔·巴尼特、玛莎·芬尼莫尔：《为世界定规则：全球政治中的国际组织》，薄燕译，上海人民出版社，2023年。

10．［德］迈克尔·祖恩：《全球治理理论：权威、合法性与论争》，董亮译，社会科学文献出版社，2024年。

11．汤蓓：《安全化与国际合作形式的选择》，上海人民出版社，2014年。

12. 汤蓓：《全球治理的组织逻辑：国际组织行政机构运作与国际公共政策》，上海人民出版社，2022年。

13. 杨霄：《下一场危机》，中共中央党校出版社，2022年。

14. 余博闻：《权力·话语·实践：全球治理深度变革的逻辑》，上海人民出版社，2023年。

15. ［英］约翰·科根、基思·塞雷特、A. M. 维安：《公共卫生法：伦理、法制与规制》，宋华琳等译，译林出版社，2021年。

16. 俞晗之：《全球治理机制复合体的演变：人类基因信息议题探析》，中国社会科学出版社，2020年。

17. 张贵洪等：《国际合作视域下的全球抗疫》，黄山书社，2021年。

18. 张海斌、沈志韬编著：《全球化时代的公共卫生法治》，法律出版社，2022年。

（二）中文期刊文章

1. 何丹：《人类卫生健康共同体理念与全球卫生治理体系的完善》，《国际问题研究》2022年第5期。

2. 黄旸木、郭岩：《世界卫生大会全球卫生安全治理议题分析》，《国际政治研究》2020年第3期。

3. 蒋贵友：《全球高等教育治理的制度重叠及其风险应对》，《中国高教研究》2021年第11期。

4. 晋继勇、郑鑫：《全球卫生治理中的国际机制间互动》，《湖北社会科学》2020年第5期。

5. 晋继勇、郑鑫：《世界卫生组织的区域化治理结构改革缘何困难》，《世界经济与政治》2021年第10期。

6. 梁凤等：《政府间国际组织合作应对禽流感的防控战略框架及措施分析》，《医学动物防制》2017年第11期。

7. 刘铁娃：《世界卫生组织在全球卫生治理中的中心地位及其面临的挑战分析》，《太平洋学报》2021年第2期。

8. 罗杭、李博轩：《国际组织的竞争与死亡——一种生态学的视角》，《世界经济与政治》2023年第7期。

9．马骏：《系统效应及制度互动的系统性后果——兼论国际制度体系何以可能》，《国际关系研究》2020年第5期。

10．马婷、唐贤兴：《时空变迁与复合结构：全球卫生健康治理中的中国角色》，《南京社会科学》2022年第2期。

11．宋婉贞：《国际组织在罗兴亚难民危机治理中的作用——以联合国难民署和国际移民组织的合作为例》，《东南亚研究》2022年第5期。

12．宋亦明：《制度竞争与国际制度的等级制》，《世界经济与政治》2021年第4期。

13．汤蓓：《中国参与全球卫生治理的制度路径与未来选择——以跨国传染性疾病防控为例》，《当代世界》2020年第5期。

14．王明国、朱星宇：《国际制度复合体的结构及其应对策略》，《世界经济与政治》2023年第11期。

15．王明国：《“一带一路”与现有国际制度的对接：基于制度复杂性的视角》，《当代亚太》2021年第6期。

16．王明国：《国际制度互动与制度有效性关系研究》，《国际论坛》2014年第1期。

17．王明国：《全球公共卫生治理的制度重叠及其应对之策》，《东北亚论坛》2021年第1期。

18．吴昊昙：《国家压力、同行竞争与国际组织行为——以联合国难民署不同难民遣返行为模式为例》，《国际观察》2021年第5期。

19．许静、刘培龙、郭岩：《全球卫生治理机制及中国参与的建议》，《中国卫生政策研究》2013年第6期。

20．尹慧：《全球卫生治理视域下实现全球卫生伦理的人权路径》，《医学与哲学》2023年第2期。

21．余博闻：《“场所转移”与国际规则改革：动力和制约》，《世界经济与政治》2023年第4期。

22．余博闻：《治理竞争与国际组织变革——理解世界银行的政策创新》，《世界经济与政治》2018年第6期。

23．张贵洪、王悦：《国际组织间合作与联合国和平行动》，《复旦国际关系评论》2022年第2期。

24. 张海滨：《重大公共卫生突发事件背景下的全球卫生治理体制改革初探》，《国际政治研究》2020年第3期。

25. 张蕾：《全球卫生治理规范的嬗变及其安全化》，《云大地区研究》2022年第1期。

26. 张勇安：《疫病命名的知识政治学：重思全球卫生治理难局》，《探索与争鸣》2023年第4期。

27. 朱杰进、胡馨予：《网络效应、融入程度与国际制度遵从》，《世界经济与政治》2024年第4期。

28. 卓晔：《结构性权力与国际制度复杂性耦合——基于中美制度互动的正负案例对比》，《世界经济与政治》2023年第4期。

二、英文文献

（一）英文著作

1. Anders Granmo, Pieter Fourie, *Health Norms and the Governance of Global Development: The Invention of Global Health*, New York: Rougledge, 2021.

2. Benjamin Mason Meier, Lawrence O. Gostin eds., *Human Rights in Global Health: Rights-based Governance for a Globalizing World*, Oxford: Oxford University Press, 2018.

3. Benjamin Daßler, *The Institutional Topology of International Regime Complexes: Mapping Interinstitutional Structures in Global Governance*, Oxford: Oxford University Press, 2023.

4. Biermann, J.A. Koops eds, *Palgrave Handbook of Inter-organizational Relations in World Politics*, London: Palgrave Macmillan, 2017.

5. Colin McInnes et. al., *The Transformation of Global Health Governance*, New York: Palgrave Macmillan, 2014.

6. Dirk Pulkowski, *The Law and Politcs of International Regime Conflict*, Oxford: Oxford University Press, 2014.

7. Jean-Paul Gaudillière, Claire Beaudevin, Christoph Gradmann et.al. eds.,

Global Health and the New World Order: Historical and Anthropological Approaches to a Changing Regime of governance, Manchester: Manchester University Press, 2020.

8. Jennefer Chan, *Politics in the Corridor of Dying: Aids Activism and Global Health Governance*, Maryland: Johns Hopkins University Press, 2015.

9. Joost Pauwelyn et.al. eds., *Rethinking Participation in Global Governance: Voice and Influence after Stakeholder Reforms in Global Finance and Health*, Oxford: Oxford University Press, 2022.

10. Kenneth W. Abbott, et al. eds., *International Organizations as Orchestrators*, Cambridge: Cambridge University Press, 2015.

11. Randall M. Packard, *A History of Global Health: Interventions into the Lives of Other Peoples*, Maryland: Johns Hopkins University Press, 2016.

12. Sandra J. MacLean, Sherri A. Brown and Pieter Fourie eds., *Health for Some: The Political Economy of Global Health Governance*, New York: Palgrave Macmillan, 2009.

13. Sebastian Oberthur, Olav Schram Stokke eds., *Managing Institutional Complexity: Regime Interplay and Global Environmental Change*, Cambridge: The MIT Press, 2011.

14. Simon Rushton, Owain David Williams eds., *Partnerships and Foundations in Global Health Governance*, New York: Palgrave Macmillan, 2011.

15. Stefan Elbe, *Pandemics, Pills, and Politics: Governing Global Health Security*, Baltimore: Johns Hopkins University Press, 2018.

16. Tana Johnson, *Organizational Progency: Why Governments are Losing Control over the Proliferating Structures of Global Governance*, Oxford: Oxford University Press, 2014.

17. Tine Hanrieder, *International Organization in Time*, United Kingdom: Oxford University Press, 2015.

18. Margaret A. Young ed., *Regime Interaction in International Law: Facing Fragmentation*, Cambridge: Cambride University Press, 2012.

19. Marcos Cueto, *The Value of Health: A History of The Pan American Health Organization*, Washington D. C. : PAHO, 2006.

20. Michael Barnett, Raymond Duvall, eds., *Power in Global Governance*, New York: Cambridge University Press, 2005.

21. Nitsan Chorev, *The World Health Organization between North and South*, Ithaca and London: Cornell University Press, 2012.

22. Robert Dingwall, Lily M. Hoffman and Karen Staniland eds., *Pandemics and Emerging Infectious Diseases: The Sociological Agenda*, Chichester: Wiley-Blackwell, 2013.

23. Wolfgang Hein, Suerie Moon, *Informal Norms in Global Governance: Human Rights, Intellectual Property Rules and Access to Medicines*, Engliand: Ashgate Publishing Limited, 2013.

24. Yves Beigbeder, *The World Health Organization: Achievements and Failures*, New York: Routeledge, 2020.

（二）英文期刊文章

1. Alexander Betts, "Regime Complexity and International Organizations: UNHCR as a Challenged Institution", *Global Governance*, Vol. 19, No. 1, pp. 69-81.

2. Amandine Orsini, Jean-Frederic Morin and Oran Young, "Regime Complexes: A Buzz, a Boom, or a Boost for Global Governance?", *Global Governance*, Vol. 19, No. 1, pp. 27-39.

3. Anne-Emanuelle Brim, "Philanthrocapitalism, past and present: The Rockefeller Foundation, the Gates Foundation, and the Setting(s) of the International/Global Health Agenda", *Hypothesis*, Vol. 12, No. 1, 2014, pp. 4-5.

4. Arne Langlet, Alice Vadrot, "Negotiating Regime Complexity: Following a Regime Complex in the Making", *Review of International Studies*, Vol. 50, No. 2, pp. 231-251.

5. Benjamin Faudem, Felix Groβe-Kreul, "Let's Justify! How Regime Complexes Enhance the Normative Legitimacy of Global Governance", *International*

Studies Quarterly, Vol. 64, No. 2, pp. 431–439.

6. Benjamas Nillsuwan, "When Health Prevails Trade? Regime Complexes and Shifting Strategies in Thailand's Medicine Compulsory Licenses", *Asian Journal of Public Affairs*, Vol. 10, No. 2, pp. 3–23.

7. Bernhard Reisberg, "Institutional Overlap and the Survival of Intergovernmental Organizations", *West European Politics*, pp. 1–29.

8. C. Randall Henning, Tyler Pratt, "Hierarchy and Differentiation in International Regime Complexes: A Theoretical Framework for Comparative Research", *Review of International Political Economy*, Vol. 30, No. 6, pp. 2178–2205.

9. Chelsea Clinton, Devi Sridhar, "Who Pays for Cooperation in Global Health? A Comparative Analysis of WHO, the World Bank, the Global Fund to Fight HIV/AIDS, Tuberculosis and Malaria, and Gavi, the Vaccine Alliance", *The Lancet*, Vol. 390, No. 10091, pp. 324–332.

10. Christian Downie, "Competition, Cooperation, and Adaptation: The Organizational Ecology of International Organizations in Global Energy Governance", *Review of International Studies*, Vol. 48, No. 2, pp. 364–384.

11. Daniel W. Brezner, "The Power and Peril of International Regime Complex", *Perspectives on Politics*, Vol. 7, No. 1, pp. 65–70.

12. Daniel Verdier, "Bargaining Strategies for Governance Complex Games", *The Review of International Organization*, Vol. 17, No. 2, pp. 349–371.

13. Diana Panke, Sören Stapel, "Cooperation Between International Organizations: Demand, Supply, and Restraint", *The Review of International Organizations*, Vol. 19, No. 3, pp. 269–305.

14. Diana Panke, Sören Stapel, "Towards Increasing Regime Complexity? Why Member States Drive Overlaps Between International Organizations", *The British Journal of Politics and International Relations*, Vol. 25, No. 4, pp. 633–654.

15. Diana Panke, Sören Stapel, "Navigating Regional Regime Complexity: How and Why Does the European Union Cooperate With Regional Organiza-

tions?", *Politics and Governance*, Vol. 11, No. 2, pp. 97–108.

16. Eugénia C. Heldt, Henning Schmidtke, "Explaining Coherence in International Regime Complexes: How the World Bank Shapes the Field of Multilateral Development Finance", *Review of International Political Economy*, Vol. 26, No. 6, pp. 1160–1186.

17. Fariborz Zelli, Lasse Gerrits and Ina Möller, "Global Governance in Comlex Times: Exploring New Concepts and Theories on Institutional Complexity", *Complexity, Governance and Networks*, Vol. 6, No. 1, pp. 1–13.

18. Florian Rabitz, "Regime Complex, Critical Actors and Instutional Layering", *Journal of International Relations and Development*, Vol. 21, No. 1, pp. 300–321.

19. Frank Biermann et.al., "The Fragmentation of Global Governance Architectures: A Framework for Analysis", *Global Environmental Politics*, Vol. 9, No. 4, pp. 14–40.

20. Jeremy Shiffman,Knowledge, "Moral Claims and the Exercise of Power in Global Health", *International Journal of Health Policy Management*, Vol. 3, No. 6, 2014, pp. 297–299.

21. Jessica F. Green, Graeme Auld, "Unbundling the Regime Complex: The Effects of Private Authority", *Transnational Environmental Law*, Vol. 6, No. 2, pp. 259–284.

22. Jon Cohen, "A Controversial Close-Up of Humanity's Health", *Science*, Vol. 338, No. 6113, 2012, pp. 1414–1416.

23. Jonathan W. Kuyper et.al., "Global Democratization and International Regime Complexity", *European Journal of International Relations*, Vol. 20, No. 3, pp. 620–646.

24. Justus Dreyling, "Institutional Complexity and Opportunity Structure: Weaker Actor Influence in International Intellectual Property Regulation", *Global Policy*, Vol. 12, No. Suppl.4, pp. 37–46.

25. Julion Frenk, Octavio Gomez-Dantes and Suerie Moon, "From Sovereign-

ty to Solidarity: A Renewed Concept of Global Health for an Era of Complex Interdependence", *The Lancet*, Vol. 383, No. 9911, pp. 94–97.

26. Karen J. Alter, Kal Raustiala, "The Rise of International Regime Complexity", *Annual Review of Law and Social Science*, Vol. 14, No. 18, pp. 329–349.

27. Karen J. Alter, Stephen C. Nelson, "Global Governance in Time: Institutional Sequences, International Regime Complexes, and the Politics of Global Governance", *World Politics*, Vol. 76, No. 2, pp. 379–416.

28. Katerini T. Storeng, "The GAVI Alliance and the 'Gates approach' to Health System Strengthening", *Global Public Health*, Vol. 9, No. 8, pp. 865–879.

29. Matias E. Margulis, "Intervention by International Organizations in Regime Complexes", *The Review of International Organizations*, Vol. 16, No. 1, pp. 871–902.

30. Matthew Sparke, "Neoliberal Regime Change and the Remaking of Global Health: From Rollback Disinvestment to Rollout Reinvestment and Reterritorialization", *Review of International Political Economy*, Vol. 27, No. 1, pp. 48–74.

31. Mette Eilstrup–Sangiovanni, "Ordering Global Governance Complexes: The Evolution of the Governance Complex for International Civil Aviation", *The Review of International Organizations*, Vol. 17, No. 2, pp. 293–322.

32. Neil Spicer, Irene Agyepong, Trygye Ottersen et al., "It's Far Too Complicated: Why Fragmentation Persists in Global Health", *Globalization and Health*, p. 4.

33. Rafael Biermann, "Designing Cooperation among International Organizations: The Quest for Autonomy, the Dual–Consensus Rule, and Cooperation Failure", *Review of International Organizations Studies*, Vol. 6, No. 2, pp. 45–65.

34. Richa Shivakoti et. al., "Governing International Regime Complexes through Multi–level Governance Mechanisms: Lessions from Water, Forestry and Migration Policy", *Internatioanl Journal of Water Resource Development*, Vol. 37, No. 4, pp. 658–675.

35. Richard Clark, "Pool or Duel? Cooperation and Competition Among Inter-

national Organizations", *International Organization*, Vol. 75, No. 4, pp.1133–1153.

36. Rostam J. Newwirth, Alexandr Svetlicinii, "Law as a Social Medicine: Enhancing International Inter–regime Regulatory Coopetition as a Means for the Establishment of a Global Health Governance Framework", *Journal of Legal Medicine*, Vol. 36, No. 3–4, pp. 330–366.

37. Simon Rushton, Owain David Williams, "Frames, Paradigms and Power: Global Health Policy–Making under Neoliberalism", *Global Society*, Vol. 26, No. 2, pp. 147–167.

38. Sophie Harman, "The Bill and Melinda Gates Foundation and Legitimacy in Global Health Governance", *Global Governance*, Vol. 22, No. 3, pp. 349–368.

39. Tana Johnson, "Cooperation, Co–optation, Competition, Conflict: International Bureaucracies and Non–governmental Organizations in an Interdependent World", *Review of International Political Economy*, Vol. 23, No. 5, pp. 737–767.

40. Thurid Bahr, Anna Holzscheiter and Laura Pantzerhielm, "Understanding Regime Complexes through a Practice Lens", *Global Governace*, Vol. 27, No. 1, pp. 71–94.

41. Tine Hanrieder, Christian Kreuder–Sonnen, "WHO Decides on the Exception? Securitization and Emergency Governance in Global Health", *Security Dialogue*, Vol. 45, No. 4, pp. 331–348.

42. Tobias Tesche, "Keep It Complex! Prodi's Curse and the EU Fiscal Governance Regime Complex", *New Political Economy*, Vol. 28, No. 1, pp. 29–41.

43. Tyler Pratt, "Deference and Hierarchy in International Regime Complexes", *International Organization*, Vol. 72, No. 3, pp. 561–590.

44. Tyler Pratt, "Value Differentiation, Policy Change and Cooperation in International Regime Complexes", *Review of International Political Economy*, Vol. 30, No. 6, pp. 2206–2232.